THE STRONGM

Vladimir Putin
and the Struggle for Russ

|强权与铁腕|普

[英] 安格斯·罗克斯伯勒◎著 胡利

图书在版编目（

强权与铁腕：普京
书名原文：Strong
ISBN 978-7-5086-
I. 强… II. ①罗…
中国版本图书馆 CI

强权与铁腕——普京

著　　者：[英] 安格
译　　者：胡利平
策划推广：中信出版
出版发行：中信出版
（北京市朝
（CITIC Pu
承 印 者：北京诚信

开　　本：787mm×
印　　张：20
版　　次：2014 年 6
京权图字：01-2012-
书　　号：ISBN 978-
定　　价：58.00 元

中信出版社 · CHINAC

目 录

前 言

和普京握手时，你几乎注意不到他的手是否有力，你全部的注意力都被他的眼神吸引住了。他微垂着头，眼睛上挑地凝视着你，仿佛想在几秒钟内记住每一个细节，抑或是把你的容貌同他此前记忆中的一张照片做比较……他的眼神里透着阴郁，直穿你的内心，令你感到浑身不自在。

俄罗斯的这位“国家领导人”不同于其他任何一国的总统或总理。1999 年普京刚出人意料地被推上最高职位时，这位前克格勃特工矜持寡言，不善交际。如今他却变得肆无忌惮，成了一个强汉和自恋者，频频上镜曝光，炫耀自己强健的体魄。起初曝光的，只不过是寥寥几张挑选出的照片——赢得柔道冠军的普京，坐在战斗机驾驶舱内的普京。此后，尤其是 2008 年由总统改任总理后，普京外出参加活动时开始携带摄影组，大力将自己打造成如电影明星般的角色。在摄影师的镜头下，普京把卫星跟踪仪安放在北极熊、老虎、白鲸和雪豹身上，让摄影师拍摄他在一条冰冷的西伯利亚河流里蝶泳，在山区光着膀子骑马，亲自参与扑灭山火行动，驾驶摩托雪橇、摩托车或一级方程式赛车，滑雪，潜水，打冰球，甚至用英语哼唱《蓝莓岭》一曲，在大庭广众之下弹钢琴。尽管他既不擅长唱歌，又不擅长弹琴，但毫无羞涩之意。2011 年 8 月，普京参加一次体检时，还带了一位摄影师同往，拍下了他上身赤裸的照片。

除了普京，还有哪一位国家领导人如此行事？奉行强悍政策另当别论，就爱好虚荣而言，无人能与普京相比。

与人会晤时，普京谈及敏感问题时注意力集中，好与人争辩，有时会勃然大怒。他通晓世界事务，但对西方人的生活又显露出惊人的无知。他待人彬彬有礼，但有时也粗鲁蛮横。普京先后作为总统和总理以铁腕掌控着俄罗斯。近年来，他喜欢当众训斥手下的部长，造成了一种下属不敢表达反对意见，甚至因为担心不合他意，不敢直抒己见的气氛。普京创建了一个自上而下的体制——“垂直权力体制”。在此体制下，人人心怀恐惧，畏首畏尾。

俄罗斯成了一个无视本国人民权利的国家：选举委员会主席称，他遵循的首要方针是，凡是普京说的都是正确的。议会主席称，议会“绝非讨论的场所”。在这个国家里，谁出任总统这个头号问题，实际上是由两个人私下商定的，公众毫不知情。2011 年 9 月就上演了这一幕。当时普京的门生、继他担任总统的梅德韦杰夫同意干一任后下台，让普京 2012 年再次出任总统，而且一干有可能就是 12 年。这两个人还坦承，自从 2008 年普京卸任总统后始终是这种安排。此前人们早有怀疑，但没有实据。梅德韦杰夫在克里姆林宫的一任任期不过是为普京留住位子，目的是让普京在权位上想干多久就干多久，同时表面上遵守（实则践踏）宪法禁止一位总统任期超过两任以上的规定。

普京刚上台时并不是这样。2000 年，众多西方领导人最初对他的新颖做法以及表达的寻求合作和共识的意愿表示欢迎。本书试图描述并解释后来为什么发生了如此大的变化：为什么普京变得越来越专制？他如何挑战西方，西方又如何挑战普京？为何各方都看不到另一方的关切，从而导致双方猜疑日深，丧失了机遇？美国人和西方眼里看到的是：俄罗斯对政治反对派的打压、车臣的血腥战争及对记者的谋杀、腐败和与日俱增的好战，直至出兵格鲁吉亚并与乌克兰爆发了天然气之争。而俄罗斯眼里看到的是：美国人在世界上的霸道行径，包括它的导弹防御计划、入侵伊拉克、北约的扩大、俄罗斯做出的积极姿态受到冷落、格鲁吉亚和乌克兰的革命蔓延到俄罗斯的危险。双方都缺乏远见：普京看不到他在国内采取的强硬措施与国外做出的敌对反应之间的关系；小布什不懂得俄罗斯历史上害怕受到包围的心理，或是对他专横地推行外交政策之行径的愤怒。

撰写本书时，普京依然是俄罗斯最得人心的政治家，也许是因为他在一定程度上恢复了俄罗斯人生活上的稳定和自尊。借助于石油价格的上涨这一有利于俄罗斯的局面，在普京任期内，人民的生活水平得到改善。然而他提出的众多目标均未能实现。普京上台时许诺要根除恐怖主义，然而恐怖袭击次数不减反增；腐败盛行，严重阻碍了经济的发展；在普京执政期间，俄罗斯的人口锐减了 220 万；外国投资在俄罗斯经济产出中所占的百分比远低于诸如巴西和中国这些增长迅速的新兴市场；尽管过去 10 年里俄罗斯靠能源收入财源滚滚，却未能建立一个有活力的现代经济体。本书讲述了俄罗斯内部的改革之争，探讨作为总统的梅德韦杰夫到底是一个不得志的自由主义者（看上去常常给人这种印象），还是形同虚设。

政客惯于把复杂的问题简单化，尤其是当这样做符合自身利益时。近年来对所有国际政治问题中或许是最棘手的问题——小国的自决权——的讨论尤其如此。科索沃、车臣、南奥塞梯、阿布哈兹、德涅斯特河左岸……在解释一国的独立是否构成其他国家的先例一事上，人们费尽笔墨和唇舌，往往是各执一词。通常是“母国”坚持认为，其他一切例子均不可复制（俄罗斯与车臣、格鲁吉亚与南奥塞梯和阿布哈兹），而小国则要求像对待已获得独立的国家那样对待它们。在俄罗斯，这个问题事关重大，因为俄罗斯是一个不同于其他国家的多民族国家，数十个民族杂居在一起，不同民族的自主权或大或小。克里姆林宫担心俄罗斯任何一个共和国若是通过独立树立一个先例，会导致俄罗斯解体。这一问题贯穿过去 10 年的历史，从车臣战争和俄罗斯境内发生的层出不穷的恐怖主义袭击事件，到2008年俄罗斯与格鲁吉亚之间爆发的一场短暂战争。在这样的冲突中，通常没有哪一方是“对”的，不承认这一点是看问题简单化的表现。如果认为西方承认科索沃或北约对格鲁吉亚和乌克兰未来成员资格做出的决定对俄罗斯与四周邻国的关系没有影响，同样是想得太简单。一方对另一方的看法或误解常常比现实的作用更大，而且往往更有害。

这是我撰写的讲述俄罗斯的第三本书。我知道，任何一个外国人若是自称了解这个令人琢磨不透的国家实属狂妄。研究政治学的俄罗斯学者谢尔盖·卡拉加诺夫写道：“我们俄罗斯人读到外国人笔下对我国不友好的描述时，心理上会产生对外国人的反感和排斥。”在当今的俄罗斯政治中，有很多地方令人感到不快，而且应该写出来。俄罗斯有时是自己最可怕的敌人，凭空想象外国对它的图谋，害怕而不是欢迎民主的扩展。但西方同样也未能理解俄罗斯国内正在发生的变化，作为一个希望成为世界一部分，而不是受世界排斥的国家，俄罗斯同样没有受到西方的尊重。

我曾在由布鲁克–拉平制片公司（Brook Lapping）制作、英国广播公司播出的4集电视纪录片《普京、俄罗斯和西方》中担任首席顾问。我的这本书部分来自我在此期间的工作经历。为了拍摄这部纪录片，我们不仅在俄罗斯，而且在美国、英国、法国、德国、乌克兰和格鲁吉亚采访了众多高层人士，时间长达几百小时。这些原始的采访资料使我对很多从前报道过的事件有了新的认识，也是本书的核心内容。

过去3年里，我任普京新闻秘书德米特里·佩斯科夫的顾问，本书的有些内容来自这段个人经历，尤其是第九章。2006年，克里姆林宫决定聘用纽约的一家公关公司凯旋公关（Ketchum）和总部设在布鲁塞尔的合伙公司GPlus，而当时凯旋公关和GPlus内部均没有熟悉俄罗斯的人，突然间它们需要这么一个人，于是给了我这份工作。当时我报道欧盟事务已经 8 年，想到能再次深入俄罗斯社会，我觉得这份工作不无吸引力。我学过并教过俄语，在莫斯科做过笔译，在英国广播公司监听部工作过，做过《星期日泰晤士报》驻莫斯科记者，日后又转到英国广播公司。

我过去的经历中，曾有过一个激动人心的瞬间，令我更难拒绝这份送上门来的工作。1989 年，普京仍是一名派驻德累斯顿的克格勃特工时，他的上司为了报复撒切尔夫人下令驱逐在英国的苏联间谍，也将我驱逐出苏联。我当时任《星期日泰晤士报》记者，是被驱除出境的 8 名外交官和 3 名记者中的一个。这是冷战时期最大的一次间谍丑闻。我不禁想，作为普京的顾问重返莫斯科该是何等的讽刺！我接受了这份工作，成了克里姆林宫的一位媒体顾问，工作地点在布鲁塞尔，但定期往返于布鲁塞尔和莫斯科之间。全球范围内这批人的人数在 20~30 左右，我是其中之一，而且是唯一一个全职顾问。我与佩斯科夫和他手下的人员混得很熟，虽然他们始终对我存有戒心，但在那段岁月里，我恐怕是最接近俄罗斯权力中心的外国人了。我讲述的 2006~2009 年间的事情，基本上源自我个人的所见所闻。

作为克里姆林宫的媒体顾问，我们的首要工作是劝说他们对报界开放。一个简单的前提是：你说得越多，表达自己观点的机会就越多。俄罗斯的政界人士对这一观点极为抵触。我离开公关一行、重操记者旧业后很久，他们一如往日。我参与制作英国广播公司的这套节目时，发现了这一点。劝说俄罗斯的高层政客接受采访难上加难，几位关键人物干脆拒绝接受采访。其他人同意接受采访，但此前他们的上司百般阻挠。他们似乎不愿意甚至是害怕把我们的请求转达给自己的上司，梅德韦杰夫总统的发言人纳塔利娅 · 季马科娃干脆把我们拒之门外。有意思的是，在苏联解体前夕，我参与制作英国广播公司的《第二次俄国革命》节目时，见到克里姆林宫的头号领导人反倒比现在还容易些。临近 2012 年总统选举的一年里，随着政治前景越来越不明朗，我们的工作也愈加难做。整个政府机构陷入停顿，普京和他的总统梅德韦杰夫不肯透露两人中谁会竞选连任。我们突然发现，原先答应过的采访又被取消了。显然，在局势变幻不定的时候，谨慎的政客和政府官员不敢抛头露面。

尽管如此，为拍摄这一电视纪录片以及我写的这本书，我们还是采访到了 100 多位人士（其中一些人不愿透露姓名），包括 8 个国家的政府首脑、外交部长和高级顾问。在俄罗斯，我们采访了柳德米拉 · 阿列克谢耶娃、阿纳托利 · 安托诺夫、斯坦尼斯拉夫 · 别尔科夫斯基、弗拉基米尔 · 奇若夫、鲍里斯 · 肖奇耶夫、阿卡迪 · 德沃尔科维奇、维克托 · 格拉先科、格尔曼 · 格列夫、阿列克谢 · 格罗莫夫、谢尔盖 · 古里耶夫、安德烈 · 伊拉里昂诺夫、伊戈尔 · 伊万诺夫、谢尔盖 · 伊万诺夫、格里戈利 · 卡拉辛、米哈伊尔 · 卡西亚诺夫、维克托 · 赫里斯捷恩科、叶夫根尼 · 基谢廖夫、爱德华 · 科科伊季、安德烈 · 科列斯尼科夫、康斯坦丁 · 科萨切夫、亚历山大 · 克拉马连科、阿列克谢 · 库德林、马拉特 · 库拉赫梅托夫、谢尔盖 · 库普里亚诺夫、谢尔盖 · 拉夫罗夫、费奥多尔 · 卢科亚诺夫、米哈伊尔 · 马格罗夫、谢尔盖 · 马科夫、弗拉基米尔 · 米洛夫、奥列格 · 米特沃利、德米特里 · 穆拉托夫、格列布 · 帕夫洛夫斯基、德米特里 · 佩斯科夫、谢尔盖 · 普里霍季科、叶夫根尼 · 普里马科夫、德米特里 · 罗戈津、谢尔盖 · 里亚布科夫、弗拉基米尔 · 雷日科夫、维克托 · 申德洛维奇、德米特里 · 特列宁、尤里 · 乌沙科夫、亚历山大 · 沃洛申和伊戈尔 · 尤尔根斯。

在美国，我们采访了马修 · 马雷扎、比尔 · 伯恩斯、尼古拉斯 · 伯恩斯、埃里克 · 埃德尔曼、丹尼尔 · 法塔、丹尼尔 · 弗里德、菲利普 · 戈登、罗斯 · 高特莫勒、托马斯 · 格雷厄姆、斯蒂芬 · 哈德利、罗伯特 · 汉密尔顿、约翰 · 赫布斯特、菲奥娜 · 希尔、詹姆斯 · 琼斯、戴维 · 克拉默、迈克尔 · 麦克福尔、特赖伊 · 奥伯林、斯蒂芬 · 皮弗、科林 · 鲍威尔、康多莉扎 · 赖斯、斯蒂芬 · 希斯坦诺维奇、迪安 · 韦尔克宁和戴蒙 · 威尔逊。

在格鲁吉亚，我们采访了伊拉克利·阿拉萨尼亚、达维德·巴克拉泽、格加·伯克利亚、妮诺·布尔贾纳泽、弗拉基米尔·恰奇巴亚、拉斐尔·格卢克曼、纳塔利娅·金奇拉、埃罗西·基茨马利什维利、丹尼尔·库宁、巴图·库捷利亚、亚历山大·罗玛亚、瓦诺·梅拉比什维利、米哈伊尔·萨卡什维利、埃卡·特克舍拉什维利、格里戈尔·瓦沙泽、特穆尔·雅科巴什维利和埃卡·兹古拉德兹。

在英国，我们采访了托尼·布伦顿、约翰·布朗、尼克·巴特勒、乔纳森·科恩、迈克尔·达文波特、玛莎·弗里曼、大卫·米利班德、克雷格·奥利芬特、乔纳森·鲍威尔、乔治·罗伯逊和亚历山大·特默科。

在乌克兰，我们采访了列昂尼德·库奇马、赫里霍里伊·奈米里亚、奥列赫·雷巴丘克和维克托·尤先科。在波兰，亚历山大·克瓦希涅夫斯基和拉多斯瓦夫·西科尔斯基接受了采访。

在德国，我们采访了罗尔夫·尼克尔、亚历山大·拉尔特、格哈特·施罗德和弗兰克–瓦尔特·施泰因迈尔。在法国，让–大卫·莱维特和莫里斯·古尔多–蒙塔涅接受了采访。

在此，我谨感谢布鲁克–拉平制片公司制片人诺玛·珀西和执行制片人布赖恩·拉平给予我的这个机会，使我得以投身这一旷日持久却意义重大的写作项目。我还要感谢两位导演万达·科什契察和戴维·奥尔特审阅了本书中的一些章节，还有助理制片人蒂姆·什蒂尔扎克尔不知疲倦地查找资料并提供多方协助。我尤其感谢纪录片的导演保罗·米歇尔和莫斯科的制片人玛莎·斯洛尼姆对我提出的大量宝贵意见。尼尔·巴克利和菲奥娜·希尔抽出宝贵时间阅读了书稿，提出了很多有益的建议，我对他们表示感谢。最后，我还要深深感谢我的经纪人比尔·汉密尔顿和I. B. Tauris出版公司负责此书的出色编辑乔安娜·戈德弗雷。

THE STRONGMAN

第一章

一位秘密警察的舞会

Vladimir Putin and the Struggle for Russia

新千年的降临

20 世纪最后一天的中午时分，普京时代开始了。叶利钦总统在电视上露面，以嘶哑的声音慢吞吞地宣读了他的辞职决定，令全世界大吃一惊。此时距他总统任期结束还有 6 个月。叶利钦哽咽着请求俄罗斯人原谅他的错误和缺陷，并告诉本国人民，俄罗斯进入新的千年时，应该换上“新的政治家，新的面孔和精力充沛、精明强干的新人”。

当天早晨，叶利钦在克里姆林宫完成了这篇讲话的录音。除了他的女儿塔季扬娜和心腹顾问外，最先知道这篇讲话内容的就是录制讲话稿的电视台技术人员。叶利钦讲完后，转过身拭去眼角的泪水，旋即打开一瓶香槟酒，为摄制组成员和寥寥几位在场的总统身边的工作人员斟满酒，然后将自己杯中的酒一饮而尽。与此同时，在同一房间的一块幕布后面，他指定的继任人普京正在接受化妆师的化妆，为录制他对本国人民发表的新年讲话做准备。

普京的讲话将在午夜时分播放，不过此前他还需要走完一些既定程序。下午两点，普京接过了装有发动核打击密码的“核手提箱”。随后他召开了 5 分钟的内阁会议，之后又召开了一次时间略长一点的联邦安全会议。下午6点，普京签署了就任总统后的第一个法令，宣布叶利钦及其家人免于刑事起诉。之后他很快逐一召见了各位部长。最后，他取消了原计划的圣彼得堡之行，一支总统车队驶出克里姆林宫，直奔伏努科沃机场。新年伊始，普京在一个不寻常的地方有自己的计划。

就在世界各地的数十亿人或和亲朋好友聚集一堂，或燃放鞭炮庆祝千禧年降临时，俄罗斯的这位新代理总统正乘坐一架军用直升机试图进入叛乱的车臣共和国。由于天气恶劣，这架直升机被迫返回附近的达吉斯坦基地。这就是世人即将认识和畏惧的普京——一条硬汉，一位实干家，他一门心思打击恐怖分子和分裂主义分子，立志重振这个国家的雄风。

就在普京乘坐的直升机与恶劣天气搏斗的同时，俄罗斯的电视台播放了他事先录制好的对全国人民的讲话。讲话简明扼要，他表示将不会出现权力真空，并赞扬了他的前任。普京在讲话里只做了一项政策保证。如今回过头来看这一保证，极不寻常。他说："国家将坚定地保护言论自由、信仰自由、大众媒体的自由、财产权以及一个文明社会的基本要素。"

普京赞扬的自由和权利恰恰是亡于前苏联，复生于叶利钦时代的自由和权利。然而不出几年，普京即受到指控，说他本人蔑视这些自由和权利，建立了一个苏联解体后的专制模式，践踏报社新闻自由，打击敢于同他叫板的富商或任何人。

这一切是如何发生的？了解普京所走之路的要诀，或者说要诀之一是审视他从叶利钦手中接过来的俄罗斯——一个不仅经济上和军事上羸弱，而且还仰赖西方接济的俄罗斯。

叶利钦与克林顿

2000年6月，普京就任总统仅两个月后，克林顿作为美国总统最后一次访问俄罗斯。克林顿与叶利钦见面二十余次，两人建立了可以彼此互开玩笑的密切关系，这种关系被人称为“比尔—鲍里斯秀”。克林顿也见过普京两次，但和大多数西方领导人一样，除了知道普京擅长柔道、曾是克格勃的一位特工外，对他所知甚少。仅凭对普京的点滴了解，也足以使克林顿心存戒备。这一次他发现普京是一位不好对付的谈判高手。令克林顿恼火的是，在普京眼里，他已经是一位距任期结束不足半年的跛腿鸭总统。

普京站在高大魁梧的克林顿身边，比他足足矮了6英寸。如同一位柔道选手一样，普京用灵活性和技巧弥补身高的缺陷。他坚决抵制美国人的企图——废弃（哪怕是修改）1972年的《反弹道导弹条约》，以便放手制定一项全国导弹防御计划，即最早由里根提出的星球大战体系。《反弹道导弹条约》禁止美苏两国部署核导弹防御体系。对普京来说，这是核威慑的基石。倘若一方获准研制能够击落另一方远程导弹的体系，微妙的均势就会被打破，有防御盾的一方或许会先发制人发动打击。

对克林顿批评他在车臣发动的新的残酷战争和整肃俄罗斯最有影响力的独立电视台（NTV），普京不屑一顾。同时，他流露出对1999年北约轰炸塞尔维亚难以释怀的怨恨。这一事件从根本上影响了此后10年普京对外交政策的思考。

当初空袭塞尔维亚是为了制止米洛舍维奇在科索沃进行的种族清洗。这一事件成了俄罗斯与西方关系的一个关键时刻。20世纪90年代南斯拉夫境内战火纷飞时期，莫斯科支持米洛舍维奇，至少原因之一是因为俄罗斯人与塞尔维亚人有传统的手足之情。塞尔维亚人和俄罗斯人一样，同属信奉东正教的斯拉夫人。

俄罗斯人和塞尔维亚人之间的“兄弟纽带”或许被夸大了，然而毫无疑问，在克里姆林宫眼里，米洛舍维奇试图压制科索沃的“恐怖主义”和分裂主义与叶利钦处理车臣问题的方式有相似之处。正如叶利钦称车臣的叛乱分子为“匪徒”一样，米洛舍维奇（而且一度还有美国政府）把科索沃解放军视为一个恐怖主义团伙。鉴于俄罗斯对车臣发动了一场血腥战争，造成成千上万的人死亡，大批难民外逃，它支持米洛舍维奇设法维护南斯拉夫剩余领土版图的完整完全是意料之中的事。

然而叶利钦请求不要打击塞尔维亚的呼吁完全没有人听。莫斯科于是感到，尽管有“比尔—鲍里斯秀”这层关系，尽管西方大谈欢迎俄罗斯加入文明国家阵营，俄罗斯的话却一钱不值。北约即将对贝尔格莱德进行空中打击前，叶利钦同克林顿通话时会大发雷霆，有时干脆挂断电话。[1]

1999 年 3 月 23 日，叶利钦的总理普里马科夫正在飞往华盛顿的途中。根据计划，他将会见克林顿总统、戈尔副总统和国际货币基金组织成员。普里马科夫这一次访问的使命是争取数十亿美元的贷款，以求稳定因 1998 年 8 月金融崩溃而动荡不定的俄罗斯经济。据普里马科夫的助手康斯坦丁 · 科萨切夫说，飞机在爱尔兰的香农短暂停留加油时，普里马科夫总理接通戈尔的电话，问：“你们是不是还要轰炸南斯拉夫？”戈尔回答说：“我什么也不能告诉你，还没有做出任何决定。”[2]

这架政府专机于是再度起飞，横越大西洋。机舱后面是俄罗斯的商业大亨和官员，边喝伏特加，边玩多米诺骨牌。四五个小时以后，普里马科夫通过充满杂音的保密电话线路突然接到戈尔打来的电话，告诉他北约即将发动空袭。普里马科夫立即与叶利钦通话，在与驾驶员核实了飞机有足够的燃料飞回香农后，他走到机舱后面通知商人，此次访问取消，因为此时此刻与美国人谈生意极为不妥。众人的反应很能说明问题——这些商业大亨报以掌声，他们的爱国主义压倒了生意经。科萨切夫说，当时的情景“令人为之动容”。下令让正在飞行途中的飞机掉头飞回是为了表示俄罗斯的极度不悦。此后几天，同样的情绪蔓延到街头，数千俄罗斯人在美国驻莫斯科大使馆外举行抗议活动。

一年以后，克林顿作为总统最后一次访问莫斯科时，发现创伤仍未愈合。普京显示出自己是一个绝不允许别人再次无视或慢待俄罗斯的人。他连续两天批评美国单方面建立导弹防御体系的计划。最后一天在克里姆林宫告别会晤时，普京发出了不祥的警告：如果美国一意孤行，俄罗斯将作出"适当的"、"或许是意想不到的，很有可能是非对称性的"反应。换言之，俄罗斯人不会去研发美国人高精尖的昂贵体系，但会采取措施令其失效。这可以是任何措施——可能是制造大量的核导弹使防御盾防不胜防，也可能是待美国人的设施一旦建成，立即将其摧毁。克林顿听完普京的说教后，转过身对助手塔尔博特轻声说："我想这个人以为我第一次没听懂他的意思。要么他傻，要么他以为我傻。咱们赶快把这件事打发掉，然后去见鲍里斯。"[3]

美国人终于松了一口气，离开克里姆林宫驱车去同克林顿的朋友、前总统叶利钦话别。叶利钦如今已经退休，住在自己的乡间别墅。克林顿没有想到，他抵达叶利钦的别墅前，普京已经给叶利钦打过电话，请他再说几句重话。叶利钦告诉克林顿，俄罗斯不会容忍任何威胁俄罗斯安全的美国政策。听完了对方怒气冲冲的长篇发言后，克林顿把谈话引到他本人对俄罗斯未来的关切上。克林顿的临别之言意义非凡，反映了苏联解体后美国对俄罗斯的看法。克林顿说："鲍里斯，你真诚信仰民主，你骨子里信任人民，你是一位充满激情的真正的民主派人士和改革家。可我不知道普京是否和你一样。你一定要对他留意，运用你的影响确保他继续沿着正确的道路走下去。鲍里斯，普京需要你，俄罗斯需要你……你改变了俄罗斯。俄罗斯多亏有了你，世界多亏俄罗斯有了你，我多亏有了你。你我两人一起做了很多事，做了一些好事，它们会流传下去的。而你做这些事是需要勇气的。我知道，在很多事情上你比我更难。"

克林顿离开叶利钦的别墅时，转身对助手塔尔博特说："这也许是我最后一次见鲍里斯了，我想我们会想念他的。"

显然，克林顿这番不无感伤的话表明，他认为在叶利钦时期，俄罗斯的国内状况非常好，而且俄罗斯扮演了美国希望它扮演的角色。而事实是，俄罗斯的状况并不好，而且它也不想只跟着美国人的指挥棒走。实际上，美国人怀念的是一位恭顺的俄罗斯领导人，甚至对他们到了俯首帖耳的地步——普京可不是这样的人。

叶利钦时代的俄罗斯

对于苏联解体后的俄罗斯，西方的做法可以说是麻木不仁到了极点。西方的大公司对一个巨大的新市场的前景喜不自禁。俄罗斯政府聘请的哈佛大学经济学家们敦促它以疯狂的速度引入毫无限制的资本主义制度，对俄罗斯人民的感受以及给他们造成的后果漠不关心。叶利钦政府内的改革分子积极采纳了他们的意见，为首的经济学家盖达尔从两年前诸如波兰等国家为实现经济转型而采用的“休克疗法”中受到启发。叶利钦授命予他“给予人民经济自由，扫除阻碍自由企业和自由企业家精神的一切障碍”。不出几年，数百万的俄罗斯人陷入赤贫，而少数胆大的人和前共产党官员摇身一变，成了身家数十亿的寡头，迅速廉价地攫取了国家资产。

毋庸置疑，在叶利钦执政时期，俄罗斯人享有自由，而且是令人目眩的自由。在俄罗斯上千年的历史长河里，俄罗斯人从未享有过这样的自由。20 世纪 90 年代的俄罗斯，可以说是八仙过海，各显神通。在苏联时期积压了 70 年的能量猛然释放了出来。任何人，只要敢闯，加上手头上有点现金，均可做个小生意，哪怕只是出售士力架和伏特加的一个街头小摊。俄罗斯人可以自由出境，阅读任何想看的东西，随意发表言论，示威抗议本国的领导人。竞选自由，党派林立。国家电视台播放的节目尖刻地嘲讽时政，肆无忌惮地抨击克里姆林宫的政策。新涌现出的私有银行出钱赞助芭蕾舞演出和音乐会。商店里很快摆满了从前俄罗斯人只在外国电影里见过的各类商品和食品。如今人们不再恐惧，对未来感到乐观，觉得有了盼头。无疑，这就是西方观察家眼里的俄罗斯。显然，这也是克林顿所认识的俄罗斯。

然而当我翻阅昔日的笔记本和撰写过的新闻稿时，回想起当年大多数的俄罗斯人，我有着完全不同的感受。我为英国广播公司撰写的报道文章讲述了我在俄罗斯十年间的所见所闻和俄罗斯人的惨淡生活。

叶利钦时期的俄罗斯仿佛是一个恶棍当道的国家。在高速公路上，可以看到这些人乘坐的带有茶色玻璃的轿车飞驶。他们一掷千金，在最高档的餐馆点成瓶的葡萄酒，对服务员吆三喝四，在价格贵得离谱的商店购物，有时公然在光天化日之下火并。俄罗斯黑手党性质的团伙瓜分地盘和生意范围，雇用杀手司空见惯。

英国广播公司的办公室位于一个购物中心。一个叫保罗·塔特姆的美国人拥有这家购物中心的一部分。因生意上的事，他与他的车臣合伙人起了争执。一天下午 5 点，他走进酒店附近的地铁站时，被人用 AK–47 步枪打成了筛子，而凶手始终没有抓到。一次我开车时遇到堵车，就在我一点点往前蹭时，看到路旁有人正在抢劫。同样是在光天化日之下，一个可怜的人趴在地上，几个男人用枪对准他的头。还有一次，我在莫斯科的一家餐馆就餐时遇到抢劫，我和其他人都扑倒在地，等待警察逮捕嫌犯。走进附近我常去的超级市场时，必须经过身穿迷彩服、怀抱 AK–47 步枪的保安。最初涌现出的新资本主义行业全都伴随着暴力和恐吓。无论是经营一家五星级酒店，还是在阿尔巴特大街上用支起的木板桌子贩卖小纪念品，都需要向黑社会支付保护费。

在大城市（尤其是莫斯科）的郊区，所谓的“新俄罗斯人”建造了配有游泳池、酒窖和角楼的豪宅，被围在 15 英尺高的围墙里面。这批人只占人口的极少数。与此同时，1992 年开始的经济改革将数百万人抛入贫困。突然放开物价导致价格飞涨。人行道上，俄罗斯的普通百姓纷纷摆摊，出售个人物品。莫斯科市中心成了一个巨大的跳蚤市场。至今我仍清楚记得一个人，一位有着博士学位的中年科学家，摆摊出售生锈的挂锁及其他小玩意儿。

其他科学家流落海外，寻找一份有体面工资的工作，其中很多人带走了俄罗斯的战略知识和机密。就在俄罗斯最需要人才的时候，一流的人才却流失到了国外。

火车站里到处是乞丐和无家可归的人。莫斯科通往南方的主要火车站库尔斯克站成了狄更斯笔下的廉价客栈，扒手和病夫比比皆是。参与过第一次车臣战争的截肢退伍军人在地铁车厢里穿行行乞。到处是做生意的人，最显眼的就是出售看上去可疑的烈酒和食品的小商品亭。在耗子成群的废弃空地上，涌现出了一家家店面，贩卖不适于人食用的肉食品。绝望的人把自己的存款投入各种理财计划中，结果都打了水漂，落得身无分文。1992 年，政府向每位公民发放了私有化券，初衷是让人们用私有化券换取私有化后的企业股票。而实际情况是，数百万人要么将其卖掉，要么送了人，最终落到了少数精明的企业家或国企高管手里，造就了俄罗斯的新生资本家。

企业垮掉了，工人拿不到工资，或是拖欠几个月后才领到工资，而且常常是以发实物的方式而不是发钱，如毛巾、肥皂、药棉。企业之间也用实物交易。一个昔日自豪的大国接受了外国的粮食援助、来自欧盟库存的糖和人造黄油，还有第一次海湾战争中美军的剩余口粮。一个超级大国如今沦落到行乞的地步。

1993 年 4 月，叶利钦飞到温哥华向克林顿求援。叶利钦指出，别忘了，民主德国结束社会主义制度曾需要 1 000 亿美元。叶利钦返回俄罗斯时，克林顿仅许诺提供 16 亿美元，大部分还是以提供信贷或粮食援助的形式。有人不禁想，西方是否缺乏想象力。苏联时代的基础设施年久失修，比第二次世界大战后的德国好不到哪里去。难道俄罗斯不需要一项重建其老旧基础设施的“马歇尔计划”吗？

西方的各家咨询机构从西方的援助计划中得到的好处十有八九超过了俄罗斯人。我记得采访过莫斯科一家小面包房的经理。她在英国一家咨询公司接受了为期一个月的管理培训，费用由西方政府出。她告诉我："其实我缺的就是买一流面包机的钱，我知道如何管理我的公司！"

俄罗斯因社会转型受到沉重打击。人们突然丧失了自己的国家：苏联曾是一个由 15 个共和国组成、拥有 2.5 亿人口的国家，如今四分五裂了。2 500 万俄罗斯人突然发现自己成了外国居民，陷入所谓"似在国外"的境地。西伯利亚的居民再也不能到克里米亚度假去了，甚至连莫斯科也去不成了，因为买不起机票。一次我去西伯利亚，吃惊地听到当地人称俄罗斯的欧洲部分为"大陆"，好像他们被遗弃到了茫茫大海中的一个孤岛上。

面对这个陷入紊乱的国家，我几乎看不出克里姆林宫聘用的西方顾问有任何解决办法。西方各国政府似乎没有注意到俄罗斯的混乱局面，抑或是根本不关心。他们只关心建立资本主义制度的前景，而不在乎这会造成什么样的短期后果。西方的公司只看到自己的产品有了一个庞大的新市场。电视节目里每隔一个广告，就会有一句奇怪的俄语"来自宝洁"，就像是一句新政治口号。我心想，俄罗斯人一定听腻了这句话。它天衣无缝地取代了过去的政治口号，可它许诺的不是一个美好的未来，而是没几个俄罗斯人买得起的洗发液和尿不湿。

成群身穿笔挺西服的美国咨询顾问四处奔波，赞许地谈论下诺夫哥罗德州的私有化项目及其年轻的改革先锋分子。伏尔加河畔旧称高尔基的城市率先向普通百姓出售大量国有资产。在很多方面，这种做法的确激励了人民。我记得去过一次拍卖会，看到一些渴望自己做买卖的俄罗斯人仔细查看 195 辆破旧不堪的国有卡车和面包车，随后竞相报价。对我来说，我想对很多俄罗斯人来说也同样，看到如此多的外国人指导自己国家的改革进程让人感到不对劲儿。无论从哪个角度看，都令人感到似乎是美国正在甩卖俄罗斯。

对于赶上浪头的人，如合伙买下商店自行经营的商店员工"互助会"，出售国有资产确实是一个行之有效的办法。变成店主后，为了千方百计地吸引顾客，商店员工开始满腔热忱地改造自己的商店，很快前苏联时期买东西难的局面为之一变。然而对于柜台对面的买主，情况就完全不一样了。由于物价飞涨，他们的储蓄和养老金所剩无几。人均寿命直线下降，酗酒人数增加，成千上万的江湖医生、巫师和“行善女巫”应运而生，乘人之危借机捞钱。

之后又有了车臣战争。叶利钦曾鼓励俄罗斯各地区行使自己的权利，然而位于北高加索的一个穆斯林小共和国车臣竟然宣布自己独立。如果认可车臣独立的话，有可能会造成一个先例，导致俄罗斯联邦的解体。于是 1994 年 12 月，叶利钦下令出兵车臣。结果是一场灾难，数千缺乏训练的俄罗斯士兵死于战争。成千上万的车臣人要么被打死，要么背井离乡，逃到临近的其他共和国。首府格罗兹尼沦为一片瓦砾。车臣人心怀仇恨，走向极端主义，复活了苏联时期沉寂一时的伊斯兰教信仰。成千上万的人加入了分裂主义的民兵队伍，最终迫使俄军撤出自己的国家。这是一次使俄罗斯颜面尽失的失败。1996 年底，车臣已经获得了事实上的独立，叛乱分子同时开始对俄罗斯本土发动恐怖主义袭击。1995 年夏，他们在南部城市布琼诺夫斯克的一家医院扣押了 1 000 多名人质。当局试图冲进医院解救人质（至少造成 130 多人死亡），但后来又让扣押人质的人逃之夭夭。

1996 年初，叶利钦的声望降到了最低点。不仅他推行的改革不得人心，而且车臣战争以灾难告终，总统本人也因多次在公开场合喝得醉醺醺而令人难堪。毫无疑问，当年夏天的大选若是公平的话，共产党领导人久加诺夫会当选为总统。然而该国的新寡头——担心共产党重新上台后会失去自己新攫取的财富的亿万富商——结成一伙，确保了叶利钦起死回生。正是这批人在 1995 年实行的“贷款换股权”方案中，以极其低廉的价格攫取了俄罗斯最大的一些国有产业部门，包括主要的石油和天然气储备。作为交换，他们出资搭救两手空空的政府。如今他们出钱大力赞助叶利钦的竞选活动，在自己拥有的国家电视台一边倒地支持叶利钦。叶利钦顺利当选，西方终于松了一口气。在克林顿和其他西方领导人看来，俄罗斯的“民主”和“自由市场”得到挽救。对他们来说，这才是头等大事，其他一切都不重要。

大多数西方领导人感受不到作为个人，也作为一个民族的俄罗斯人遭受的心灵创伤。对于这种创伤，普京远比他们懂得多。

美国学者斯蒂芬·F·科恩写道，当时美国的流行看法是，“自从1991年底苏联不复存在后，俄罗斯成了一个有意愿，也有能力转变成为一个美国复制品的国家”。[4]

姑且不论鉴于巨大的文化和历史差异，俄罗斯恐怕永远也不可能成为美国的一个“复制品”。实际情况是，俄罗斯人毫无思想准备，甚至来不及适应民主。

早在1965年，苏联时代著名的诗人和歌手弗拉基米尔·维索斯基就预见到这种迷惘。当时，他只能凭空想象摆脱了社会主义紧身衣后会是什么情形：

> 昨天，他们给了我自由，
> 可自由对我到底有什么用?

西方人假定，俄罗斯人完全知道如何利用他们的自由，似乎这是顺理成章的事，好像俄罗斯人就是美国人，只不过被迫在社会主义制度下生活了几年而已。一旦去掉枷锁，再有一个自由市场，一切问题就迎刃而解了。克林顿手下的俄罗斯问题顾问（他们制定了第一个援助俄罗斯计划）承认：“也许我们美国人对苏联社会的看法过于褊狭，高估了俄罗斯人想按照美国规则生活的愿望。我们当初的假定是，转型会很快，混乱也会很快过去，代之以正常生活。顺便说一下，混乱也没有被看作混乱，而是转型期。”[5]

然而20世纪90年代，俄罗斯人发现自己非但没有成为资本主义浪潮的弄潮儿，反而被它吞没。此外，俄罗斯人对外国人教他们如何“开化”极其反感。不错，社会主义的意识形态根基极浅，大多数俄罗斯人毫不费力地就将其丢弃了，然而他们并没有丢弃早在社会主义时期之前就有的、深藏在俄罗斯人内心深处的某些思维方式。无论是当年还是现在，我们经常听到俄罗斯人对失去苏联时期的“集体感”感到惋惜。“集体”意识不是苏联时期的发明，而是扎根于俄罗斯的历史中。但现在，它同西方强加给俄罗斯人的个人主义伦理观念发生了冲突。

以上我描述了一幅暗淡的图景，也许比总体形势还要暗淡，因为毫无疑问，叶利钦当政时期俄罗斯也获得了极大的成就，令人极为欢欣。然而正是90年代生活中的这些阴暗面——经常被西方所忽视——日后成了普京播种他观点的沃土。

从筒子楼到克里姆林宫

这是一本讲述普京执政的书，而不是一本传记，然而稍微回顾一下他的早年生活会给人以启示。普京过去的背景以及走向最高权力的道路，为他日后成为总统后自相矛盾的做法提供了线索：一个不相信民主的民主分子；一个对西方一知半解、主张西化的人；一个信仰自由市场，但世界观形成于社会主义时期的人；一个对俄罗斯抱有坚定的信念，用一个前克格勃特工冷酷无情的眼光审视祖国“敌人”的人。

1952年，普京出生于列宁格勒，一个被第二次世界大战的战火夷为瓦砾、仍在重建中的城市。“二战”期间，列宁格勒遭到德国人长达900天的围困和轰炸。普京的童年是在一个居民筒子楼里度过的。他家有一间住房，和其他家庭共用厨房和厕所。很多俄罗斯人对过去住筒子楼的经历有着甘苦参半的记忆。一方面，居住条件恶劣，没有独立卫生间，也没有热水，楼梯井口处耗子乱窜；另一方面，各家住在一起以及参与战后重建的共同经历加强了当年乐观的社会主义意识形态。青年时代，普京的思维方式完全受到苏联时期宣传的影响。他并非出生于一个持不同政见的家庭或知识分子家庭，这样的家庭或许会收听外国广播电台的广播，或谈论反政府的话题。上学期间，普京学到的是：西方是一个邪恶的地方，资本家剥削工人，并且对苏联磨刀霍霍。老师告诉他，在共产党的英明领导下，苏联人过得比西方人幸福多了。普京满 12 岁时，斯大林死后赫鲁晓夫时期的短暂“解冻”已经结束，因此他的中学时代是在勃列日涅夫当政时期度过的。这段时期的特点是苏联更加好战，与西方对抗，政治压迫和意识形态僵化。正是在这一时期，年轻的普京对加入共产党的执政机器——克格勃——显露出兴趣，而直到 1975 年他从列宁格勒法学院毕业后，这一愿望才得以实现。

普京称，他甚至没有想过斯大林时代克格勃的前身内务人民委员会（NKVD）造成的全民恐怖。他说：“我对克格勃的看法源于讲述特工人员的浪漫故事。完全可以这样说，我是苏联爱国主义教育的产物。”[6]

不过 20 世纪 70 年代末到 80 年代初，普京作为克格勃的一名特工在列宁格勒工作的 10 年里，将会清楚地了解到克格勃在做些什么。正是在这段时期内，克格勃把异见人士投入劳改营或精神病院，没收外国刊物，干扰外台广播，完全控制本国人与外国来访者的接触，严格审查极少数获准出国的苏联公民，想尽办法协助共产党对全社会实行完全的控制。在国外，克格勃的任务是颠覆西方民主政府，偷窃军事和产业机密，向发展中国家传播社会主义并协助东欧的“兄弟社会主义国家”压制不同政见。我们不确知这些年里普京做了什么，不过从他干过反间谍工作以及在列宁格勒监视过外国人可以推测，他完全献身于社会主义事业，并对受到西方颠覆的危险保持警惕。时至今日，普京对那些“背叛祖国”的人仍然嗤之以鼻，对和他一样选择了特工这一行的人充满敬意（2010 年，他亲自欢迎在美国暴露身份的 10 位俄罗斯特工回国）。

普京的一位朋友回忆说，当年他问年轻的普京，在列宁格勒的克格勃机构里都干些什么时，普京神秘兮兮地说：“我是一个交际专家。”

1985年，普京晋升为少校，被派往社会主义制度下的民主德国从事情报工作，工作地点在德累斯顿。据普京讲，他负责“政治情报”——招募线人并收集有关政治人物和“头号敌人”北约组织的情报。此时，普京多半仍是苏联意识形态的信徒，而且未直接接触过西方国家。他也未亲身经历过在戈尔巴乔夫推行的改革和开放政策下苏联的觉醒。

就在莫斯科的各家报纸和剧院打破昔日的苏联形象、逐渐丢弃将西方妖魔化的陈词滥调时，普京却被派驻在社会主义阵营中对内压制最严厉的国家之一。直到最后一刻，民主德国领导人昂纳克都在抵制从莫斯科吹来的改革之风。然而，此后普京目睹了民主德国局势的日益动荡。1989年下半年，柏林墙终于倒塌。共产党政权宣告结束前几周，和平变革恰恰始于德累斯顿。就在普京的眼皮底下，示威者走上街头游行抗议。

这位未来的俄罗斯领导人因而有近水楼台之便，亲眼目睹了社会主义的终结。虽然他错过了戈尔巴乔夫在国内推行的革命，但他亲眼看到了东欧人如何掌握了自己的命运，摆脱了苏联的轨道。作为克格勃特工，他的工作还包括研究北约的可能反应。因而，普京将会完全知晓在德国统一过程中据说由美国国务卿贝克向戈尔巴乔夫做出的口头保证，即北约不会借东欧剧变之机向前苏联阵营扩张。

民主德国共产党结束执政，随即苏联在民主德国的“太上皇”地位也宣告结束。此时，普京正在他位于德累斯顿的办公室里疯狂地焚烧掉一切最敏感的文件，甚至不得不挥舞手枪，吓退一伙想冲进来抢劫的人。此前他们已经洗劫了民主德国秘密警察的办公室。日后普京说，他可以理解这伙人对民主德国秘密警察的仇恨。“他们受够了秘密警察的绝对控制。整个社会没有人不生活在恐惧之中，在他们眼里，民主德国的秘密警察是魔鬼。”（无人知晓，普京是否意识到，在俄罗斯人眼里，克格勃和民主德国的秘密警察是一丘之貉。）

对普京来说，整个事件中最令他不安的是，就在愤怒的人群挤在门前，他打电话向德累斯顿的苏联驻军司令求救时，他得到的答复却是，没有莫斯科的批准，他们爱莫能助。普京说，“然而莫斯科始终沉默。我感觉，国家已不复存在。任何人都能看出，苏联病了，而且患的是一种称为瘫痪的致命绝症——权力的瘫痪。”普京说，他知道苏联靠镇压和铁丝网对半个欧洲的控制不可能持久。但他承认，他对苏联失去影响力耿耿于怀，认为这是国家的耻辱。“我们就这样抛弃一切，一走了之。”

就在此时，普京的生活发生了一个重大的变化，使他首次接触到了一些与他童年时代、在校读书和在克格勃工作期间的信仰格格不入的观念。1990 年 1 月，普京从民主德国返回家乡列宁格勒——这座城市很快将更名为圣彼得堡。最初他保留着在克格勃的编制，但在列宁格勒大学的外事部门找到一份工作，随后担任列宁格勒市议会议长、前经济学家安纳托利·索布恰克的助手。索布恰克是改革时期思想最解放的理论家之一，很快就当选为圣彼得堡市长。1991 年 6 月，他让普京执掌该市的外事部门。当时圣彼得堡市正努力成为一个主要的金融和投资中心。没过多久，索布恰克任命普京为副市长。

于是这位前“苏联爱国主义教育培养出的完人”不仅接触到索布恰克对民主的看法，而且掉进了他不熟悉的西方贸易和金融的奇妙世界。1991 年 8 月，共产党内的顽固派（包括普京的上司、克格勃领导人克留奇科夫将军）发动了一场针对戈尔巴乔夫的政变。据普京讲，当时他就在索布恰克身旁，鼓励群众支持民主，抵制政变。日后普京说，他认为发动政变的人阻止苏联走向解体的初衷是“崇高的”，然而结果却适得其反。1991 年底，苏联解体。对于普京来说，这是一个分水岭。“我参加克格勃时信奉的一切理想和目标轰然坍塌。”

普京担任副市长时的工作并非没有引起争议。在一次涉及进口食品的丑闻中，该市议会的议员试图以腐败罪名将普京免职，但未遂。然而 1996 年索布恰克因败选下台，普京也成了闲人。

靠着运气和关系，普京很快到了莫斯科，在克里姆林宫的官僚机构里步步高升。[7] 1997 年 3 月，他出任叶利钦总统的办公厅副主任。1998 年 7 月，被任命为克格勃的继承者联邦安全局的局长。1999 年 3 月，他又兼任联邦安全会议主席。

他的后台是被称为“家族小圈子”的一伙人，即叶利钦总统的亲密顾问，其中有叶利钦的女儿塔季扬娜、前总统办公厅主任瓦伦丁 · 尤马舍夫（日后成了塔季扬娜的丈夫）、现在的总统办公厅主任亚历山大 · 沃洛申和能量极大的商业寡头鲍里斯 · 别列佐夫斯基。别列佐夫斯基拥有俄罗斯国家主要电视频道全国电视网（ORT）49%的股份，而且是实际的控股人。

1996 年，这个家族小圈子策划了叶利钦的连选连任。时隔不久，他们又很快做出安排，确保普京出任总理，目的是最终让他作为叶利钦的接班人出任总统。普京的忠诚给他们留下了深刻的印象。作为俄罗斯联邦安全局的领导者，普京阻止了对据说牵扯到叶利钦家族成员和克里姆林宫高级官员的重大腐败和洗钱案件进行的调查。（其中一名官员帕维尔 · 博罗金被指控在修缮克里姆林宫期间侵吞巨额公款，而正是此人将普京从圣彼得堡调到莫斯科，给了他政府中的首份工作。）普京还帮助他的前恩师索布恰克逃避因腐败罪名而被起诉。

日后证明，忠诚是普京的一大性格特征。正如他因忠于家族小圈子而受到犒赏一样，一旦当上总统，普京将重赏那些忠于他的人，同时惩罚与他作对的人。他没有让家族小圈子成员失望。2000 年普京出任代总统后做的第一件事就是签署了一项法令，使叶利钦及其亲属免于刑事起诉。

1999 年夏，叶利钦的小圈子派别列佐夫斯基去见普京，提议他担任总理。当时普京正和家人在法国的比亚里茨海滨度假。普京谢绝了，显然是担心自己的能力不足以胜任这一职务。然而他返回莫斯科后，叶利钦不允许他说“不”。[8]

在这令人眼花缭乱的一年里，普京着手处理了一些日后对他的思维方式产生了深远影响的事件。1999 年 3 月，原苏联阵营的匈牙利、波兰和捷克共和国加入了北约。无论美国许诺戈尔巴乔夫北约不会东扩的传说（美国官员坚决否认做过这一许诺）是否属实，俄罗斯都认为这是一个信号，即该军事联盟开始向俄边境做不必要的、具有威胁性的推进。此后 10 年普京执政期间，北约东扩问题始终挥之不去。

北约扩大后仅 11 天，即开始了对塞尔维亚的空中打击。由此产生的一系列反响本章前面已经讲述过。8 月，过去两年半以来一直阴燃的车臣问题突然蹿出火舌，点燃了普京的心中怒火，此后很多年，他在国内外的一系列举动均来自这股怒火。打击恐怖主义成了普京朝思暮想的目标。

自从 1996 年底俄罗斯军队撤出车臣后，该共和国一直享有事实上的自治，越来越无法无天。民选的政府无力约束诸如萨尔曼 · 拉杜耶夫和沙米尔 · 巴萨耶夫这样的军阀，后者在幕后参与策划了布琼诺夫斯克市的人质劫持。绑架事件司空见惯。在 6 名红十字会工作人员遭到杀害、4 名电信公司员工被绑架后，外国人几乎不敢再去车臣共和国。伊斯兰宗教极端主义在此地生根，一些军阀同中东地区的恐怖团伙建立了联系，包括基地组织。

1999 年 8 月 7 日，巴萨耶夫和沙特阿拉伯出生的一个伊斯兰教主义者伊本 · 哈塔卜在精心策划下，率领 1 500 人对邻近车臣的达吉斯坦发动了进攻，目的是在那里建立一个伊斯兰国家。这也是在俄罗斯北高加索地区建立一个大伊斯兰国家的第一步。这次袭击一下子把普京推到最高权力的位置上。第二天，叶利钦任命他这位行事果决的安全部门领导人出任总理，处理车臣问题。

普京从默默无闻一跃成为国家未来的领导人令人愕然。在当时的俄罗斯，几乎鲜有人知道普京是谁，政治精英同样对他知之甚少。然而在此后的几个月里，普京展示了俄罗斯的一副新面孔——在对付车臣恐怖分子日益猖狂的袭击时精力充沛、态度强硬而且毫不手软。

9 月份，在两周之内，布琼诺夫斯克市、莫斯科（两次）和伏尔加顿斯克市的居民区内发生了 4 起爆炸事件，将近 300 人被炸死。俄罗斯指责说是车臣人干的。这些爆炸事件再加上对达吉斯坦的入侵，给普京提供了发动第二次车臣战争的口实——如果他需要一个借口的话。9 月 12 日，普京会晤克林顿时，激动地画了一幅车臣地图，讲述了他准备消灭分裂主义分子的计划。之后他对记者恶狠狠地说："这些家伙不是人，连畜生都不如。如果是畜生，也是穷凶极恶的畜生。"

鉴于居民区被炸恰好使普京有了一个借口开战，借此提高自己的威望，一些俄罗斯人认为，爆炸是俄罗斯联邦安全局干的。俄罗斯境内关于各种阴谋的小道消息满天飞，且多荒诞不经。如果都信的话，历史都要改写。然而在梁赞市的第五次爆炸事件令人疑心重重。根据密报，警察在一个居民区楼群的地下室里发现了三口袋白色粉末，挫败了一次阴谋。警方证实白色粉末是炸药，而且还带起爆器。几个口袋被运走时，数千居民被疏散。普京本人表彰了及时发现有人将这几个口袋运进居民楼的人，夸他们警惕性高。然而当涉嫌安置炸弹的嫌疑犯被逮捕时，他们的身份却被证实是俄罗斯联邦安全局的特工。该局的局长称，这是一次"演练"，以测试公众的反应——那几个口袋里装的是白糖。然而梁赞市当地的联邦安全局根本不知道有什么演练，并发表声明对此表示惊讶。

此外，居民楼爆炸案还有几处疑点。例如，国家杜马议长向议会宣布，9 月 13 日他就收到了伏尔加顿斯克市发生爆炸事件的报告，而当天实际上是莫斯科发生了爆炸案，伏尔加顿斯克爆炸案是三天后才发生。难道事先对所有这些策划中的爆炸事件知情的某人把日期搞混了？然而在俄罗斯，对这些事件展开的调查受到阻挠，针对爆炸事件提出的疑问令克里姆林宫怒不可遏。不仅如此，试图查明事情真相的一个独立委员会的两名成员被暗杀，第三个成员死于一次交通事故。该委员会的律师被捕后被投入监狱，罪名是非法拥有武器。2006 年，调查过这些爆炸事件的记者安娜 · 波利特科夫斯卡娅和前克格勃特工亚历山大 · 利特维年科双双遇害。

发动第二次车臣战争是为了一雪俄罗斯在第一次车臣战争中败北的耻辱，同时遏制普京眼中的伊斯兰分子对俄罗斯全国的威胁。普京的一名心腹顾问匿名告诉我，普京担心，他这个总理可能当不了几个月就要下台（如同他的几位前任一样）。他想趁自己在台上的机会防止俄罗斯走向解体。“车臣人入侵达吉斯坦是匪徒发出的一个信号，显示他们会得寸进尺，沿着伏尔加河侵入俄罗斯联邦其他的伊斯兰共和国，如巴什科尔托斯坦和鞑靼斯坦。”

我从未听到普京（或俄罗斯的其他领导人）谈起过车臣人民实实在在的怨恨。斯大林时期，他们被大批逐出自己的家园，流放到中亚地区。苏联时期，车臣的文化和语言又被淹没在俄罗斯人的海洋中。几乎没有多少人意识到，正是1994年俄罗斯出兵车臣导致车臣人走向激进，助长了宗教极端主义。第一次车臣战争前我去车臣共和国时，根本看不到宗教极端主义者的影子。正是这场战争以及俄罗斯军队的所作所为将原来的分裂主义分子转变成怀有信仰的恐怖主义分子。由于没有看到这一点，普京重点战火的结果必然是雪上加霜。

普京很快让世人领教了他的铁嘴钢牙和直言不讳——这些成了他的一大特点。9月24日，当有人问到第二次车臣战争的残酷时，普京回答说：“无论恐怖分子在哪儿，我们都要穷追到底。他们如果在机场，就在机场干掉他们。如果——请原谅我的用语——在厕所抓到他们，就在厕所消灭他们。没什么好讲的。”

普京发动的这场战争很快使他不再默默无闻，但他还不是俄罗斯深孚众望的政治家。他的前任之一普里马科夫任总理时，公开谴责叶利钦小圈子成员的腐败，宣布自己打算竞选总统。他同前莫斯科市长卢日科夫一起组建了一个政治集团——“祖国—全俄罗斯”联盟，一切迹象显示他在12月份的议会选举中很有希望胜出，从而为他参加定于6月的总统选举提供了一个跳板。

就在此时，别列佐夫斯基介入选举，以确保家族小圈子的候选人普京赢得大选。别列佐夫斯基控制的全国电视网完全倒向普京，同时对普里马科夫和卢日科夫极尽污蔑之能事。别列佐夫斯基将一个有名的节目主持人谢尔盖·多连科揽入旗下。此人擅长报道丑闻和桃色新闻，以发表褊狭评论著称。别列佐夫斯基乐得让多连科炮轰普里马科夫。后者任总理时，曾派人搜查过别列佐夫斯基开办的公司，威胁要把他这样犯有经济罪的商人投入监狱。每天晚上，俄罗斯最大的电视频道无休止地评论普里马科夫的年迈体弱和卢日科夫的腐败，同时颂扬普京在车臣的英雄事迹。

与此同时，小圈子里的人——别列佐夫斯基、尤马舍夫和塔季扬娜·季亚琴科在叶利钦办公厅主任沃洛申的别墅秘密碰头，谋划组建一个支持普京的政治组织。9 月份，距国家杜马大选还有三个月时，一个叫“统一俄罗斯党”的新政党诞生了。这是一个没有根基、没有指导思想，可以说也没有任何政策的政党——只有支持普京这一条，不过得到了别列佐夫斯基控制的全国电视网和他拥有的其他几家报纸的大力支持。12 月 19 日，统一俄罗斯党赢得的选票几乎是“祖国—全俄罗斯”联盟的两倍。现在万事俱备，只等叶利钦在新年前夕宣布辞职，把权力移交给他的总理和既定接班人。

国家杜马选举后的第二天是“契卡日”。作为前苏联时期传统的延续，俄罗斯大多数行业在日历上均标出这么一天，用于纪念国家现在和昔日的秘密警察（早年叫契卡）。一大早，普京将一块牌子重新钉在俄罗斯联邦安全局总部的一面墙壁上，以纪念他加入克格勃时该机构的首脑安德罗波夫。叶利钦去苏联化时期，这块牌子被摘掉了。在当晚举行的盛装舞会上，总理对自己当年的老同事发表了讲话，开玩笑说：“我向诸位报告，联邦安全局秘密安插在政府部门内的一批特工干得很顺利，正在执行首期任务。”

下一期马上就要开始了。10 天后，叶利钦辞职，普京出任俄罗斯最高领导人。

THE
STRONGMAN

第二章

向西方“求爱”

Vladimir Putin and
the Struggle for Russia

“我希望俄罗斯成为欧洲的一部分”

从1999年3月北约盟国开始轰炸南斯拉夫起，俄罗斯与北约的关系即被冻结。俄罗斯外交部长伊万诺夫宣布：“我们已经让北约驻莫斯科代表卷铺盖走人。对南斯拉夫的侵略停止之前，我们不会与北约有任何接触，包括北约秘书长。”

然而2000年伊始，普京刚出任俄罗斯代总统不久，位于布鲁塞尔的北约总部秘书长办公室的电话铃响了。打电话的不是别人，正是伊万诺夫。新上任的北约秘书长罗伯逊着实吃了一惊。10月他到布鲁塞尔走马上任后，将争取使俄罗斯“恢复安全合作”确定为他的首要任务之一。然而迄今为止，没有取得任何进展。

伊万诺夫故作羞涩、扭扭捏捏地说：“我的意思是，如果你正在考虑造访莫斯科的话，你或许会发现你很受欢迎。”[1]

于是罗伯逊成了西方第一个会晤俄罗斯新总统的重要政治家。2月，他乘坐德国空军提供的一架飞机飞抵莫斯科。

在机场，普京问：“为什么您乘一架德国飞机来呢？”

罗伯逊马上意识到，鉴于第二次世界大战期间德国空军轰炸机造成的恐怖，他乘坐的这架飞机上面涂的德国空军徽记触动了俄罗斯的某根敏感神经。罗伯逊解释道，北约本身没有飞机，所以他不得不借用成员国的飞机。

“哦，原来如此，”普京试着讲英文，“秘书长，也许下一次您再来应该乘一架英国飞机。”

罗伯逊给普京带来了一份礼物，一本讲述沙皇宫廷的英文书。他是在一家旧书店里淘到的。俄罗斯的这位领导人喜笑颜开，原来他正在努力学英语，因为他又增添了很多要“交际”的外国领导人。

普京告诉罗伯逊：“我喜欢大声朗读英文书，作为练习。”随后他又补充说，“所以我的狗现在英文很流利。”

两人的会面不只是展开魅力攻势和互开玩笑，也谈了实质内容。罗伯逊记得，普京相当坦率，讲话直切重点。“当时他不像现在那样自信。他刚刚上任，甚至连总统都还不是，只是代总统。”

普京说：“我想解决我们双边关系中存在的问题。目前我们的关系并不具有建设性。我想逐步恢复与北约的关系，但不可能一蹴而就。在这一点上很多人与我有分歧。”普京指了一下他的国防部长马歇尔·谢尔盖耶夫元帅和外交部长伊戈尔·伊万诺夫，“但我知道我想要什么。我希望俄罗斯成为欧洲的一部分，这才是它未来的归属。让我们看一看如何能最好地达到这一目的。”

英国大使告诉罗伯逊，他对这一果敢的早期外交政策决定印象深刻。鉴于当时俄罗斯与北约的关系极为紧张，普京说“我想恢复这种关系”不同寻常。罗伯逊感到，普京想发展“一种线条清楚的关系”，撇开昔日遗留下来的障碍，只谈重大问题。“他们希望被当作世界上的一个重要成员。”

还有一位世界领导人热衷于满足俄罗斯的愿望。布莱尔首相看到，英国有机会成为俄罗斯在欧洲的“最佳伙伴”，并决定于3月上半月访问俄罗斯，普京当时甚至还没有当选总统（大选定于3月26日举行）。此时，布莱尔比德国总理施罗德或法国总统希拉克更愿意迁就普京在车臣发动的战争。英国外交部对这位前克格勃特工存有戒心，显然此人是车臣战争的导演。然而布莱尔在唐宁街的顾问坚持认为，普京是一位新型的领导人，一个值得对他尽早押宝的人。布莱尔办公厅主任乔纳森·鲍威尔说：“根据我的经验，克格勃官员在昔日的苏联官僚体制中属于比较开放的一批人。我们决定在竞选期间就与他接触，而不是等到选举结束以后。那时等着见普京的人会排成长队。这样做有一定的风险，但我们认为应该这样做，而且也确实产生了结果。”[2]

鲍威尔说，布莱尔出访俄罗斯前几乎没怎么关注车臣问题。直到上飞机后，才开始阅读为他准备的背景材料文件夹。“外交部准备的文件夹令布莱尔越看越恼火，因为早在那时，托尼已经对伊斯兰恐怖主义感到担忧。他看到了它的危险性，觉得我们在对待俄罗斯对付伊斯兰恐怖主义的做法上有那么点儿‘双重标准’的味道。于是他在飞机上决定，待到双方举行记者招待会时，在车臣问题上他要给普京一点儿自由行事的空间。”

普京满面春风地全程陪同首相布莱尔及夫人切丽游览了自己的故乡圣彼得堡市，参观国立冬宫博物馆，在沙皇金碧辉煌的夏宫彼得宫举行会谈，傍晚前往马林斯基剧院，观看普罗科菲耶夫的歌剧《战争与和平》。唯一一个不快的小插曲是在彼得宫举行会谈时，英国大使罗德里奇·莱恩爵士一屁股坐在一把椅腿细长的古色古香的椅子上，把椅腿压断了。

普京俏皮地说：“我希望你会赔偿这把椅子。”据一位目击者说，普京不完全是开玩笑。

这次访问极其圆满。这是布莱尔想要的结果。鲍威尔承认，叶利钦与法国人和德国人（更不要说克林顿了）打得火热，英国感到自己被撇在了一边。现在布莱尔自己“挤了进来”。总统选举刚一结束——大选不过是走个形式而已，普京赢得了53%的选票——布莱尔马上邀请普京访问伦敦。“格罗兹尼屠夫”受邀去温莎宫拜见女王时，媒体一片哗然。[3]

一段时间内，布莱尔的确看上去成了普京在西方的主要联系人。11月美国总统选举结果未定，在佛罗里达州重新计票时，普京打电话给布莱尔，询问他是否应该给小布什打电话表示祝贺。鲍威尔回忆道："托尼建议普京等一等，待局势明朗后再说。普京非常感谢，于是没有给小布什打电话。这件事很有意思，通常你不可能与俄罗斯总统有这么深的关系。我们因此感到，这宝是押对了。"

当然，考虑之一是英国的商业会受益于更密切的政治关系。因此4月访问伦敦时，普京会见了一批大企业家。英国石油公司的首席执行官约翰·布朗勋爵对普京印象深刻："他令人耳目一新。"普京向英国商人许诺要严守法律，打击腐败。普京不苟言笑的冷漠举止让他们感到，他说话是算数的。3年后，在普京和布莱尔主持的一个仪式上，英国石油公司和俄罗斯的一家大石油公司俄罗斯秋明石油公司（TNK）签署了一份合同，组建一个合伙公司，两家各占50%的股份。当时，英国石油公司投入的67.5亿美元是有史以来俄罗斯得到的最大一笔投资。双方皆大欢喜。然而，随着普京开始质疑把本国的战略资产卖给外国人的做法，前面将是一条崎岖不平的道路。

看到普京的灵魂

至于美国，普京已经决定耐心等待克林顿余下的任期结束，再开始向小布什的班子伸出触角。俄罗斯人早就预料到小布什会获胜。2000年7月底，他们甚至派了一个代表团参加在费城举行的共和党全国代表大会。成员之一米哈伊尔·马格罗夫是俄罗斯上院的议员和公关专家，他曾在普京的竞选班子里干过。他说，这是统一俄罗斯党对外联络的一项内容，"与世界各地的保守党交往"，目的是为普京的党派打造中间偏右的"牌子"。团员会晤了赖斯和小布什班子里的其他成员。会晤的时间并不长，但足以使他们再次受到邀请，参加1月份的总统就职典礼。[4]

就职典礼那天，赖斯找到一位俄罗斯外交官，要他代表美国新政府向普京转达一个积极的口信。赖斯会讲俄语，而且是一位苏联问题专家。在随后的年月里，小布什在制定俄罗斯政策时，她的作用举足轻重。赖斯的口信表达了对发展友好关系前景的期待，但绝不是比尔—鲍里斯秀的重演。赖斯认为，克林顿与叶利钦之间的亲密关系，个人色彩过于浓厚，而且克林顿要求俄罗斯人对其在车臣的所作所为负责时表现得太软弱。2000 年 12 月 31 日，《芝加哥论坛报》刊登了赖斯撰写的一篇文章，严厉批评了克林顿的政策。

美国政策的缺陷在于，克林顿始终欣然接受叶利钦和他身边被视为改革者的做法完全失败了。美国当然需要与国家元首打交道，而叶利钦是俄罗斯的总统。

然而，美国对民主和经济改革的支持成了对叶利钦的支持，他的议程成了美国的议程。

明明没有改革，美国却做证说俄罗斯正在改革，在没有任何重大变革迹象的情况下继续通过国际货币基金组织向俄罗斯提供资金。

一些耐人寻味的私有化手段因而被捧为经济自由化，对一些权势人物掠夺国家资产的现象要么视而不见，要么置若罔闻。俄罗斯的现实与美国政府对俄罗斯经济改革的看法完全不符。

赖斯还知道，麻烦事还在后面，因为小布什打算比克林顿更坚决地追求建立一个导弹防御体系的目标。在一次采访中赖斯说：“布什讲得很明白，重新调整军备控制中的攻防关系对他极为重要，而《反弹道导弹条约》是导弹防御的一大障碍。”[5]

然而普京认为，白宫换主是一个好兆头。2001 年 1 月小布什就任总统后，俄罗斯期待着与他建立一种新型关系。

没想到，不久发生了一件让俄罗斯人猝不及防的事。3 月，美国人宣布驱逐在华盛顿和纽约打着外交官幌子从事情报活动的 50 名俄罗斯间谍。俄罗斯当时没有意识到，而且时至今日（根据我们通过采访所了解的情况）仍没有意识到，新一届小布什政府对这件事同样毫无准备。俄罗斯人以为，小布什决定上台伊始发出了一个强硬信号，而实际上他不过是打发掉从他的前任接手过来的一个难题。

此前，美国联邦调查局局长路易斯 · 弗里查明了50名外交人员的真实身份，然而克林顿政府不愿意将他们驱逐出境，担心克林顿任期即将结束时会损害与叶利钦的特殊关系。如今弗里看到白宫换了主人，加之他知道自己不久也要走人，于是决定走之前了断这件事。

在一次采访中，新总统的国家安全事务副助理斯蒂芬 · 哈德利回忆说："弗里坚持己见，认为必须对美国境内的俄罗斯间谍网采取行动。我感觉，这件事他憋在心里已经很久了，但出于一系列的原因，克林顿政府在任期即将结束的最后一年里觉得时机不妥。这意味着它成了新总统必须面对的问题。我们的判断是，这个问题无法回避，并需要采取行动，而且要尽早尽快。这些人都是货真价实的间谍，而不只是外交官。驱逐他们不是出于政治目的，也不是要发出什么信号。决定已经做了，继续拖下去不会使问题变得更容易处理。"[6]

通知俄罗斯人的差事落到了布什的国务卿鲍威尔身上。他礼节性地召见了俄罗斯大使尤里 · 乌沙科夫，乌沙科夫也得以有一个机会与新任国务卿见面。鲍威尔先以轻松话题开场："你想听好消息，还是坏消息？"

乌沙科夫回答说："好东西留待上甜点时吃。"

鲍威尔于是端上了"开胃小吃"。他客气地解释说，虽然有一个君子协定，每一方可以在己方使馆里安排一定数量的间谍，但是俄罗斯的间谍数量远远超出了这一限额。"我们已经查明了大约50个人的身份，明天我们将通知你们具体是哪些人。他们必须在几天之内离境。我需要你一回使馆便打开传真机，通知莫斯科。"[7]

乌沙科夫立即把这一消息告诉了他的外长伊戈尔 · 伊万诺夫，伊万诺夫怒不可遏。他回忆道："我们得出的结论是，这是一次有政治目的的举动。我们认为，美国人这样做是想向世人显示，谁是世界的霸主。"[8]

消息传到莫斯科后，戳到了俄罗斯人的痛处。普京过去16年就是干这行的，被驱除的人都是他的契卡同事。普京召开了一次由负责军事、外交和安全事务的各位部长组成的联邦安全会议。会议决定以同样的方式回敬美国人，但要让他们更难受。联邦安全会议首脑谢尔盖·伊万诺夫挂通了美国国家安全事务助理赖斯的电话，通知她说：“我们会对你们毫不客气。我们将驱逐你方的50名外交官，但不会马上这样做，而是拉开一段时间。我们不仅会精心挑选真正的间谍，还要挑选‘干净的’外交官。我们要让你们的使馆乱成一团。”[9]

针锋相对的互相驱逐开始了。然而小布什的班子急于向前看，毕竟这件事不是他们开的头。鲍威尔打电话给俄罗斯外长伊戈尔·伊万诺夫，建议了结此事。

伊万诺夫回答说：“这件事还没完，我们将驱逐50个人。如果你们驱逐我方更多的人，我们会一直奉陪下去。要不了多久，我们双方的外交官就会被驱逐净尽，只剩下你我二人处理我们的双边关系。”

两人同意叫停。5月18日，伊万诺夫携带普京的一封信飞往华盛顿。这位俄罗斯领导人不再纠缠于此，在信中强调了他对北约秘书长罗伯逊讲过的同样观点。他希望重新启动两国关系，以建立一种新型的伙伴关系。鲍威尔和伊万诺夫一致认为，两国总统需要见面。他们选了一个中立的场所——斯洛文尼亚，时间定在2001年6月16日。

在位于斯洛文尼亚首都卢布尔雅那以北不远、建于16世纪的布尔多城堡里，彼此从未见过面的小布什和普京开始了两人的首次约会。普京模仿对方的能力极强，并能博得他们的信任。靠着这种能力，他成了克格勃一位出色的“交际家”。普京青睐的一位关系很广的克里姆林宫记者叶莲娜·特雷基波娃叙述说，普京任联邦安全局局长时曾带她去一家日本寿司餐馆吃饭。“他极善于与人打交道……堪称一位人际关系大师……能像一面镜子一样反射出和他在一起的人，让他们觉得他同他们是一类人。他做得很巧妙，对方显然没有察觉到，仍自我感觉良好。”[10]

在布尔多城堡，普京对小布什施展了他的魔法。小布什提起他在背景材料文件夹里读到的普京人生中的一个插曲，普京母亲曾送给儿子一个基督十字架，而普京让人在耶路撒冷为这个十字架祈福。普京马上意识到，这件事引起了布什内心的共鸣。据布什自己亲口对美国记者伍德沃德说，普京答道，“确有此事。”[11]

布什说，他告诉普京，他没有想到，一个共产党人，一个克格勃特工竟愿意戴一个十字架（此次会晤普京并没有戴十字架，不过一个月后他确实把这个十字架带到热那亚给布什看）。布什说：“对我来说，这件事意义深远。总统先生，我能称呼您弗拉基米尔吗？”

普京随后告诉布什，他父母家的别墅在一场大火中坍塌。他从废墟中想找到的唯一物件就是这个十字架。“我记得，消防队员的手掌张开后，露出了我母亲送给我的十字架，似乎是命运使然。”布什简直听迷了。

两人继续私下交谈时，等候在外面的两位总统的助手变得焦虑不安起来。布什的国务卿鲍威尔一直与俄罗斯外长伊戈尔·伊万诺夫聊天。日后鲍威尔回忆道：“我和伊戈尔，还有两国代表团的其他成员坐在那里，假装是在开会讨论重大问题，其实我们大家不过是枯坐而已，用手指轻轻敲击着桌面，猜测两人到底在干什么。”[12]

两国总统最后终于露面，共同出席了一场记者招待会。一位记者问了布什一个要命的问题：“美国人可以信赖此人吗？”中了魔法的布什激动万分：“我从这个人的眼睛里看出，他是一个极为坦诚和值得信任的人。我们谈得很好，我看到了他的灵魂。”

普京简直不敢相信自己的耳朵。他转向布什，用英语轻声说：“谢谢您！”布什的助手们听呆了。赖斯小声对一位同事说：“天哪！后一句话够我们解释的。”

鲍威尔后来把总统拽到一边说：“您知道，您可能看到了您说的这一切，可我从他眼睛里看到的是一个克格勃特工。别忘了，他说一口流利的德语不是没有原因的。他曾是克格勃在德国的间谍，而且是克格勃的头子。”

直到布什总统任期结束，“看见了他的灵魂”这句话始终纠缠着他。

共同打击塔利班

时隔不到3个月，两人的友谊就面临考验。2001年9月11日恐怖分子对美国发动了世界上伤亡最惨重的袭击后，普京是最早打电话给布什表示哀悼和支持的世界领导人之一。

看到飞机撞向世贸大楼和五角大楼的新闻画面令普京感到震惊，但他并非一点思想准备也没有。就在前一天，他打电话给布什，说他认为“一项重大阴谋”正在酝酿中。此前，9月9日，阿富汗反塔利班的北部联盟领袖马苏德遭到暗杀。俄罗斯情报部门认为，这是一个恶兆。几年来，俄罗斯一直向北部联盟提供武器和现金，以求遏制宗教极端主义的蔓延。

普京立即在克里姆林宫召见安全部门的首脑，询问他们能帮什么忙。他们首先想到的是推迟即将在太平洋举行的一次大规模海军演习，因为这有可能会不必要地分散美军的注意力。普京给白宫打电话，然而无法与布什总统通话。当时布什正乘坐空军一号飞往一个安全的地方。赖斯接了电话，她在白宫的地下室里，这里刚刚做出一项决定，下令美军进入最高一级警戒状态，即三级警戒状态。

日后赖斯在一次采访中回忆说：“我告诉普京，美军已经进入最高一级警戒状态。我记得他说：‘我知道。’我马上想到，他们当然知道了，他们正在注视我们的军队进入警戒状态！普京告诉我，他们降低了自己部队的警戒等级，并取消了一切演习。当时我想，冷战真的结束了。”[13]

美国人很快决定了如何反击。这次袭击是本·拉登领导的基地组织在阿富汗策划的，该组织得到了阿富汗塔利班政府的支持。普京问还能做点儿什么时，答复是明确的：除了美国在该地区的航空母舰外，对阿富汗发动打击的唯一合适地方就是前苏联的几个中亚共和国。而这几个共和国——乌兹别克斯坦、塔吉克斯坦和吉尔吉斯斯坦——虽然名义上独立了，但莫斯科对它们仍然具有极大的影响力。

普京的第一反应是请这些中亚国家给予配合，并告诉了美国人他的想法。然而普京在自己的政府内遭到未曾料到的反对。强硬派人士、现任国防部长谢尔盖 · 伊万诺夫是普京最紧密的盟友之一，而且和普京一样曾是克格勃间谍，但比普京更文雅，更了解西方。他也是康多莉扎 · 赖斯与莫斯科之间的主要联络渠道。赖斯出任布什的国家安全事务助理时，伊万诺夫在俄罗斯担任同样的职务。2001 年 3 月，伊万诺夫改任国防部长，但赖斯喜欢他，继续保持了与他的联络渠道（尽管根据外交礼节，赖斯本应该与俄罗斯新任国家安全顾问弗拉基米尔 · 卢沙洛直接打交道）。据赖斯讲，在卢布尔雅那首脑会议上，布什问普京："如果我们找不到你，需要一位你信得过的代理人的话，应该打电话找谁？"普京说："那就找谢尔盖 · 伊万诺夫。"布什答道："我这边是康迪（赖斯昵称）。"

恐怖主义袭击后仅 3 天，"可靠的代理人"伊万诺夫突然对俄罗斯助美国一臂之力的立场唱起了反调。他在访问亚美尼亚时说："我看不到任何哪怕是假设北约在中亚国家领土上开展军事行动的可能性。"

美国人对彼此互相矛盾的信号困惑不已。这几个中亚国家并非世界上伟大的民主国家，但它们的总统突然间红得发紫。普京派他的国家安全事务顾问卢沙洛去中亚国家打探口风。布什派自己的副国务卿博尔顿去乌兹别克斯坦首都塔什干争取该国总统卡里莫夫的支持。美国人现在没有心思再去纠缠这种事情。赖斯日后回忆道："乌兹别克斯坦就是一个价码问题。卡里莫夫需要钱，他知道我们有求于他。"博尔顿显然发现，卡里莫夫愿意效力。"我事先为艰苦谈判做了充分的准备。而卡里莫夫说：'你干吗不要求建立一个永久性的基地呢？'"[14]

这恰恰是俄罗斯人，而不只是伊万诺夫最担心的事：美国人的"军事存在”——为了打阿富汗战争有限使用中亚的军事基地——可能会演变为某种更永久、更具有政治性的东西。

伊万诺夫回忆道：“我们担心，一旦美国人在这个地区立足，‘推行民主’就会接踵而至。我们非常熟悉这些国家，它们曾是同一国家（苏联）的一部分。正如我们在俄罗斯所说，‘东方是一个异常诡秘的地方’。我们担心，政治进程有可能开始对我们十分不利。日后的局势发展验证了这一点。吉尔吉斯斯坦、乌兹别克斯坦、塔吉克斯坦等国的领导人开始向我们诉苦，他们对美国人有求必应，然而美国人开始同反对派搞在一起推行民主。”[15]

这是最早的迹象，可见普京领导的俄罗斯把自己邻国实行民主的前景视为一种威胁。

9月22日，星期六，普京在他的别墅召集国防部长和安全部门首脑开了6小时的会，讨论危机问题。他的别墅位于索契俯瞰黑海的悬崖顶端，掩隐在树丛之中。普京认为，帮助美国人不仅符合美国的利益，而且符合俄罗斯自身的利益。首先，长期以来，莫斯科一直对几个中亚共和国内伊斯兰势力的抬头感到不安，阿富汗煽动了其中的一些势力。自从20世纪80年代俄罗斯在阿富汗的战争惨败后，它再也无力向阿富汗派出地面部队。如果美国人替他们出兵，俄罗斯又何乐而不为呢？谢尔盖·伊万诺夫回忆说：“作为回报，我们指望能得到美国人的帮助。我们知道阿富汗境内有哪些训练营地——我的意思是，我们掌握着准确的地图坐标。这些营地用于训练恐怖主义分子，包括来自车臣和达吉斯坦，还有塔吉克斯坦和乌兹别克斯坦等地的恐怖分子……我们指望美国人会捣毁这些营地，或是抓获这些恐怖分子，移交给我们。”

其次，普京把“9·11”恐怖主义袭击同他在车臣面对的世界范围内的恐怖主义威胁联系在一起，协助美国人只会有助于获得对他打击恐怖主义的支持（或至少不再批评他打击恐怖主义）。普京已经向美国人讲述了基地组织和车臣极端分子之间的联系。他甚至称，本·拉登本人去过车臣两次。现在俄罗斯人有一个机会协助美国人铲除俄罗斯本国境内麻烦的部分根源。普京告诉手下的人："我们必须看到，世界形势发生了变化。"

强硬分子被说服了。普京在一次采访中说："甚至持怀疑态度的人也同意了我的看法。新的形势意味着我们必须协助美国人。"

散会后 4 小时，普京打电话给美国总统，通知他做出的决定。普京回忆说："这是一次涉及实质性内容的交谈，我们就马上采取的具体步骤以及长远步骤达成了一致。"普京表示，如果美国飞行员在阿富汗北部上空被击落，俄罗斯愿意提供后勤支持、情报及搜寻救援，甚至出于人道主义目的，给予美国军用飞机飞越俄罗斯领空的权利。他告诉布什，更重要的是，"我准备通知与我们保持友好关系的中亚各国政府的领导人，我们不反对美国在中亚发挥的作用，只要它是为了打击恐怖主义，而且是暂时的，而不是永久的"。[16] 最后一句话至关重要。10 年以后（尽管 2009 年俄罗斯人试图让美军离开中亚），美军仍在使用位于吉尔吉斯斯坦的玛纳斯空军基地。[17] 2005 年，美军被赶出了乌兹别克斯坦的基地。

美国对阿富汗的战争主要采取了空中打击的形式。与此同时，阿富汗人自己（反塔利班的北方联盟）将参加地面战斗。赖斯说，她和谢尔盖 · 伊万诺夫受命负责向北方联盟提供军火、为作战做好准备。就在普京在索契与布什通话的同时，俄罗斯的总参谋长阿纳托利 · 克瓦什宁将军正在塔吉克斯坦与一位北方联盟的领导人举行会谈。

俄罗斯现在似乎在反恐战争中完全与美国结成同盟。谢尔盖 · 伊万诺夫称，阿富汗战争打响后不久，塔利班的代表找到部署在与阿富汗接壤的塔吉克斯坦边境的俄罗斯边防部队。"他们称，奥马尔授权他们建议俄罗斯和塔利班联手同美国人作战。"美国国防部长拉姆斯菲尔德访问莫斯科时，普京提到了这件事。普京用英语说，"我们的答复只有一个"，同时打了一个粗鲁的俄罗斯手势，攥起拳头，把拇指夹在食指和中指之间。拉姆斯菲尔德大笑，说："我们打的手势略有不同，不过我明白你的意思。"[18]

10月7日，美国人发动了打击。这一天是普京的生日，普京和受邀参加生日晚宴的客人一道观看电视播放的首次空中打击的画面。国防部长谢尔盖 · 伊万诺夫转向普京，举起一杯伏特加说：“弗拉基米尔 · 弗拉基米诺维奇，这是送给你的生日礼物。”

乔治—弗拉基米尔秀

普京似乎回答了卢布尔雅那那位记者提出的“美国人能否信赖此人”的问题。普京欣喜地看到，他被看作与西方步调一致，而不是与它为敌。接下来他继续发动魅力攻势，首先访问了德国，在德国议会从头到尾用德语发表演讲，给东道主留下了深刻印象。

普京强调了他的国家与西方在反恐上的合作，并将之与轰炸塞尔维亚时俄罗斯挨的一记耳光做了比较。轰炸塞尔维亚一事虽然过去两年了，但造成的创伤仍未愈合（普京仍难以释怀）。“他们往往在我们没有参与的情况下做出决定，事后才敦促我们支持做出的决定。然后他们重弹忠于北约的调子，甚至说没有俄罗斯的参与，这些决定无法执行。让我们扪心自问：这种情况正常吗？这难道是真正的伙伴关系吗？”

普京说：“没有一种信任的气氛，就不可能有一个团结的大欧洲。”他随后阐述了一个最终结束冷战的宏伟前景：“今天，我们有责任告诉世人，我们摈弃了昔日的成见和野心。从今以后，我们将共同确保欧洲乃至全世界人民的安全。”

德国总理施罗德完全支持普京提出的俄罗斯参与“共同”确保欧洲安全的想法。早在普京来访前，德国人已经开始思考不可想象的事：俄罗斯或许会成为北约的一个成员。日后施罗德在一次采访中回忆道，他们讨论了他称为“颇具远见的”外交政策思路。“我与普京讨论了俄罗斯加入北约的可能性，而我觉得完全可能。这一前景对俄罗斯，也对北约不无裨益。”[19]

一周后，普京前往布鲁塞尔会见北约秘书长罗伯逊，打算继续试试运气。会谈伊始，普京的开场白令罗伯逊吃了一惊：“你什么时候邀请俄罗斯加入北约？”[20]

普京的顾问谢尔盖 · 普里霍季科坚持说，普京不过是“打个比喻”，可罗伯逊却当真了。[21] 他耐心地解释说，加入北约的程序不是这样的。罗伯逊回忆道：“我说，‘总统先生，我们不主动邀请他国加入北约。一国需要首先提出申请，然后经过一套证明它能够被纳入北约体系的程序，北约才会邀请它加入。’普京耸了耸肩，说了一句话，大致意思是：‘俄罗斯不会和一些无足轻重的国家挤在一起排队。’我说，‘既然如此，我们能否不再就加入北约问题继续外交舞剑，而是认真研究一下建立一种实际可行的关系，看看这样做会有什么结果？’”[22]

普京毫不气馁，继续做出和解的姿态向西方求爱。从布鲁塞尔返回莫斯科后，普京批准关闭在海外的两个苏联时期的军事设施：位于越南金兰湾的一个海军基地和位于古巴卢尔德的一个侦听站。俄罗斯官员私下里承认，这两处设施耗资巨大，他们乐见甩掉它们。不过他们仍然希望对方能把关闭这两个基地视为善意的信号，并对此投桃报李。莫斯科在一系列始终关注的问题上，期待对方做出妥协。苏联时期，美国于 1974 年颁布了一项法案，后称之为《杰克逊–瓦尼克修正案》，规定如果苏联不取消对犹太人移居海外的限制，美国将一直限制与苏联的贸易。这个问题早就不复存在，然而《杰克逊–瓦尼克修正案》仍未废除，尽管俄罗斯一再请求废除该法（美国人也多次许诺过）。俄罗斯还想加入世界贸易组织，以促进本国的经济发展。然而美国不给俄罗斯的申请放行，还对进口的俄罗斯钢材增加了关税。最重要的是，普京依然心存希望，他的良好表现或许会给《反弹道导弹条约》带来一线生机，甚至会使美国人回心转意，放弃导弹防御体系。

他的希望很快就破灭了。布什竞选总统时做出的许诺之一即在美国建立一个全国导弹防御体系，而《反弹道导弹条约》成了他的绊脚石。

2001 年 11 月普京访问美国时，这一问题被置于议程之首。美国人试图说服俄罗斯人，他们完全无须害怕导弹防御体系，因为它是为了保护美国今后不受诸如伊朗、伊拉克和朝鲜（不久前他称这几个国家是“邪恶轴心”）这样的“流氓国家”可能研制出的导弹的袭击，因此防御体系不会打破美俄战略平衡。鲍威尔回忆说：“总统想向普京总统表明，他，布什，知道冷战已经结束了，而我们必须避免用冷战的眼光审视俄罗斯联邦。”[23]

据国家安全事务副助理哈德利称，布什说：“我个人倾向于我们双方一致同意退出《反弹道导弹条约》，并宣布就弹道导弹防御体系展开合作。弗拉基米尔，如果你觉得由我单方面宣布退出，从而你可以与此撇清关系对你更有利的话，我没问题。你甚至可以批评我几句。”[24]

现在轮到美国人竭力想用柔曼的音乐诱惑普京了。布什邀请普京前往他位于得克萨斯州的克劳福德农场，普京备感荣幸。他解释说，他从未去过另一位世界领袖的家。气氛十分和谐。室外雷鸣电闪，室内炉火熊熊。苏联时期的一位英雄人物范 · 克莱本为客人弹奏了乐曲。早在 1958 年，他即夺得了柴可夫斯基钢琴大赛的冠军。赖斯展示了她的舞姿，普京的外交部长伊戈尔 · 伊万诺夫用西班牙语同布什总统交谈。他回忆道：“我说西班牙语，因为我曾在西班牙工作过。布什知道后，总爱用西班牙语与我聊天。他称呼我‘伊吉’（伊戈尔昵称）。他喜欢说，‘伊吉，comoestas（西班牙语里‘近来好吗’的意思）？’”[25]

然而在《反弹道导弹条约》问题上，双方立场丝毫没变。普京无意和美国人一起退出该条约，从而给美国人提供一块遮羞布。双方同意的唯一一点是，布什不会在普京仍在美国期间宣布退出《反弹道导弹条约》，以免令普京难堪。

12 月，国务卿鲍威尔飞抵莫斯科去埋葬该条约。鲍威尔通知普京，3 天之内布什总统将公开宣布美国单方面退出《反弹道导弹条约》。鲍威尔讲述了普京做出的耐人寻味的反应：“普京用冷冰冰的目光注视着我，开始抱怨起来，‘这太糟糕了。你们正在踢掉战略稳定的凳子腿，我们会在此事上批评你们的。’我说，‘总统先生，对此我完全理解。’随后普京脸上绽开笑容，倾身向前对我说，‘很好！我们终于甩掉这一问题了。现在你和伊戈尔（伊万诺夫）赶紧商讨一个新战略框架。’我回答说‘是，长官’。”[26]

不到5个月，一个新的战略武器限制条约拼凑而成。同此前冷战时期的《限制战略武器条约》及戈尔巴乔夫和叶利钦和老布什签署的两份《削减战略武器条约》相比，新条约不那么起眼，只有薄薄的两页A4纸。虽然它削减了双方的核武库，但没有任何核查条款，甚至也没有规定永久销毁核武库的任何义务。但布什和普京都需要这么一个具有象征意义的条约。两国领导人打得火热，因而需要一个条约证明这一点。

新条约签署后，普京及夫人陪同布什及夫人劳拉参观了克里姆林宫，随后把他们领到自己的别墅，一起在池塘边垂钓——普京是在回报布什邀请他去克劳福德农场。次日，他们飞到普京的家乡圣彼得堡市，参观了该市宏大的战争纪念馆、冬宫博物馆和一所大学。之后普京偷闲参加了一场柔道比赛。当天晚上，两国总统偕夫人，外加双方的各位部长和助手，在著名的马林斯基剧院观看了《胡桃夹子》芭蕾舞剧。

这时发生了一件有趣的事。赖斯和谢尔盖·伊万诺夫成了一对好朋友。虽然两人都酷爱芭蕾舞剧，但谁也不想坐3个小时观看《胡桃夹子》。灯光渐渐暗下来后，伊万诺夫欠身问赖斯："康迪，你真想看《胡桃夹子》吗？"

"你有什么打算？"

"我建议你去另一个地方。你听说过艾夫曼的芭蕾舞吗？"

赖斯有所耳闻。鲍利斯·艾夫曼是一位更合她口味的先锋派编舞家。她回答道："走，看他的芭蕾舞去。"

伊万诺夫和赖斯溜出马林斯基剧院，直奔艾夫曼的排练房。两人并排坐在排练房里，聚精会神地观看了一场精彩的演出。整个排练房里，只有他们两位观众（除了被派来陪同他们的一脸不乐意的国家安全事务顾问弗拉基米尔·卢沙洛）。

伊万诺夫后来回忆道：“我看得出，她很喜欢这出芭蕾舞剧。这种事情，装是装不出来的。”[27]

两人赶在《胡桃夹子》演出结束前赶回马林斯基剧院，恰好赶上和官方代表团一起于午夜时分乘游船沿运河游览圣彼得堡市。

赖斯在一次采访中吐露说：“个人关系的确起作用。我开始相信，谢尔盖·伊万诺夫是一个能说到做到的人。我认为，他对我也有同样的信心。”[28]

一个新时代似乎真的降临了。有谁会想到，时隔不久，这一切即将成为过眼烟云？

THE STRONGMAN

第三章

经济改革之战

Vladimir Putin and the Struggle for Russia

搭建新班子

令西方印象深刻的不只是普京的外交政策，还有他在国内推行的一系列经济改革措施，其目的似乎是为了刺激经济，进一步巩固自由市场，把过去的残渣余孽扫入垃圾堆。在国际社会上，普京因经济改革声名鹊起。早在普京还未当上代总统、仍是总理时，他就搭建了一个由倾向于西方模式的改革者组成的新班子，负责起草改革方案。有些人，如格尔曼 · 格列夫和阿列克谢 · 库德林是普京在圣彼得堡工作时的老相识。安德烈 · 伊拉里昂诺夫是一位直言不讳的自由派经济学家。阿尔卡季 · 德沃尔科维奇是一个神童，从美国杜克大学毕业后刚刚回国。普京自己对经济尚是门外汉，但积极学习经济知识并听取他人意见，并且坚信必须改革。库德林在一次采访中称普京是“新一代的人物，懂得现代社会的运作原理”。[1]

叶利钦执政时期推行了一些重大改革，经济模式已经发生了转变，尤其是大规模的私有化和价格的放开。然而国家并没有实现持续的经济增长。通货膨胀居高不下，新涌现出的私有部门效益不佳。尤其是俄罗斯的工业基础几乎完全限于开采和出售原材料——石油、天然气、铝、木材，现代制造业几近于零。

1999年底，普京任命年仅35岁下海经商的律师格列夫执掌一个新成立的战略研究中心，该中心成了经济改革的发动机机房。格列夫留着托洛茨基式胡子，是个闲不住的人。他根本算不上什么经济学家，但没人怀疑他是最合适的人选。财政部副部长库德林称他“有勇有谋……好比一辆坦克，一部发动机，坚定不移地搞改革”。

格列夫领导的这个中心有点儿像智库。日后他在一次采访时回忆说：“你知道，我们当时的目标是争取达成全社会的共识。我们制订方案时希望尽可能吸收知识分子、学者、研究人员、管理者和经济学家的意见。我们希望在社会上广泛征求意见的原因之一是，人们不至于认为我们的方案是凭空杜撰出来的，这样大家就会尽力去实施该方案。为此，首要任务就是让尽可能多的人参与方案的起草。”[2]

潮水般涌来的各种建议并非都同格列夫的想法完全合拍，他面露微笑地提到其中一项：“我们收到了形形色色的建议，老实说，有些建议很奇特。科学院下属的一个研究所向我们提交了一些建议，倘若付诸实施的话，等于再次恢复社会主义制度。我记得，他们的想法是建立一个国家基金，用于支付所有人的工资，然后将一切工资标准化。”

此后几个月里，这批人举行了一系列的吹风会和头脑风暴，一点点筛选各种建议，并草拟了一个方案。普京有时会参加会议，主要是听取发言并提出疑问。他常问的一个问题是，改革对社会福利会产生什么影响。普京身边还有一位“御用”的经济大师——安德烈·伊拉里昂诺夫，遇到问题会找他咨询，在有些问题上借助他制衡格列夫的一班人马。

格列夫曾邀请经济分析研究所所长伊拉里昂诺夫加盟他的中心，但据伊拉里昂诺夫称，他觉得该中心对他来说“凯恩斯色彩过于浓厚”，因而婉拒了。伊拉里昂诺夫过去是、现在依然是一个怪人，他桀骜不驯，喜欢挑战世俗观念。

如今他是质疑“环境变化说”的知名人士之一。20 世纪 90 年代末，他严厉抨击导致俄罗斯金融危机及 1998 年 8 月债务违约的各项政策。也许是他直言不讳的性格吸引了普京的注意（不过几年后他为此丢了乌纱帽）。2000 年 2 月 28 日，代总统打电话邀请伊拉里昂诺夫去他位于莫斯科郊外的诺沃奥加廖沃（Novo-Ogaryovo）别墅“聊聊”。

两人在一起聊了一晚上，讨论经济问题，其实更不如说是讨论经济学。伊拉里昂诺夫在一次采访时说：“他不光想了解利率等内容，还想对经济改革有一个大致的了解，例如需要什么样的经济、应该做什么、怎么制订方案。显然他在一个他不熟悉的专业领域里学到了很多东西。”[3]

两人的交谈曾被走进来的一位官员打断，他递给了普京一张纸。代理总统欣喜地读到，俄罗斯军队重新攻克了车臣叛乱分子盘踞的沙托伊市。但伊拉里昂诺夫马上给普京泼了一瓢冷水，他一向反对俄罗斯在车臣的干预，并直截了当地告诉普京，车臣战争是“犯罪”。伊拉里昂诺夫说，他力主允许车臣独立。他认为靠军事手段永远不可能征服车臣，反而会导致恐怖主义有增无减，殃及俄罗斯人民。

两人争得面红耳赤。普京坚持认为，必须彻底消灭叛乱分子。伊拉里昂诺夫说：“他的声调都变了。刚才讨论经济问题时声调还很正常，突然间声音里仿佛掺了铁或冰。就在你眼皮底下，他像是变成了另一个人，一个与他完全不同的人。我感觉我俩随时会吵崩，再无和好的可能。”

伊拉里昂诺夫回忆说，半个小时后，普京看到根本谈不拢，突然说：“够了，不要再讨论车臣问题了。”“他就这样打断了对车臣问题的讨论。此后 6 年我们在一起开会时，普京从未当着我的面提及车臣，抑或和我讨论车臣问题。不再争论车臣问题后，我们的话题重新回到了经济改革上。”

指针指向了 10 点半，伊拉里昂诺夫该告辞了。他以为在车臣问题上与普京争吵后，这是他们最后一次见面了，然而普京约他第二天再来。伊拉里昂诺夫为普京补习经济学越来越频繁。4 月 12 日，普京正式任命伊拉里昂诺夫为他的首席经济顾问，日后又任命他作为总统代表参加八国集团会议。

5月底，中心起草的改革方案基本定稿。用格列夫的话说，这一方案“超级自由化”。库德林说：“一旦给私有部门松绑，经济就会增长。”即将完成的改革方案有厚厚的一大本，没法呈交给代总统。由于他们没有用幻灯做讲解的经验，于是雇用了一家一流的咨询公司——麦肯锡国际咨询公司。格列夫说：“我们在该公司的莫斯科办事处泡了一个星期，搞出了两个版本的方案，简版用于对公众发表，专业版提供给政府各部门，解释它们该如何执行该方案。”

5月5日，普京就职两天前，该小组成员来到普京在索契的家，向他“深入介绍了”这一方案。这些年轻的改革者心情激动。库德林说：“我当时兴高采烈，因为一切工作都在按部就班地进行。”从早到晚，一场会接着另一场会，只有吃饭或在和煦的阳光下散步时，会议才会暂停一会儿。这批经济学家同普京讨论了方案中的每项内容。普京不时提出需要进一步研究的地方，但批准了方案的要点。这一方案日后被称为“格列夫方案”。然而执行该方案要比拟订它更难。

土地私有化

在此后的岁月里，格列夫方案改变了经济生活中的方方面面。个人所得税减少了，税率从最高30%减至仅仅13%的单一税率，公司税从35%减至24%。新土地法允许买卖商业用地和住宅用地——自从1917年十月革命以来这还是第一次。一部新法典得以出台，其中含有打击洗钱的措施，同时试图拆散一些最大的国有垄断行业，例如把电力生产从供电网中分开。

改革个人所得税势在必行，因为工资已经少得可怜的数百万俄罗斯人干脆不再交税，原因是税率不堪重负。公司税也是一样，大约80%的公司想方设法避税。格列夫提出，对所有人一律适用单一个人所得税税率并大幅降低公司税。

这一建议极为大胆，旨在一方面降低税率，另一方面增加税收。然而如果老百姓继续不交税的话，国家的预算就会出现更大的黑洞。普京看到了这一点。格列夫特别记得他和库德林与普京的一次谈话。

“总统问我们：‘你们有把握税率降低后，税收总额不会减少吗？’

“我们回答说，‘有把握。’

“他又问：‘假如你们搞错了呢？’

“我答道：‘那我就辞职。’

“普京说：‘对不起，可我不会根据你刚才的回答批准你的计划！你还没有考虑成熟。为什么你觉得辞职就可以弥补预算将会出现的亏空？从政治角度讲，你的辞职无法弥补预算的损失。’”[4]

格列夫和库德林回去后重新做了统计，再次向普京提交了他们的方案。这一次普京放行了。

然而国际货币基金组织并不满意。格列夫说：“当时我们仍然与国际货币基金组织驻莫斯科办事处密切合作。然而他们拒绝批准我们的方案，我们在莫斯科郊外举行的会议上谈得很艰苦。我们于是告诉国际货币基金组织非常感谢他们的意见，但我们仍然要降低税率。”此后，国际货币基金组织离开了俄罗斯。但格列夫认为，改革方案是“一项决定性的正确决策，此后我国的经济开始腾飞”。

土地改革方案引起的争议更大，这一次是因为该方案触犯了数百万共产党人以及认为土地应该属于“人民”的人。叶利钦从来不敢触犯这些人。就在格列夫准备向国家杜马提交他的土地改革方案时，数千人打着红旗和反资本主义的标语上街游行。

政府在最后一刻做了一点让步，加强了对出售农业用地的监管，然而毫无作用。国家杜马主席请格列夫上台介绍他的法案时，台下一片骚乱。共产党议员（占 1/4 席位）冲到格列夫身边，不让他离开政府官员席位区走上讲台，有些人还试图扯住他。杜马主席的声音完全被淹没在打闹声中，于是他打电话给格列夫，让他在自己的席位上提出他的法案。“反正没人能听见你说什么，”他说，“但你必须做一介绍，否则我们无法表决。”

格列夫于是赶紧发言，提交了他的法案。与此同时，共产党人的议员用拳头捶击自己席位前的桌子，叫喊声淹没了格列夫的声音。随后对法案进行了表决，法案获得通过……刹那间杜马大厅沦为战场，两派敌对的议员拳脚并施，彼此扭打成一团。

日后格列夫微笑地回忆说：“那是一个历史性的时刻。我们就是这样赢得了在俄罗斯拥有土地的权利。”

不许动俄罗斯天然气工业股份公司

一揽子改革计划初见成效。俄罗斯人开始交税。通货膨胀从 2000 年的 20%降至 2006 年的 9%。经济年增长率持续保持在 6%至 7%之间。加上世界石油和天然气（俄罗斯的大宗出口项目）价格持续上涨，政府不仅达到收支平衡，而且有了盈余，开始偿付巨额外债。1998 年，俄罗斯的外债占国内生产总值的 130%；而截至 2006 年底，这一比重为 18%。

随着石油收入滚滚流入政府的钱包，俄罗斯政府面临一个两难局面。一部分人，包括经济部长格列夫，想把这笔横财用在基础设施上，包括公路、铁路、教育事业和医疗保健体系。而财政部长库德林却担心，这样做会助长通货膨胀，因此他建议设立一个稳定基金用来吸收多余的流动资金，一旦将来石油价格下跌，可以使国家有一个缓冲，不致受到太大冲击。大多数部长都想马上为自己主管的行业拿到这笔钱。地方州长向普京抱怨说，库德林从经济中抽走了资金。格列夫说：“在这一点上我们争执得很厉害。”最终两人都得到了满意的结果：

成立了一个投资基金，每年向基础设施投入30亿美元。格列夫说：“这是一个公私合伙企业。如果有私人投资，政府就会出钱资助，从而可以利用私人资本修建大工厂、发电站及其他基础设施。”

不过最大的赢家还是库德林建立的“稳定基金”。截至2005年1月初，该基金的资金总额高达5 220亿卢布（合185亿美元）。俄罗斯靠这笔钱完全付清了拖欠国际货币基金组织的钱（33亿美元）。石油收入继续源源不断。截至2006年8月，俄罗斯已完全付清了苏联时期拖欠的由债权国政府组成的巴黎俱乐部的大约400亿美元，节省了77亿美元的利息。随着石油价格的不断飙升，支付了如此大笔的钱款后，稳定基金的资金继续增长。2008年世界经济危机期间石油价格下跌时，俄罗斯得以从容应对。

普京第一任总统期间，大部分时间里总理是卡西亚诺夫，一位自由市场的信奉者，风度翩翩，声音洪亮，英文流利。他负责格列夫方案的执行，日后他成为抨击普京最有力的人和反对派领袖之一。2008年，他曾竞选总统。然而，克里姆林宫声称发现为支持他的候选人资格征集的200万人签名是骗局。不过当年，他和总统在几乎所有的问题上看法都完全一致。直到今天，卡西亚诺夫仍然承认，当时的普京完全支持自由化的改革。“当时我感觉自己和弗拉基米尔·普京是盟友，正携手建立一个市场经济型的民主国家。在此期间兴许有一些失误。”[5]

改革者只在一件大事上未能如愿以偿，日后证明此事意义非同小可。当有人问卡西亚诺夫，普京是否经常干预政府的日常工作时，他回答说：“90%的时间里都没有，剩余的10%涉及俄罗斯天然气工业股份公司以及几乎所有和它沾边的事。”[6]

俄罗斯天然气工业股份公司是俄国最大的公司，也是世界上最大的天然气生产厂家。该公司的前身是苏联时期的天然气部，叶利钦时代转为私有企业，但国家仍持有该公司40%的股权。公司当时经营混乱，成了腐败、侵吞资产和避税的温床。[7]普京上台后誓言要整顿该公司，并任命了他在圣彼得堡的密友德米特里 · 梅德韦杰夫和阿列克谢 · 米勒分别担任新的董事长和首席执行官。据卡西亚诺夫说，米勒对天然气行业几乎一窍不通，第一年没干别的，都用于熟悉自己的工作。然而问题不止于此。对格列夫班子里的成员来说，问题主要出在俄罗斯天然气工业股份公司是一个苏联时期的庞大怪物，它对勘探、开采和销售各个环节的垄断窒息了竞争。与此相反的一个例子是石油行业，90 年代它被拆成众多相互竞争的公司。

弗拉基米尔 · 米洛夫当年是能源部的一位年轻副部长，负责天然气部门的改革。他在一次采访中说，当时我们的想法是“打破垄断，把分销公司和生产公司分开，使其变成规模较小的企业，然后将其私有化，让它们彼此竞争”。[8]普京曾不顾自己顾问伊拉里昂诺夫的反对，支持打破电力部门垄断的相似方案。然而俄罗斯天然气工业股份公司与其他公司不一样。

2002 年秋，米洛夫草拟了一个俄罗斯天然气工业股份公司的改革方案，得到格列夫和卡西亚诺夫的批准。卡西亚诺夫说：“似乎不少人认为，将天然气的生产和运输部门分家会导致整个行业的崩溃。而天然气行业当时是支撑国家经济的重要支柱。这些人现在还在吓唬人，称俄罗斯天然气工业股份公司如果不能以现在的形式存在下去，整个国家就会崩溃。这都是危言耸听。事实上，所有称职的经济学家和实业家都知道，改革天然气行业是毫无风险的，改革的一切条件已经具备。”

据米洛夫称，改革方案递交给了俄罗斯天然气工业股份公司的首席执行官阿列克谢 · 米勒后，他旋即为此事找到普京。“米勒怒气冲冲地给普京写了一份备忘录，说这样做后果不堪设想。我们的做法威胁到了国家安全。普京在备忘录上批了一句话：‘我基本赞同米勒先生的意见。卡西亚诺夫先生，请您斟酌。’”

米洛夫说，他对此一点儿也不感到意外。“普京很早就对俄罗斯天然气工业股份公司特别感兴趣。显然，普京把这一公司视为权力的最大象征和源泉。”

卡西亚诺夫先后三次将这一方案提交给他的内阁，然而普京坚持说，需要进一步修改该方案，并建议他的总理继续与米勒商讨。他告诉卡西亚诺夫："听听米勒的意见，你自己亲自去找他，不要只听撺掇你的那些人。"

2003 年，普京干脆下令卡西亚诺夫不要再提俄罗斯天然气工业股份公司改革方案一事。"就在内阁会议开始前 5 分钟，普京打电话给我，通知我从议程中删除这一议项。"后面几章里将会提到，俄罗斯天然气工业股份公司日后将成为普京在应对媒体、经济以及外交政策方面最有力的权力杠杆。

好日子

主要由于经济改革的一揽子方案，在普京总统第一任期内，外国投资人首次显出了信心增加的迹象。消费者方面，诸如法国连锁超市欧尚和瑞典家具店宜家这样的大跨国公司，率先在莫斯科郊区建立了庞大的零售店。宜家每新开一家店，耗资 5 000 万美元，但宜家期待很快能收回投资，因为说来奇怪，莫斯科市民似乎有钱在他们的店里消费。然而所有企业家在俄罗斯依然遇到了烦琐的手续和腐败，没有几个外国人有足够的毅力或办法对付它，这成了阻碍外国人进一步投资的唯一障碍（第十二章讲述了腐败给俄罗斯带来的严重恶果）。尽管如此，宜家蓝黄两色的巨大家具店仍仿佛是现代生活的一面面旗帜，在莫斯科四周的郊区迎风招展。不用多久，其他城市也将飘起宜家旗帜。

就俄罗斯人的心理而言——在可能了解的限度内——20 世纪 90 年代的震荡似乎正在过去。我感觉（完全是我个人的一种主观印象），俄罗斯人觉得自己不像在叶利钦时代那样依赖西方的施舍。外国顾问不见了，新的经济增长常常给人一种本土感。超市里本国产品琳琅满目，但不再是过去出售的盛在清一色褐色纸袋里的劣质产品，而是不逊色于西方产品的包装精美的本国产品。俄罗斯人开始改用以前自己喜爱的品牌，如买Vologda牌黄油而不是银宝（Lurpak），买本地产的软甜口味的香肠而不是进口的德国香肠。人们重新领到了工资，90年代初成千上万在街头摆摊出售自己私人物品的人不见了踪影。莫斯科虽然让人感到招摇肤浅，但人气很旺。到处是平地而起的大厦，每天都有新的商家开业。

俄罗斯人有理由感到乐观。人们去宜家购物是因为他们正在装修自己的公寓，将昔日的旧瓷砖和苏联时期的家什扫地出门。很多人（至少是在大城市）在过了10年前途未卜和贫穷的日子后，终于看到了生活正与过去真正分道扬镳。

2002年岁末，形势看上去相当不错。普京和布什成了好朋友，普京的班子将俄罗斯转变成一个欣欣向荣的市场经济体。

然而阴暗势力并没有闲着，俄罗斯及其与西方的关系仍笼罩在这些势力的阴影之下。

THE STRONGMAN

第四章

阴暗面

Vladimir Putin and the Struggle for Russia

禁锢媒体

鲍里斯·叶利钦正在晃动摇篮里的婴儿普京，婴儿啼哭不止，叶利钦哼着小曲哄他睡觉。

叶利钦叹了口气："你怎么长得这么丑啊！上帝饶恕我，你的来历如此黑暗……看上去这么阴沉……主啊，为什么让我这个民主到骨子里的人生出了他呢？"

此时一个仙女在他头顶上方现身。仙女不是别人，正是20世纪90年代末把普京扶上台的寡头别列佐夫斯基。"是啊，你的第一个孩子长得比他好。"

叶利钦打了一个哈欠，垂下头说："我简直累死了。我要好好休息一会儿。"随后，他进入梦乡。

别列佐夫斯基说："可怜的人啊，他已经累坏了。"

突然，婴儿开始大叫大嚷起来："把他们消灭在厕所里。一个不留……消灭在马桶里！"

"轻点儿声，"别列佐夫斯基说，"不是所有的人。孩子，安静点儿。我们要把你培养成人。"

以上这段素材源自德国作家E·T·A·霍夫曼写的童话故事《小查克斯》，故事讲述了一个相貌丑陋的侏儒请一个仙女给他施了魔法，在别人眼里变成了一个俊小伙。这段对白是一出精彩的讽刺木偶剧《木偶》中的一个片段，曾在独立电视台播放。

普京刚当上总统时，周复一周不得不忍受电视上播放的这类讥讽节目。他简直恨死这些节目了。“把他们消灭在马桶里”当然是指普京发出的剿灭车臣恐怖分子的威胁。正是别列佐夫斯基这个寡头，利用他旗下的电视频道“美化”普京，掩盖他当过克格勃的历史，助他竞选。那么侏儒是指谁呢？俄罗斯的电视观众无人不晓，这是暗指普京的五短身材。

《木偶》剧本是维克托·申德洛维奇根据《小查克斯》一书改编的。他是一个喜好恶作剧的幽默作家，留着大胡子，全然不把权威放在眼里。他知道因为该剧的缘故，普京永远不会原谅他。“好几个人告诉我，该剧播放后，普京气疯了。”[1]

然而《木偶》并非独立电视台播放的唯一一个冒犯了普京的节目。叶利钦时代这一电视频道创办之初，立刻赢得了自由思想播种机的名声。独立电视台不加删节地播放了车臣战争的战况报道（包括俄罗斯军队犯下的暴行和俄军的士气低落）。星期天晚上播放的由该频道大牌记者伊夫吉宁·基塞约夫主持的政治脱口秀，是每一个有头脑的俄罗斯人必看的节目。

俄罗斯的广播业当时仍然很稚嫩。西方全面、独立报道的传统尚未在此扎根。俄罗斯独立电视台的老板弗拉基米尔·古辛斯基毫无顾忌地利用它为自己的目的服务。全国电视网的大股东别列佐夫斯基也是一样。1996年，两个人均为叶利钦当选总统出过力。当时如果共产党人卷土重来，他们的商业利益有可能受到威胁。然而1999年国家杜马大选期间，别列夫佐夫斯基控制的全国电视网全力支持普京的统一俄罗斯党，而独立电视台却为普京的竞争对手摇旗呐喊。

距2000年3月总统选举只有两天时，独立电视台播放了一个节目，引起克里姆林宫的震怒。节目内容是对前一年夏天梁赞市居民楼爆炸案可疑背景的调查，以及对联邦安全局插手的可能性的讨论（见第一章）。新闻部长米哈伊尔·列辛告诉古辛斯基的副手伊戈尔·马拉申科，独立电视台“已经逾越红线，在政府眼里已属不法分子”。

似乎从这一刻起，独立电视台就死定了。包括独立电视台在内的古辛斯基的商业帝国“桥”媒体集团（Media-Most）陷入财务困境。20世纪90年代，它曾贷款数十亿美元用于推行庞大的业务扩展计划，甚至斥巨资发射了自己的卫星，期待新生的中产阶级很快会买独立电视台的接收器和节目。古辛斯基计划公司在纽约证券市场上市，筹集资金支付欠债。然而1998年8月爆发金融危机后，以上计划全泡了汤，俄罗斯的电视广告市场同样化为乌有。“桥”媒体集团发现自己欠债累累，无力偿还。它最大的债权人是国有的天然气垄断集团——俄罗斯天然气工业股份公司。克里姆林宫决定扼杀古辛斯基时，用的就是这个撒手锏。据基塞约夫称，此前古辛斯基一直在与俄罗斯天然气工业股份公司讨论重组债务的问题。然而普京当上总统后，下令这家天然气公司立即要求独立电视台偿付拖欠的所有贷款。如果“桥”媒体集团拒绝支付，就没收电视台的资产。5月11日，普京就职总统后仅4天，数十名手持武器、头戴面罩的税警和俄罗斯联邦安全局的部队冲进“桥”媒体集团的总部大楼。日暮时，他们带走了成百箱的文件、录音带和设备。马拉申科称这次突击搜查“完全是政治性的，是对我们的报复和恐吓”。

不过独立电视台或许尚存一线生机。大约就在这时，马拉申科直接收到克里姆林宫的一项建议：如果满足某些条件，报复就会终止。据申德洛维奇说，这些条件是：不再调查克里姆林宫的腐败，改变对车臣的报道，尤其是“从《木偶》一剧中去掉‘一号人物’”。换言之，节目不得再模仿普京的相貌特征。

申德洛维奇好似一头看到斗牛士挥舞着红布的公牛，被彻底激怒了。他的反应是又写了一集令人捧腹的《木偶》，对克里姆林宫的这一命令极尽讽刺挖苦之能事。由于不能再演普京，他们把原来影射普京的人物改成一丛着火的灌木。

以普京的办公厅主任亚历山大 · 沃洛申的面目出现的摩西，从一位未露面的领袖手中领受刻有克里姆林宫“十诫”的石板。剧终时，这位领袖被称为“吾主上帝”（Gospod Bog），俄语里简称GB（听上去没有哪个俄罗斯人不会联想到KGB——克格勃）。在英语里，“吾主上帝”这一称呼听上去怪怪的，然而在俄语里它的意思再明白不过了，而且充满了挑衅意味。

两周后，6月13日，古辛斯基被逮捕。一位电视台记者问到此事时，普京假装不知，说“我对此感到意外”，几乎难以掩饰嘴角浮现出的一丝微笑。“我希望做出这一决定的政府部门——我想应该是总检察院——有充足的理由。”

古辛斯基面临一个抉择：要么把他的媒体帝国卖给俄罗斯天然气工业股份公司，要么因涉嫌重大诈骗案接受审判。这是讹诈，但古辛斯基屈服了，随后逃到海外。俄罗斯最自由的媒体集团现在成了克里姆林宫的囊中之物。

另一个媒体寡头别列佐夫斯基的命运比古辛斯基好不到哪儿去。普里马科夫任总理时，他被指控犯有诈骗罪。普京出任总理后，放弃了对他的起诉。在众人眼里，他成了最有权势的寡头，拥有一个媒体帝国，外加庞大的工商业资产，包括西伯利亚石油公司和俄罗斯航空公司。随着别列佐夫斯基逐渐被排挤出普京的小圈子，他拥有的媒体集团对他变得更加重要。6月，别列佐夫斯基批评了普京宣布的重新收揽权力的计划。古辛斯基被逮捕的次日，检察官宣布开始调查俄罗斯航空公司的财务，别列佐夫斯基涉嫌犯有重大欺诈罪和洗钱罪。

就在3月总统大选前夕，普京誓言要取缔寡头：“至于那些集权钱于一身的人，我决不允许这些寡头作为一个阶级存在。”普京这番话令不少人脊背发凉。普京不能接受的是财富（尤其是庞大的不义之财）带来的政治影响力。尽管别列佐夫斯基曾协助他攫取权力，但他不喜欢别列佐夫斯基凭借自己的媒体帝国（不光是全国电视网，还有另一个频道“电视6台”及几份报纸）呼风唤雨。

和古辛斯基的情况一样，别列佐夫斯基的倒台很可能是由一个电视节目引发的，或者说这一电视节目加快了他的倒台。2000年8月，库尔斯克号核潜艇在巴伦支海沉没，艇上的188名官兵遇难。事件发生后，全国电视网批评普京反应迟钝。该电视网的首席播音员谢尔盖·多连科——当年被雇来帮助普京的政党赢得1999年底大选的鹰犬——如今开始咒骂总统。核潜艇事件发生后，整整5天，普京仍留在索契度假。又过了4天后，普京才前往位于北部的基地接见遇难官兵的家属。普京还拒绝了英国和挪威提出的参与救援的请求。多连科剖析了普京在一次采访中为自己所做的辩护，对每一句话冷嘲热讽，让人觉得他对本国总统鄙夷至极。例如，普京在电视上说，16日外国才提出参与救援。多连科长叹了一口气后反驳道："对不起，事实上一些国家15日就提出参与救援。倘若不是我们一直对世界谎称一切顺利，无须他国帮忙的话，它们还会更早提出帮忙。"多连科还播放了一段普京私下会见死者家属的谈话录音，听到他指责媒体应对这次事故负责。"他们都是骗子，全是骗子。过去10年，电视节目始终在诋毁我们的陆军和海军。"

多连科的节目被砍掉了。不久，别列佐夫斯基步古辛斯基的后尘流亡海外。8月底，别列佐夫斯基被召到克里姆林宫见普京的办公厅主任亚历山大·沃洛申。后者给他下了最后通牒：要么把他拥有的全国电视网的股权移交给国家，要么当古辛斯基第二，即受到起诉。次日，普京亲自召见别列佐夫斯基，指责这个商人蓄意诋毁他，两人大吵一顿。据别列佐夫斯基讲，普京对他说："你应该把你的股票交由我亲自控制……我将以我的方式管理全国电视网。"别列佐夫斯基一口回绝，随后拂袖而去。

实际上别列佐夫斯基还是放弃了他对该电视台的控制，把他的股份卖给了另一个寡头罗曼·阿布拉莫维奇。后者乖乖地把他的表决权转给了国家，政府因此完成了对这一电视频道的接管。11月1日，总检察长起诉别列佐夫斯基诈骗俄罗斯航空公司上亿美元的资产。当时别列佐夫斯基在国外，决定暂不回国。躲在海外的别列佐夫斯基称，指控他侵吞的钱中有一部分曾用于资助普京的竞选。

此后别列佐夫斯基一直住在伦敦，尽管俄罗斯多次设法将他引渡回国。2003 年 9 月，别列佐夫斯基被给予政治庇护。普京亲自出马，设法劝说英国将他遣返回俄罗斯，并在这一过程中暴露出他对西方体制的无知。普京要布莱尔对法院施压，要它同意引渡别列佐夫斯基。据一位消息灵通人士讲，布莱尔解释道，这在英国办不到，此事的决定权在法官手里，而不是英国政府。无法理解法院独立性的普京很不高兴。[①]别忘了此人是一个克格勃特工，苏联培养出的产物，无意间把自己不民主的标准套用于一个西方国家。

人们没有理由认为普京是在演戏，他看上去更像是真的以为西方的政治家可以像俄罗斯领导人一样左右法院。同样，他也以为各国媒体都是受政府控制的。2005 年，普京当面指责布什总统亲自下令解雇哥伦比亚广播公司的新闻主持人丹 · 拉瑟。还有一次，当一位记者问为什么俄罗斯警察常常殴打和平示威者时，普京说，西方的示威者因为到了不该到的地方被警察“用警棍敲脑袋是家常便饭”。

垂直权力结构

对本书前两章讲述的普京总统当初在外交政策和经济改革领域的举动，西方赞誉有加。然而西方的赞誉从一开始就因为普京对民主的理解而打了折扣，普京对自由媒体的打压只是原因之一。

普京总统上任伊始，首先做出的决定之一就是着手建立他所称的“垂直权力结构”——将所有政治权力收归中央政府，实际上是收归到他个人手里。普

① 拒绝俄罗斯引渡别列佐夫斯基（还有莫斯科想引渡的车臣流亡领导人艾哈迈德 · 扎卡耶夫）请求的法官是蒂莫西 · 沃克曼。几个月后，2004 年 1 月，在伦敦北部一个静谧的村子，一位同姓的 83 岁老人罗伯特 · 沃克曼打开前车门时被一个陌生人射杀。谋杀动机始终不明，凶手也一直没有抓到。有人推测，这可能是一起误杀案。

京认为，中央权力分散是俄罗斯种种弊端的根源。叶利钦领导无方导致犯罪和腐败盛行，寡头权力膨胀，地方政府不听指挥，各行其是。叶利钦曾鼓励地方政府“有多大能耐，就做多大主”。一个未曾料到的后果是，地方州长因而悄然无视，甚至暗中破坏中央政府的法令。俄罗斯联邦面临可能走向四分五裂的危险。很多地区通过了与俄罗斯宪法相抵触的法律，截留应上缴中央政府的税款，或同外国签署双边协议。有些地区如果自成一国可以过得很好，例如雅库特自治共和国生产的钻石占世界产量的1/4（人口仅不足50万），汉特–曼西斯克自治区（人口150万）是世界第二大石油产地。

5月13日，普京就任总统后仅6天，宣布将全国89个地区划归总统个人任命的7位“超级州长”管辖。其中5位州长曾是以前的“强人”（silovik）[①]，包括联邦安全局第一副局长维克多·切尔克索夫，昔日他曾参与过迫害苏联的持不同政见者。

6天后，普京启动了对议会上院（联邦委员会，相当于“参议院”）的改革。此前，当选的地区州长和区域立法委员会都是凭官位当选的上院议员。如今这些地方大员被任命的代表所取代，克里姆林宫得以把“友好的”上院议员塞进联邦委员会中。

接下来，普京着手将征税和税收分配的权力收归中央政府。此前，中央和地方的比例为50∶50，权力集中后的比例变成有利于中央政府的70∶30。

然而处于新的垂直权力结构顶端的不是联邦政府，而是普京本人。普京把他信任的前安全部门或家乡圣彼得堡的同事安插在要害部门，从而大权独揽。不仅如此，很多人还被任命为国有企业的董事，从而建立了一个以普京为核心的、纵横交错的蜘蛛网般的庞大政治商业结构。

---

① silovik一词常被理解为“强人”，但它的本来意思是“安全部门的一员”。该词源自silovyestruktury，意思是“权力结构”，指联邦安全局、国防部、内务部等部门。“silovik”一词的实际含义是因在某个国家安全部门工作过而成为政府要员的男人（我想不出有哪个女人借此飞黄腾达）。

伊戈尔·谢钦的履历无可挑剔。他曾是普京在圣彼得堡的同僚。据有人讲，此前他可能还干过特工，在非洲的葡萄牙语国家作为翻译从事间谍活动。谢钦成了普京最信任的顾问，1996年随普京从圣彼得堡到了莫斯科。普京出任代总统后，留下了叶利钦的办公厅主任亚历山大·沃洛申，但马上任命谢钦为办公厅副主任，负责管理普京的来往公函，并且实际上主持能源部的工作。2004年，谢钦又成了一家国有石油公司俄罗斯石油公司的董事长。

曾在列宁格勒克格勃部门任职的维克托·伊万诺夫成了普京负责人事的办公厅副主任，同时兼任俄罗斯"金刚石–安泰"防空公司和俄罗斯航空公司的董事长。谢钦和伊万诺夫被人看作普京圈内炙手可热的人物。

1999年，普京在圣彼得堡的另一位旧同事德米特里·梅德韦杰夫来到莫斯科，担任办公厅第三副主任，同时兼任国家天然气的垄断集团——国家天然气公司的董事长。

普京将他在圣彼得堡的同事阿列克谢·米勒调到莫斯科，出任能源部副部长，随后任国家天然气公司的首席执行官。

两位经济改革的主将格尔曼·格列夫和阿列克谢·库德林同样来自圣彼得堡。格列夫任国家天然气公司的董事，库德林则出任俄罗斯外贸银行和一家钻石生产商"俄–萨金刚石"股份公司的董事长。

另一位列宁格勒人，和普京一同上过克格勃学校的谢尔盖·纳雷什金在普京第二任内被提升为总统办公厅主任，第一电视频道董事会主席和俄罗斯石油公司的副董事长。

普京在列宁格勒克格勃部门的另一位老同事尼古拉·帕特鲁舍夫继普京后出任联邦安全局局长。

拉希德·努尔加利耶夫在联邦安全局时曾在普京手下干过，后来成了内政部长。前面提到过的切尔克索夫当时是普京在联邦安全局的另一位下属。

和普京一起在德累斯顿干过特工的谢尔盖·切梅佐夫被调到莫斯科执掌俄

罗斯最大的武器出口公司——俄罗斯国防出口公司。另一位“契卡”弗拉基米尔 · 雅库宁被调到交通部，后来成了俄罗斯铁路运营公司的总裁。

雅库宁与普京还有一层关系：二人同是一个名叫“别墅合作社”（又称“湖畔社”）的创始成员。该合作社负责管理他们在圣彼得堡郊区共青团湖边的乡村别墅。普京在“湖畔社”的其他朋友（第十二章将谈到）如今均在政府、银行和媒体身居要职。

车臣战争及其恶果

普京出任总统后的头几年里，车臣的局势给他声称正在把俄罗斯带入“欧洲大家庭”的说法投下了一条长长的阴影。第一次车臣战争期间（1994~1996 年），我在车臣待过几个月，亲眼目睹了俄罗斯军队给这个共和国造成的严重破坏。我认为有充分的证据能证明俄军犯下了严重战争罪和侵犯人权罪。我和其他几十名记者均报道了这些罪行，然而国际社会毫无作为，也许是因为倾注于巴尔干半岛上的另一场战争。车臣首府格罗兹尼完全毁于炮火，成千上万的平民死于非命，他们的家所在的街区被俄罗斯军队的飞机和大炮夷为平地。以消灭被称为“匪徒”的叛军为借口无法为以上行为开脱。我采访过俄罗斯人建立的“甄别营”（filtration camp）里的幸存者。车臣人在这里受到刑讯逼供，有时逼供人仅为了取乐。我去看过野外的巨大死人坑，里面有几百具尸体，一些人的手被捆绑在背后。我见过数十个家庭悲痛欲绝的成员，目睹了被杀害的妇女儿童、车臣境内村子里数百家残垣断壁的房子、逃离俄罗斯军队的如潮难民、趴在地下室里躲避空袭的人。我见过手无缚鸡之力的老人在自己沦为瓦砾的家里卧床不起，在饥饿和寒冷中等死。这一切都是在叶利钦当政时发生的，然而西方痴迷于叶利钦对民主的支持，因而把这场冲突看作“内政”，只是敷衍了事地谴责了几句。

根据各方面的报道，1999 年普京发动的第二次车臣战争更为惨烈，然而报道这场战争的西方记者人数更少。原因很简单，这样做实在太危险了。至少第一次车臣战争期间，车臣人对记者总体上十分友好。自从那时以来，这个共和国沦为一个无法无天的烂泥潭，记者被绑架或杀害的风险极大。叛乱分子自己和当年的俄罗斯军队一样野蛮。这一次，主要靠像《新报》的安娜 · 波利特科夫斯卡娅这样勇敢的记者向世界报道战争真相（即使这样，也没有一位西方领导人要求以战争罪审判哪怕一位俄罗斯指挥官或政治家）。

第一次车臣战争期间，记者在车臣境内的行动自由没有受到什么限制，因此才有了强烈批评这场战争的报道，不仅是西方的报道，俄罗斯的报道也是一样，尤其是俄罗斯独立电视台的报道。俄罗斯当局汲取了教训，这一次开始限制去战区的人数。2000 年年初，一位为自由广播电台工作的俄罗斯记者安德烈 · 巴比斯基因为在报道中抨击战争甚至被俄罗斯联邦军队绑架，然后交给车臣战斗人员，换回俄罗斯的战俘，好像他本人是一名战斗人员似的。普京显然支持这一荒谬做法。他表示，他看不出交换有什么不对，因为巴比斯基——别忘了他是一位记者——是叛徒。普京对《共青团真理报》说："这是他自己的选择。他去见那些他为之效劳的人。"[2]

如果普京认为批评性质的报道无异于与敌人为伍的话，那么完全可以猜到他内心对安娜 · 波利特科夫斯卡娅的看法。独立电视台遭整肃后，她成了报道俄罗斯人在车臣的野蛮行径的最重要的记者。波利特科夫斯卡娅耐心倾听车臣百姓的痛苦倾诉。

当局称，车臣军事行动是一次"安全行动"，目的仅是消灭恐怖分子。波利特科夫斯卡娅采访过目击了俄罗斯"安全扫荡"的人，例如家在格罗兹尼郊区的 45 岁难民苏尔丹 · 舒阿杰波夫。他向波利特科夫斯卡娅讲述了他从自己住的那条街上收敛安葬了 51 具尸体的经过。以下只是他讲的部分内容：

74岁的萨义德·祖巴耶夫从5街36号的家门走出时，正好撞上联邦军人。士兵强迫他跳舞，对他脚下开枪，逼他往上蹦。老人跳不动后，被士兵射杀。感谢真主！他再也不会知道家人的遭遇。

晚上9点左右，一辆步兵军车撞开大门上的锁，冲进祖巴耶夫家的院子，士兵二话不说，非常麻利地把那位老人64岁的妻子扎伊纳布，他们45岁的女儿玛丽卡（俄罗斯民兵一位上校的妻子），玛丽卡8岁的小女儿阿米娜，萨义德和扎伊纳布的另一个女儿、40岁的玛丽耶，他们44岁的侄子赛义德–艾哈迈德·祖巴耶夫，两位老人的儿子、35岁的鲁斯兰，他怀孕的妻子露依莎和8岁的女儿叶琳娜从房子里带到外面，在台阶上排成一行。机枪声响过后，所有人倒卧在血泊中。祖巴耶夫一家人中只有鲁斯兰14岁的女儿伊妮莎活了下来。她长得很漂亮，士兵屠杀前把她领到了一边，之后把她强行拉走了。

我们千方百计想找到伊妮莎，可她好像在人间蒸发了一样（苏尔丹说）。我们猜想他们一定是强奸完她后，找个地方把她活埋了。同一天晚上，第55中学校长遇害。他们先让他靠墙站，长时间毒打他，所有肋条都打断了，然后对他脑袋开枪。在另一间房子里，我们看到一位84岁的俄罗斯老太太和她35岁的女儿拉丽莎并排倒卧在地上。两人被强奸后遭射杀。拉丽莎曾是格罗兹尼一位有名的律师。车臣国立大学的物理教授、42岁的阿德兰·阿卡耶夫四仰八叉地横卧在自家院子的地上，死前曾被拷打过。47岁的德米尔汗·艾哈迈多被砍头，两只胳膊也被剁掉。新卡泰马一带军事行动的特征之一是砍下人的脑袋。我看见过几个砍完头滴着鲜血的木墩，在谢瓦卡亚大街上，一把斧头卡在一个木墩上，上面还有一颗带着红围巾的妇女的头颅。旁边的地上，倒卧着一具无头男子的尸体。我找到了那名被砍头妇女的尸体，她的腹部被剖开，里面塞进了一颗头颅。是她自己的，还是他人的，不得而知。[3]

尽管发生了证据确凿的种种暴行，但只有一位高级军官被绳之以法。尤里 · 布达诺夫上校被指控撒酒疯时绑架、强奸和杀害了一位 18 岁的车臣姑娘艾鲁萨 · 昆吉耶娃。士兵把她从家里拖了出来，塞进一辆装甲运兵车带走了。据说借口是他们认为她是个狙击手。强奸罪名后来被撤销了。布达诺夫供认勒死了这名妇女，但声称他审讯这位姑娘时因暴怒丧失了理智。最初他被判无罪，重审后改判 10 年有期徒刑。2009 年 1 月，他提前 15 个月被释放，2011 年 6 月在莫斯科一条街道上被人暗杀。

俄罗斯军事行动引发的报复是，此后 10 年车臣恐怖主义分子在俄罗斯全国各地发动的袭击——在飞机上，在地铁车厢里，在学校和街道上。2002 年 4 月 18 日，普京发表年度国情咨文，宣布车臣战争结束。时隔仅 6 个月，俄罗斯首都的中心即遭到恐怖主义袭击。2002 年 10 月，大约 50 名车臣武装人员（其中不少人是妇女）冲入正在上演一出叫《东北风》音乐剧的杜布罗夫卡剧院，将演员和 850 名观众扣押为人质。这些人身携武器弹药，妇女身上系上炸药。他们要求俄罗斯军队在一周内立即无条件从车臣撤军，否则开始射杀人质。

此后 3 天，普京同自己的安全部门首脑几乎夜以继日地开会讨论如何处理这场危机。在首次会议上，国家安全部门建议强攻剧院。米哈伊尔 · 卡西亚诺夫总理坚决反对，建议与恐怖分子谈判，以避免人员伤亡。据卡西亚诺夫说，安全部门首脑坚称，没有必要让步，因为伤亡难以避免。普京原定去墨西哥出席亚太领导人峰会，但改派卡西亚诺夫代他出席。有人提出，做出这一决定是为了支走唯一反对使用武力解救人质的人。然而连卡西亚诺夫本人都认为，当时普京绝无可能出国（尤其是考虑到“库尔斯克号”核潜艇遇难事故后他受到的责难）[4]。1995 年布琼诺夫斯克市人质危机期间，叶利钦前往加拿大的哈利法克斯参加一次 7 国会议，留下他的总理维克多 · 切尔诺梅尔金同扣押人质分子谈判，并允许他们逃离。普京绝不会犯同样的错误。

几位政治家和记者（包括安娜 · 波利特科夫斯卡娅）的确试过对扣押人质

分子晓之以理，然而毫无结果。最终安全部门采用了自己的方式。特种部队先在剧院里施放了一种麻醉气体以麻醉恐怖分子（还有人质），随后突击队员冲了进去。交火之后恐怖主义分子悉数被打死（包括已经被气体熏昏的恐怖分子）。然而130名人质死亡，大多数人死于化学气体中毒后未能马上得到医疗救护。这次行动受到多方责难，包括对使用的气体化学成分严加保密，甚至连参与抢救的医务人员都不知情，也不知道能用什么解毒剂。这无疑造成了更大的伤亡。

普京后来为自己的行动辩护，说数百人的性命得到挽救。事实上，世界上没有哪国政府找到了对付这种情况的万无一失的办法。然而这位强人真的充分考虑保护人质性命了吗？“库尔斯克号”核潜艇沉没时，人们揣测普京拒绝外国帮助的主要原因是，他不想让北约的救援人员在一艘高度机密的俄罗斯核潜艇上转来转去。用于解救剧院人质的化学制剂也是军事秘密，具体配方是什么始终没有披露过。

俄罗斯当局拒绝正视的一个大问题是恐怖分子这样做的动机是什么。是如普京所说扎根于巴基斯坦和阿富汗的国际伊斯兰运动的一部分，还是对自从1994年以来俄罗斯试图征服车臣而采取的野蛮行动的报复？从包围剧院期间一些枪手回答波利特科夫斯卡娅的问题中，可以找到答案。她请一名劫持人质的恐怖分子释放岁数大一点的孩子（岁数小的已经被释放了），她得到的答复是：“孩子？这里没有孩子。在安全行动中，你们不放过年满12岁以上的人，我们也不会放过你们的人。”

“为了报复？”波利特科夫斯卡娅问。

“为了让你们尝尝是什么滋味。”

波利特科夫斯卡娅问，能否至少允许她给孩子带点儿吃的。

“你们在安全行动中让我们的孩子吃东西了吗？你们的孩子同样可以不吃不喝。”

降服工业金融寡头

普京出任代总统12小时后首次对全国发表讲话时誓言尊重言论自由、媒体自由和财产权。2000年7月28日，普京同俄罗斯20位商界和金融寡头摊牌，向他们解释了他讲话的含义，并制定了新的游戏规则。

叶利钦时代，这批人钻尽空子，违法枉法、行贿受贿、杀人越货、敲诈勒索、对为让他们力挺叶利钦而送上门来的公司和资产一律笑纳，结果个个腰缠万贯。他们拥有国家主要的石油和天然气公司、石油天然气管道、铝冶炼厂、电信和广告业、汽车制造厂、钢铁企业、一家酿酒厂和几家最大的银行。在克里姆林宫宏大的圆柱大厅里，与他们一同等候总统的是政府改革小组的一批年轻人：卡西亚诺夫、库德林和格列夫。他们亟须这些寡头付税，从而整顿好政府的财政。然而自从这些寡头听到普京威胁他们作为“一个阶级”的存在后，他们的心思完全不在纳税上。他们刚看到自己的生意同伴古辛斯基被剥夺了个人财富，逐出国门。另一位媒体大亨别列佐夫斯基也不见了踪影。

众寡头不分等级高低，围坐在一个巨大的面包圈形状的桌子旁。然而当总统加入到他们的行列时，一眼就能看出谁说了算。会议开了两个半小时，普京向他们提出的要求很简单：不会逆转私有化进程，但有两个条件——寡头必须开始纳税，而且不得干政。普京说话很小心，避免听上去像是下最后通牒，但意思很明白。

格尔曼 · 格列夫简述了这次会议的情况。“普京发出了一个强烈信号，没有国有化或没收资产的计划。他是这样对他们说的：‘我们对你们做出了姿态。我们大幅减税，建立一个有利的投资环境并保护私有财产权。不过诸位，既然我们降低了税率，你们就应该纳税。其次，如果你们选择了经商，那就一心一意地经商。’”[5]

这些巨商欢天喜地离开会场，心中一块石头终于落了地，高兴得差点儿想哼两句小曲。他们中的大多数人本来就无意介入政治。而就他们拥有的财富而言，纳税只是极小的代价。五金矿产集团总裁弗拉基米尔·波塔宁听上去几乎不无愧疚："我们这些寡头把自己当作精英，然而社会并不认同我们这些精英。我们必须更好地做人。"

召开这次会议的想法来自下诺夫哥罗德州前州长鲍里斯·涅姆佐夫。他曾在20世纪90年代中率先启动了私有化进程，如今是一个政党——"右翼力量联盟"的领袖，致力于保护新生的中产阶级利益。他把这次会议称为分水岭。以此为界（他不无讽刺地引用马克思的话说），"历经10年的资本原始积累阶段"结束了。换言之，就在这次会议上，俄罗斯的"强盗资本家"被给予了一个改邪归正、老实经商的机会。

这些寡头基本上顺从了普京。古辛斯基和别列佐夫斯基流亡海外，前者悄然无声地移居国外，后者在国外继续与普京作对。石油巨头西伯利亚石油公司的老板罗曼·阿布拉莫维奇成了国家杜马的议员及偏远地区楚科奇自治区的行政长官。但他没有运用自己的政治影响挑战普京，而是对自己2003年购买的英格兰切尔西足球俱乐部更感兴趣。

只有一个寡头不肯对普京俯首帖耳——米哈伊尔·霍多尔科夫斯基。他因顽固不化，多年被关在西伯利亚的一个监狱里，成了俄罗斯和西方关系最大的紧张之源。

霍多尔科夫斯基问题

早在戈尔巴乔夫刚刚尝试改革时，霍多尔科夫斯基就对商界下手了。作为一个共青团干部，他利用关系先后搞了一个咖啡馆和一家进口企业，后来又建立了俄罗斯首批商业银行之一——梅纳特普银行。从那时起，他的生意风生水起。1995 年，他贷款给破产的叶利钦政府，利用出台的“贷款换股权”计划获取了俄罗斯第二大石油公司尤科斯石油公司很大一部分股权。次年，他用远低于公司实际价值的价格购买其股票——实际上是从他自己手里购买——仅花费 3.09 亿美元即成为该公司的最大股东。不到几个月，该公司价值达到 60 亿美元。这一切都不违法，因为计划出自政府之手。

毋庸置疑，霍多尔科夫斯基采用了种种不正当的手段建立自己的帝国。美国记者大卫 · 霍夫曼在他撰写的《寡头》一书里承认，即使是在作了艰苦调查后，他仍然搞不清霍多尔科夫斯基玩过的一些猫腻，从海外交易、幌子公司到“变戏法”。[6]

然而霍多尔科夫斯基控制了尤科斯石油公司后，好像变了一个人，决定采用严格的西方财会和透明度标准（主要是想吸引外国投资）。霍多尔科夫斯基成了西方的宠儿，因为他比任何一个寡头更能代表新一代的俄罗斯资本家——不仅是一条大肆敛财的鲨鱼，还是一位慈善家。霍多尔科夫斯基在尤科斯制定了一部公司管理章程，他同时也是引入美国财会标准的第一位俄罗斯商人。他自己出钱在莫斯科一座 18 世纪的庄园里建了一个教育机构，给 130 个穷孩子上课。他设立的“开放俄罗斯基金会”每年向涉及教育、公共卫生、领导人培养计划和文化事业的项目及慈善事业捐赠 1 500 万美元。

然而没有哪个名字能比霍多尔科夫斯基更让普京的一双眼睛露出冰冷的鄙夷之色。霍多尔科夫斯基最终因经济犯罪—偷逃税款、欺诈和侵吞财产—被判入狱。普京会毫不犹豫地举出他的其他罪状，如“政治”罪，甚至是谋杀罪。

霍多尔科夫斯基当然不是什么圣徒。2002 年 2 月，霍多尔科夫斯基去伦敦拜访英国石油公司的首席执行官约翰 · 布朗，主动提议允许英国石油公司认购 25% 的尤科斯股权。布朗不为所动。日后布朗解释了为什么说话轻声细气的霍多尔科夫斯基让他感到不自在：“他开始谈论让一些人当选为国家杜马议员，说他如何能做到让石油公司少纳税，如何玩弄众多权势人物于股掌之上。我感觉他这个人的权势似乎太大了点儿。事后这么讲很容易，然而当年他的做派令人感到他不是一个本分人。”[7]

对推行改革的俄罗斯政府来说，“不守本分”一词太轻了。格尔曼·格列夫说：“尤科斯不点头，什么草案也别想通过。”实际上，贿赂国家杜马议员已司空见惯。议员从形形色色的商业利益集团手里拿钱以中饱私囊。然而石油公司的能量更大，尤其是尤科斯石油公司。当涉及对石油出口征收影响石油公司利润的新关税时，事情变得棘手起来。格列夫记得国家杜马即将投票表决前尤科斯石油公司总裁霍多尔科夫斯基对他的一次拜访。他说：“格列夫先生，我们非常赞赏你为发展市场经济所做的一切。然而，明天你要提出一项对我们不利的法规。因此我们希望你能懂得，首先，这项法规不会通过，所有人都会投反对票，我们已经和他们达成了协议。其次，如果你仍然坚持的话，我们会让所有石油生产商集体写一封信，要求你和库德林因缺乏专业水准辞职。这不是针对你个人的。不过兴许你会推迟讨论这项法规，我们可以同你达成某种协定。”[8]

第二天早上库德林和格列夫抵达国家杜马时，发现霍多尔科夫斯基已经拼凑了一个立场坚定的阵营，包括国家杜马里人数众多的共产党议员。日后格列夫对这件事所含的讽刺意味进行了思考。“共产党人本来应该是社会政策的倡导者，反倒投票反对一项对石油公司巨额收入征税的税法！”

这是对改革者的一次沉重打击。格列夫回忆道：“预算里没有足够的资金偿付政府债务。当时石油价格走高，但只是肥了石油公司，我们一分钱也拿不到。”一年后，格列夫才得以让议会通过了这项法律，但内容被冲淡了许多。

从普京的角度看，霍多尔科夫斯基的政治野心更具有颠覆政府的性质。他资助了一些反对派政党，包括自由民主党、右翼力量联盟和共产党。2003 年年初，霍多尔科夫斯基秘密会见了一些政党的领导人，主动提议出资几十万甚至上亿美元赞助他们在当年 12 月国家杜马选举中的竞选活动。[9] 据卡西亚诺夫总理称，最令普京恼怒的是霍多尔科夫斯基对共产党人的资助。卡西亚诺夫说，后来他惊奇地发现，虽然赞助两个亲西方的政党得到了“批准”，资助共产党人——尽管完全合法——显然需要总统的秘密特许。[10]

霍多尔科夫斯基称，他的所作所为乃属正常的“游说”，任何一国都不例外。可克里姆林宫不这么看。普京的发言人德米特里 · 佩斯科夫气愤地大声说：“他是在行贿国家杜马！”显然，佩斯科夫和他上司一样对霍多尔科夫斯基的说法感到气愤。克里姆林宫显然害怕，霍多尔科夫斯基正在计划运用自己在国家杜马的影响力修改宪法，将俄罗斯改变为一个议会制民主国家，甚至本人出任总理，直接挑战普京的权力。

认识霍多尔科夫斯基的人常常提及他做事不计后果的秉性。2003 年 2 月 19 日普京在克里姆林宫里的叶卡捷琳娜大厅会见一批商业巨头时，霍多尔科夫斯基的这一性格在这次富有戏剧性——也许是灾难性的会见中显露出来。[11] 会议的主要议项是腐败，霍多尔科夫斯基是主讲人。事先他打算针对政府高级领导人可能涉及的腐败行为大胆直言，但他有点儿紧张，于是打电话给他的副手列奥尼德 · 涅乌兹林征求意见，问：“你认为我的发言会有危险吗？”

涅乌兹林也有同感：“如果普京本人与这些交易有染怎么办？”

霍多尔科夫斯基大声说：“你别瞎说了。总统控制国家预算，你难道认为他会为了拿区区几百万美元的回扣干这种事吗？”[12]

霍多尔科夫斯基事先把发言稿送给普京的办公厅主任沃洛申征求意见，然后携带为了阐明自己的观点而准备好的各种图表前去开会。

他的发言基本上以民意测验的结果为依据。27% 的俄罗斯人认为腐败是对国家最严重的威胁；49% 的人认为，绝大多数国家官员是贪官（15% 的人认为无官不贪）；大多数人认为，政府要么不能、要么不愿意做任何事打击腐败。

霍多尔科夫斯基继续讲下去：“从下一张幻灯片中你们可以看到，俄罗斯涉及腐败的金额大约在 300 亿美元，也就是说占国内生产总值的 10%~12%。”

另一张幻灯片显示，72% 的俄罗斯人对司法系统毫无信心，因为整个司法界都烂掉了。霍多尔科夫斯基提到了俄罗斯大学专业申请状况的一个惊人事实：青年人读书更想成为税务官，而不是工程师或石油开采专业人员！税务官的工资不高，但收取贿赂自肥的机会比比皆是。霍多尔科夫斯基说："如果现在的年轻人都走这条路，这个问题值得我们思考。"

普京反驳说："你讲的问题值得思考。不过不要想当然地认为我们的学生不好！"

然而霍多尔科夫斯基只是在热身。下面他开始提到一起涉及普京小圈子内人员的具体腐败案，即普京的亲信、总统办公厅副主任伊戈尔·谢钦。他实际上控制了国有石油部门（很快他将出任政府控股的俄罗斯石油公司董事长）。

霍多尔科夫斯基讲述了上个月俄罗斯石油公司用 6 亿美元收购了一家较小的石油企业——北方石油公司，收购价远远超过该公司的实际价值。"所有人都认为，这笔交易背后有不可告人的目的。"

对在场听他发言的人来说，他的话含义十分清楚。日后普京的顾问伊拉里昂诺夫回忆道："显而易见，销售价和实价之差就是回扣，也就是说腐败。"13 换言之，收购该公司多付出的巨额钱款被公司拥有人和批准这笔交易的政府官员私分了。

霍多尔科夫斯基继续说下去："腐败的确正在我国蔓延。或许可以说，腐败的根子就在我们这里……我们迟早必须制止腐败！"

普京予以反击，坚持认为作为一家国有企业，俄罗斯石油公司为了增加自己的储备有义务收购诸如北方石油公司这样的资产。至于霍多尔科夫斯基自己的公司，普京暗示他是以非法手段攫取到手的。"一些如尤科斯这样的公司拥有巨大的石油盈余，他们是如何把石油弄到手的正是本次会议要讨论的内容！不要忘了纳税问题，或者说不纳税的问题，你自己的公司（尤科斯）就有逃税问题，而我必须指出你的问题。过去你同税务部门达成了协议，案子就此了结，或者说正在了结，但当初这些问题为什么会出现？”

普京结束发言时发出了明显的威胁：“因此我现在要把责任推给你。”其含义是：你说我身边的人腐败，我的人将开始追究你的腐败。

坐在总统身边的卡西亚诺夫说，围着桌子而坐的寡头们“恨不得钻到桌子底下”。普京是不是要重新全盘提出 90 年代俄罗斯战略行业如何私有化的问题？

卡西亚诺夫说，会后他去普京办公室见他。“我天真地以为，总统并不知道俄罗斯石油公司交易的细节。我说，‘你不该反应如此激烈，霍多尔科夫斯基是对的。’”然而普京根本不听，坚持认为俄罗斯石油公司作为国有企业有权增加自己的资产，这笔交易没有任何不妥之处。卡西亚诺夫十分吃惊：“他开始援引连我这个总理都不知道的一些数字，对这件事他比我还熟悉。”[14]

为了预防普京暗示的报复，两周后霍多尔科夫斯基找到卡西亚诺夫，提交了一个方案。霍多尔科夫斯基说，他代表其他寡头建议通过一项新法。根据这项法律，20 世纪 90 年代以廉价购得国有企业—如今价值数十亿美元—的寡头应该向国家支付赔偿金，有点儿像是为这些企业资产的膨胀缴纳一次性税款。这笔意外钱款将用来建立一个特别基金，资助“重要的改革”。卡西亚诺夫对这一建议很感兴趣。政府可以得到额外的 150 亿~200 亿美元用于修建新的高速公路、高速火车线路、电力网、机场及其他基础设施。卡西亚诺夫让霍多尔科夫斯基拟定一份法律草案，一周后草案就拟好了。卡西亚诺夫把草案呈送给普京总统，此后它便石沉大海。15 普京已经开始思考惩罚霍多尔科夫斯基的其他办法。

涅乌兹林记得从俄罗斯情报机构里的一位相识那里听到了令人不安的消息。“我获悉，已经成立了一个直接向联邦安全局局长帕特鲁舍夫和他的副手安德雷 · 佐斯特罗夫茨耶夫汇报的特别小组，任务是针对尤科斯公司展开刑事调查，并监视该公司的经理人和股东。”

夏初，一个叫国家战略委员会的智库发表了一份题为“国家与寡头”的分析报告，由一位有影响的思想家贝可夫斯基执笔。人们认为他与国家安全部门关系密切。贝可夫斯基在文中提出，寡头正在悄悄策划一场政变，将国家杜马置于自己的控制之下，从而改写宪法，把霍多尔科夫斯基推上执掌实权的总理宝座，而将总统降为一个有职无权的人。

几天以后，在普京的年度记者招待会上，一位事先安排好的记者提了一个有关贝可夫斯基报告的问题。有备而来的总统令人胆寒地提起他如何对付自己的政敌："我坚信，经商和从政已经分家……不同意这一政策的人要么已不存在，要么被送到偏远之地。"

普京有很多理由惧怕或厌恶霍多尔科夫斯基。两年半以来，霍多尔科夫斯基一直无视总统要寡头远离政治的指示。即使是霍多尔科夫斯基自己的纯粹商业活动也同国家安全部门起了冲突，后者把国家的自然资源（尤其是石油和天然气）视为重要的战略资产，认为不应交由私人管理，更不能交给外国管理。霍多尔科夫斯基的看法恰恰相反：私有企业的经营效率更高。如果外国的参与有益无害，又何乐而不为呢？

2003 年 4 月，尤科斯（当时俄罗斯最大的石油生产商）同意与阿布拉莫维奇拥有的西伯利亚石油公司合并，组建一个资产达 350 亿美元的世界第四大石油公司（阿布拉莫维奇正是靠这笔交易买下了切尔西足球俱乐部）。霍多尔科夫斯基接着又迈出了灾难性一步，开始同美国的雪佛龙–德士古石油公司和埃克森美孚石油公司谈判，向它们中的一家出售尤科斯公司的一大笔股权。卡西亚诺夫总理批准了这笔交易，然而俄罗斯国家安全部门怒不可遏。

2003 年夏天，局势急转直下。6 月，尤科斯的保卫部门负责人阿列克谢 · 匹楚金因谋杀罪名被逮捕。次月，尤科斯的控股公司梅纳特普集团董事长、霍多尔科夫斯基的商业伙伴亚历山大 · 列别捷夫也遭逮捕。卡西亚诺夫总理马上予以谴责，指出以经济犯罪嫌疑的罪名逮捕企业家只会损害国家形象，令投资人望而却步。

涅乌兹林做好了最坏的心理准备。"日子越来越不好过。他们甚至不屑于掩饰监视我们的车子。每天晚上上床时，我都准备好一个包，如果第二天凌晨 5 点他们来抓我，坐监狱所需的东西包里面都有。”他离开俄罗斯去了以色列。然而直到最后一刻，霍多尔科夫斯基仍然无视种种警告。

10 月份，武装警察突击搜查了霍多尔科夫斯基在莫斯科郊外开办的孤儿院，带走了该院的计算机。几天后，埃克森美孚石油公司的总裁李 · 雷蒙德来到莫斯科参加一场经济会议并与总统会谈。他似乎给了普京一个（很可能是错误的）印象，霍多尔科夫斯基计划向这家美国公司出售尤科斯 – 西伯利亚石油公司 51% 的控股权，而不是 25%。霍多尔科夫斯基的副手亚历山大 · 特默科承认：“像埃克森美孚石油公司这样的公司不可能是一个小股东。当然它会说，我们可以买 25% 的股份，但需要给我们一个购买控股权的选择。”

此时的普京似乎已经按捺不住心头的怒火。日后英国石油公司的布朗回忆说：“霍多尔科夫斯基被捕前不久，我与普京的一次私下谈话中，普京措辞严厉地顺便提了一句：‘我受够了这个人的气。’”

普京召见总检察长弗拉基米尔 · 乌斯季诺夫，要他逮捕霍多尔科夫斯基。10 月 25 日，霍多尔科夫斯基被逮捕。当时这位石油寡头去了西伯利亚，天真到竟然无视两天前收到的一份传真。传真由乌斯季诺夫签字，要霍多尔科夫斯基就“尤科斯石油公司纳税时存在的问题”到总检察长办公室报到。霍多尔科夫斯基乘坐的飞机正在新西伯利亚市加油时，全副武装的联邦安全局军人冲上飞机，给霍多尔科夫斯基铐上手铐领走。他即将因蔑视国家安全部门失去人身自由和个人财富。

震荡

一切含义尽在报纸的大标题中：“俄罗斯的一场政变”(《俄罗斯日报》)。《纽约时报》撰文："俄罗斯头号富翁周末被逮捕后，随着俄罗斯的股票、债券和货币的暴跌，俄罗斯踉踉跄跄走向一场政治和经济危机。"

霍多尔科夫斯基在实业家和企业家联盟的同事发表了一个声明，谴责逮捕霍多尔科夫斯基："今天俄罗斯的商家不信任执法机构及其领导人，成千上万的中小企业每天都受到这些机构的粗暴对待。当局犯的低级错误让国家倒退了好几年，人们不再相信当局所做的不允许扭转私有化成果的保证。"

莫斯科货币交易市场因汇率暴跌而暂停了交易。普京的办公厅主任沃洛申辞职。他的继任人梅德韦杰夫公开质疑逮捕霍多尔科夫斯基是否明智。"这样做很危险，因为没有经过深思熟虑而采取的措施造成的后果将立即影响到经济……造成政坛上的愤慨。"[16] 在一团混乱中，普京拒绝了几个寡头的求见，并要求停止他所谓的"歇斯底里和投机活动"，然后补充道（似乎他不过是个旁观者），法院逮捕一个人肯定不无原因。"在涉及执法机构工作的问题上，我不会见任何人，也不会做任何交易。"他说，政府的部长不应被拖入对这一问题的讨论。

卡西亚诺夫总理讲了一件不寻常的事——克里姆林宫想让他任命一个人。前俄罗斯联邦安全局的一位将军维克托·伊万诺夫是普京的首席猎头顾问，他几次给卡西亚诺夫打电话，敦促他任命一个年轻人阿纳托利·谢尔久科夫担任税务部副部长。卡西亚诺夫婉拒了，表示不明白为什么急于任命此人，并对他是否胜任这项工作表示怀疑。此人以前一直在圣彼得堡市的一家家具店工作。当时卡西亚诺夫不知道此人是财政部第一副部长（也是普京在圣彼得堡的老同事）维克托·祖布科夫的女婿。2004 年 2 月卡西亚诺夫被解职后，谢尔久科夫立即被调到税务部，负责调查霍多尔科夫斯基一案。两周后，他又被提升为联邦税务局局长。普京现在有了一个他可以信任的人收集针对自己敌人的最致命的证据。

普京的两副面孔

本章讲述的种种事件——禁锢媒体、建立“垂直权力结构”、在重要部门安插自己的密友、车臣战争、对“库尔斯克号”核潜艇沉没的麻木反应、驯服寡头以及打压霍多尔科夫斯基——对西方那些从一开始就打定主意和普京打交道的人来说不啻一帖清醒剂。向西方领导人伸出手并在国内推行值得欢迎的经济改革的这个人，同时也露出了他真实的一面，从而证实了他自己说过的一句话：一朝是契卡，永远是契卡。普京的所作所为使西方一些人，尤其是小布什政府内有些人更加理直气壮，他们从一开始就主张对普京采取强硬立场。

英国的《观察家报》表达了一种普遍的看法，说现在对于普京是“关键时刻”。普京必须决定他想成为什么样的人。“是布什总统和托尼 · 布莱尔的一个思想倾向西方的盟友，还是一个内心深处怀念昔日苏联艰难岁月的人？……如果普京选择专制的道路，伦敦和华盛顿就该重新评估关系。”[17]

然而就在西方对普京的幻想破灭之际，普京对他一直追求的西方幻想同样也走向破灭。

THE STRONGMAN

第五章

老欧洲，新欧洲

Vladimir Putin and the Struggle for Russia

一只脚跨进北约门槛

恐怕托尼·布莱尔最能理解吞噬弗拉基米尔·普京那颗克格勃之心的痛苦。自从普京当选前布莱尔对圣彼得堡的首次具有奠基意义的访问后，两人继续定期举行会晤。除了正式会谈外，两人还穿着牛仔裤和衬衣在首相的乡村别墅契克斯庄园聚会，在莫斯科的一家啤酒屋Pivnushka一起饮伏特加，品尝酸黄瓜。布莱尔设法打消俄罗斯人对美国研发导弹防御体系的焦虑。虽然普京恐吓说莫斯科将不得不采取对策，但他意识到问题没有这么简单。

在一次不公开的采访中，布莱尔的一位助手言谈倨傲，一语道破天机。假如普京知道这就是布莱尔的真实想法，一定会怒不可遏。“布莱尔从与普京的交往中领悟到了一点，不可轻慢他们。俄罗斯人感到不满，是因为他们觉得自己被排除在贵宾席之外，没有被当作一个超级大国。你必须对他们表示尊敬，即使他们不再是一个超级大国，你也必须假装他们是。托尼向美国人表达了他的这一观点。”

为了赋予这一想法具体内容，布莱尔建议成立一个新的北约—俄罗斯理事会，把俄罗斯人与西方联盟更紧地联系在一起。虽然谈不上俄罗斯是北约的一个成员，但至少让俄罗斯人有属于这个俱乐部的感觉。1997 年以来俄罗斯与“常设联合理事会”一直都是协商关系，实际上俄方在常设联合理事会里对北约的行动没有任何影响。如今，北约—俄罗斯理事会意味着这一关系显著升级，俄罗斯将向北约总部派驻一位常设代表，与 19 位其他成员国代表一道以平等地位参加北约—俄罗斯理事会的会议。换言之，现在该理事会不是“俄罗斯加北约”，而是“俄罗斯加美国、法国、英国、德国”及北约其他成员国。

布莱尔的建议在西方国家受到普遍欢迎。他们认为，设想俄罗斯成为北约的一个成员国不切实际，而布莱尔的建议更可行。一些人，包括德国总理，曾讨论过俄罗斯加入北约的可能性。时隔不久，布莱尔的这一想法被一直在和普京套近乎的意大利总理西尔维奥 · 贝卢斯科尼接了过去。贝卢斯科尼和普京在性情上十分相似，同样“男人味十足”，同样爱虚荣，同样喜欢开低俗玩笑。普京从贝卢斯科尼的媒体帝国中看到了自己控制俄罗斯电视台的理由。

2002 年年初一个星期五的晚上，北约秘书长罗伯逊刚刚在爱丁堡机场下飞机，准备去他在苏格兰的家过周末，这时他的手机响了。打电话的是贝卢斯科尼，他决定意大利将主办一次启动北约—俄罗斯理事会的北约特别峰会。

罗伯逊说：“等等，西尔维奥，我们还没有走到这一步。”

贝卢斯科尼回答说：“好了，好了，我已经和弗拉基米尔谈过了，一切都讲好了。这次峰会由我们主办，开会所需费用由我们承担。”

罗伯逊不肯就范。“你不能就这样同普京定了。北约有 19 个国家，我必须征求每一个国家的意见。不过我们会考虑你的建议的。”[1]

然而贝卢斯科尼为这次峰会出钱的建议一锤定音。劝说其他国家同意让贝卢斯科尼上演这出戏没费多少时间。这的确是一出戏，一出不惜血本的戏。贝卢斯科尼把会址选在了位于罗马郊外的破旧失修的普拉蒂卡迪马雷空军基地，将其改造为一个古罗马帝国风格的堂皇建筑——一个由帆布搭成的模仿斗兽场形状的宏大会议中心，衬以古罗马大理石雕塑。

5 月 28 日，一份历史性协议得以签署，其首次允许俄罗斯的将军们在北约总部常设办公室。虽然俄罗斯无法否决北约的决定，但至少可以和北约成员国一道讨论诸如维和、区域安全、救援行动、打击国际恐怖主义和核扩散等问题。据布莱尔的办公厅主任乔纳森 · 鲍威尔说，最初的设想——让俄罗斯“切实有表达自己意见的机会”——实际上被北约机构冲淡了。[2] 俄罗斯日后抱怨说，北约代表常常在理事会开会前提前开会，协调己方的立场，然后实际上作为一个集团与俄罗斯会谈。

协议签署仪式结束后举行的记者招待会上，普京说的一番话令出席仪式的一些人愕然。他说：“我国的问题是，在很长一段历史时期内，一直是俄罗斯为一方，几乎世界所有其他国家为另一方。我们从与世界对抗中没有得到任何好处，我国绝大多数公民对此一清二楚。俄罗斯正在重返文明国家的大家庭。她最需要的莫过于自己的意见被人倾听，自己的国家利益受到尊重。”

普京讲的这番话颇具震撼力，以致 9 年后罗伯逊仍然记忆犹新，几乎可以凭记忆背下来。“我感觉这番话代表了一位俄罗斯领导人对多年失败的非同寻常的反思，以及对他今后目标的认真思考。”

普京的讲话也完全验证了布莱尔对他渴望受到尊重的认识。然而西方很多人看到俄罗斯国内的现状后都不愿相信，俄罗斯真的是一个“重返文明国家大家庭”的悔过儿女。

究竟该怎么看俄罗斯？

小布什政府内部在如何对待俄罗斯的问题上分成截然不同的两派，外加夹在两派中间的形形色色的其他观点。一些懂俄语并研究过苏联的人，例如国家安全事务助理康多莉扎·赖斯，并非是对新俄罗斯态度最友善的人。普京的几位顾问曾对我说，赖斯是一位“苏联专家”，而不是“俄罗斯专家”。他们觉得，赖斯仍然透过红色镜片看俄罗斯。她在俄罗斯出兵车臣问题上态度强硬，对俄罗斯干涉四周邻国的举动态度更是强硬。她把这视为后苏联时期故态复萌的一个迹象。尽管如此，赖斯确实认真去了解了俄罗斯政策背后的深层原因。

布什政府内部的一些专家认为，美国对俄罗斯演变的过程认识不足，不能期待俄罗斯一夜之间（也许永远不会）就被“西化”；争取普京的办法是了解他的担忧（布莱尔的观点），接受俄罗斯有权期待自己的意见得到倾听，本国的利益受到尊重。持这一观点的最高政府官员是国务卿科林·鲍威尔。据一位要求不披露姓名的内部人士说，与普京建立了真正友谊的布什总统本人倾向于这一派。然而那些压根儿就不信任俄罗斯的人，即所谓的“新保守派”，往往对政策的制定有更大的影响，如副总统理查德·切尼、国防部长唐纳德·拉姆斯菲尔德、副国务卿约翰·博尔顿、联邦安全会议里负责欧洲和亚欧大陆事务的丹·弗里德，以及美国驻北约大使（日后出任副国务卿）尼克·伯恩斯。国家安全事务助理赖斯和她的副手斯蒂芬·哈德利介乎于两个阵营之间。

这位圈内人接着说：“有些决策者很了解情况，但他们的认识取自某个特殊角度。真正参与制定俄罗斯政策的人是从20世纪90年代开始一直致力于欧洲安全的那批人。他们的目标是继续90年代未竟的事业——一个自由的、没有分割的、和平的欧洲。有人认为，如果将俄罗斯的观点考虑在内，等于肯定了它坚持某些利益或特权的权利。”

因此，布什的俄罗斯政策基本上是由最关心中欧和东欧安全的那些人制定的。他们认为，西方“打赢了”冷战，于是决心将苏联的卫星国纳入自由西方阵营，包括北约和欧盟，哪怕这样做有可能得罪俄罗斯。1999年，波兰、捷克共和国和匈牙利已经加入了北约。现在北约即将开始第二轮扩张，吸收斯洛伐克、斯洛文尼亚、保加利亚和罗马尼亚为其成员，外加——就俄罗斯而言，争议更大——波罗的海三国爱沙尼亚、拉脱维亚和立陶宛。三国曾是苏联的一部分，与今天的俄罗斯比邻。

在伦敦一家旅馆吃早餐时，我问尼克·伯恩斯，俄罗斯是不是对北约一直扩大到他国门前以及美国在该地区部署新型武器有合理的关切。毕竟这里曾是俄罗斯人的“后院”。他的答复相当强硬：“那没办法！他们丧失了这一权力。这样做符合美国的利益。”[3] 我感觉，他的回答似乎排除了照顾一个哪怕是改革后的“民主”俄罗斯的利益的可能。俄罗斯丧失了影响自己后院事务的权力，理由显然是它继承了苏联的罪孽，而美国却有权对这一地区施加影响，因为这样做“符合美国的利益”。

伯恩斯接着说：“在北约要不要接纳波罗的海国家问题上，争执得很凶，无论是与欧洲人，还是在华盛顿内部。举个例子说，连乔治·特尼特（中央情报局局长）都反对接纳。然而我们中的很多人基本上对可以信任俄罗斯人或把他们纳入西方不抱希望。2002 年岁末时，人们越来越觉得，普京不是他们想象中的那个人，他无法让俄罗斯成为一个可靠的盟友。我们因此得出结论，需要与俄罗斯建立友好关系，但冷战后该地区的首要目标是东欧和中欧的自由和解放。在这一点上，来自美国国内的阻力极大，我们不得不同反对派展开激烈争论。但我们认为，确保苏联解体后的一个实实在在的果实更重要。布什对这一观点笃信不疑。”

新保守派认为，20 世纪 90 年代信任俄罗斯的政策失败了。“我早就知道，俄罗斯会想方设法再次称霸欧洲，因此我们必须保护东欧人和中欧人。”伯恩斯说，“普京一门心思要恢复俄罗斯的强盛。到 2002 年年底时，这一点越来越明晰。”[4]

他上面的一句话很说明问题：使俄罗斯再次走向强盛恰恰是普京的愿望，也恰恰是华盛顿的很多人难以接受的事。

布什政府内的“亲俄派”发现，他们的观点在西欧国家引起共鸣，在华盛顿却和者寥寥。其中一人说：“似乎有人认为，如果你设法了解并阐述俄罗斯的观点，就意味着你赞同这些观点并使之合法化。欧洲人就不这么想，所以我们才与德国人，甚至与英国人龃龉不断，原因是大多数欧洲同事都设法照顾到俄罗斯的观点，因为他们不想公开与俄罗斯对抗。”

出于种种原因，法国人和德国人觉得，同美国人比，自己与俄罗斯人的关系更近。这倒不是因为他们不能充分理解前华沙条约国家对加入西方体制、抵御那个压迫了自己半个世纪的国家的殷切心情。尤其是德国人，自己尚沉浸在柏林墙坍塌后实现了国家统一的喜悦之中。同样，这也不仅仅是因为讲究实际或贸易的需要，虽然后者对德国十分重要。实际上，这是因为有一种难以名状的感觉，尤其是欧洲的知识分子阶层，觉得俄罗斯“属于”欧洲，他们与俄罗斯有着共同的历史和文化，现在是欢迎他们“回家”的时候了，无论俄罗斯的民主还多么不健全。这种观点实际上认为，欢迎俄罗斯回家恰恰是改善该国民主的最佳方式。

法国总统希拉克即是这一观点的典型代表。他本人对俄罗斯有着浓厚的兴趣。20 世纪 30 年代，他的父母曾在家中收留了一位俄国流亡者。希拉克本人学过俄语，甚至还把普希金的小说《叶甫盖尼 · 奥涅金》译成法文。据他的外交事务顾问莫里斯 · 古尔多–蒙塔涅说，希拉克觉得俄罗斯给人一种“永恒”的感觉，既不完全属于欧洲，也不完全属于东方。他同叶利钦相处融洽。后者请他洗桑拿浴，品尝鱼子酱。虽然希拉克最初对普京比较冷淡，但愿意把个人意见搁置一边，即使是车臣问题也不例外。

古尔多–蒙塔涅说：“希拉克在言谈中竭力帮普京说话，而不是批评他，帮助普京以一个负责任的领导人的形象出现在世界舞台上，肩负摆脱苏联时期的落后、实现国家现代化的重任。没有证据表明，俄罗斯正在回到苏联时期。他们一步跨进了一个新世界，然而前面的道路还很长，需要得到我们的支持。再说尽力帮助俄罗斯人也符合西方的利益，因为我们有着共同的利益。希拉克认为，欧洲大陆的稳定依赖于巴黎、柏林和莫斯科这一轴心，所以 2007 年前才有那么多的三方会议。三国关系如此热乎很有意思。”[5]

三方关系中的另一人、德国总理施罗德和他的大多数德国同胞一样，对俄罗斯痛快地从东德撤军感激不尽。为表示友好，他后来取消了俄罗斯拖欠前德意志民主共和国的60亿欧元的债务。

不错，两国关系起初并不太好。1998年德国大选期间，施罗德曾保证不再像他的前任赫尔穆特·科尔那样向俄罗斯提供大笔资金。他想建立一种基于商业利益和保持一定外交矜持的现实关系，而不是科尔和叶利钦当年搂搂抱抱的关系。2000年1月，科尔的外交部长约瑟夫·菲舍尔首次会见普京时，几乎造成一次外交事件。他谴责车臣战争，要求立即停火。2000年6月普京总统首次访问柏林前仅一周，施罗德本人照旧访问了波罗的海三国（科尔不肯这样做，因为担心会触怒俄罗斯人）。

然而普京对德国的这次访问成效巨大。由于普京会讲德语，两人在没有翻译在场的情况下交谈了5个小时。尽管布莱尔极力想“捷足先登”，但普京显然把德国视为俄罗斯在欧洲的最重要盟友。施罗德本人懂得，与俄罗斯保持密切合作是鼓励民主化的最好方式。他写道：“每当俄罗斯对欧洲开放、积极参与交流并把自己与欧洲其他地区的经济和思想发展连在一起时，它总是欣欣向荣。”[6]两人搞了一项欧洲国家中绝无仅有的活动——“圣彼得堡对话”。每年俄罗斯和德国举办一次对话，既有学术讨论，又有政府间机构的会谈和两国商界激烈的贸易谈判。很快，施罗德就被吸收到普京的蒸桑拿—饮伏特加的圈子里。两人成了挚友，常常携带家人互访。施罗德60岁生日那一天，普京甚至亲自飞到这位德国总理的家乡汉诺威市为他祝寿。普京还帮助施罗德收养了圣彼得堡的两个孩子。施罗德去职后，出任俄罗斯天然气公司的一家子公司北欧天然气管道财团董事长，该公司把天然气从俄罗斯直接输送到德国（施罗德任总理时支持了这一项目）。同时，施罗德不再对普京的政策提出任何批评（而希拉克却拒绝了普京送上门来的俄罗斯天然气工业股份公司里的一份高薪工作）。

施罗德在一次采访中回顾了他与普京的关系，把普京形容为一个“可以信赖的人”。“他对人坦诚，而且很有幽默感，虽然外表上看不出。他很重家庭，从不让朋友失望。即使我无须在政治上与他打交道，他也是一个我乐于一起喝杯啤酒或红酒的人。”[7] 以上这番话显然出自一个不愿贬损一位仍然在位且与他本人有着密切商业往来和私交的同事之口，但这不意味着这番话无足轻重。恰恰相反，随着俄罗斯设法在世界上重新确定自己的位置，普京与施罗德之间的关系——以及普京与希拉克的关系——成为 2000 年年初的一大要素。

英国的观点介于欧洲和美国之间。在此情形下，妥协在所难免，其中包括 2002 年北约做出的两项重大决定。5 月，北约—俄罗斯理事会成立，使俄罗斯距离这一俱乐部近了一步。然而 6 个月后，在布拉格举行的一次具有历史意义的峰会上，北约邀请前苏联的 7 个卫星国加入俱乐部。普京要求被当作一个平等的伙伴时，并没有想到会是这样。

北约的太阳照耀在东欧上空

布拉格城堡里建于 17 世纪的西班牙大厅的灯光渐渐熄灭了。舞台上，伴随着莫扎特的音乐，两位舞蹈演员正在表演捷克出生的舞蹈编导依利 · 基利安创作的一个欢闹的节目。演员身着仿古式样的服装（给人以衣不蔽体的感觉），头戴假发。其中有个片段，演员像跳蚤一样跳来跳去，在一张巨大的四柱床上表演疯狂的男女交媾仪式。然而台下的观众并非来自布拉格哈维尔总统文化圈内的朋友，而是北约现在和未来成员国的国家元首及 700 名嘉宾。不是所有来宾对北约扩大进程会伴有如此粗俗的表演都有思想准备。

2002 年 11 月 21 日的布拉格峰会是哈维尔作为捷克共和国总统的终曲。这位剧作家出身的政治家希望这次峰会能够以它的艺术风格和历史意义载入史册。

他自己的国家已经是北约的成员之一，今天他想庆祝又有 7 个国家获得了新生。

俄罗斯人很难明白，这确实是为了庆祝新生，而不是威胁俄罗斯。外交部发言人亚历山大·雅科文科阴郁地提到，“在距圣彼得堡市仅几十公里的俄罗斯边界上，北约军事潜力已经显露”。

俄罗斯外交部长伊戈尔·伊万诺夫本人给这一事件涂上了一层积极的色彩：“俄罗斯不再把北约的东扩视为一种威胁，因为自从冷战结束以来，北约联盟已经发生了重大的变化，并把打击全球恐怖主义作为自己的重点。”然而俄罗斯人并不明白，为什么北约有必要东扩。他们不仅相信戈尔巴乔夫曾得到过北约不会东扩的保证，而且同样不懂，为什么俄罗斯作为一个伙伴被接受后，还会有国家觉得需要防御它。而且他们心里很清楚，尽管北约信誓旦旦，但如有必要，它一定会保护它的新成员。在北约—俄罗斯理事会上刚与人握过手的俄罗斯，在布拉格峰会上却又好似被扇了一记耳光。

俄罗斯人完全看不到自己在国内的政策和行为与他们在国外形象之间的关系。几年后，我作为克里姆林宫的媒体顾问工作时，不得不面对这一难题。我的客户不懂得，改善他们国外形象的关键不在于更好的公关，而在于更好的行为（详见第九章）。我通过与他们的密切共事得出的印象是，他们真的不明白为什么很多东欧人，特别是巴尔干人，仍然对自己身边的这个庞大邻居怀有戒心。

在布拉格峰会上，自然没有人公开谈论自己对俄罗斯的恐惧心理，然而你不需要对历史寻根究底就能明了这种恐惧的根源。观看瓦茨拉夫·哈维尔安排的演出的几乎所有东欧领导人都和他一样，亲身经历过苏联占领的恐怖，并在一个极权政权下生活过。昔日的旧怨依然未消。波兰人认为，俄罗斯政府在承认（更不要说道歉）1940 年斯大林的秘密警察杀害数万波兰军官和知识分子的卡廷事件一事上仍然做得太少。爱沙尼亚、拉脱维亚和立陶宛不仅被苏军占领，而且被纳入苏联版图，不得不为自己民族的生存而斗争。成千上万的人被送入集中营。俄罗斯公民成群涌入他们一丁点儿大的国家，带来了俄罗斯的语言和文化，外加一个以莫斯科为中心的官僚体制，将他们变成二等公民。土生土长的拉脱维亚人只占本国首都里加人口的不足一半。当地人普遍对俄罗斯人的存在心怀怨恨。20 世纪 80 年代戈尔巴乔夫推行的改革刚刚造成一点儿松动时，三个波罗的海国家就率先起来反对苏联的统治。

1991 年三国恢复独立后，问题并没有因此全部消失。政治上，俄罗斯接受了这一现状，然而多达 100 多万俄罗斯人在爱沙尼亚、拉脱维亚和立陶宛定居，克里姆林宫觉得自己有权力和义务保护他们。新独立国家的政府并不总能善待本国的俄罗斯少数族裔。波罗的海三国的大多数人内心深处认为，俄罗斯人当初就不该来到这里。正是这些人把波罗的海国家变成殖民地并征服当地人民，因而他们是咎由自取。拉脱维亚和爱沙尼亚境内的俄罗斯人因《语言法》和《公民法》失去了祖国。欧洲安全与合作组织对此提出了批评。欧盟把修改这些法律作为两国加入欧盟的一个条件。自从三国独立以来，俄罗斯一直对拉脱维亚和爱沙尼亚（立陶宛境内的俄罗斯人人数很少，且多无怨言）境内的公民权状况怨言不断，有时言辞激烈。因此对俄罗斯人来说，北约张开双臂接纳波罗的海国家本应是意料之中的事。

外界普遍认为，在布拉格峰会上，拉脱维亚总统瓦伊拉 · 维基耶 · 弗赖贝加因她的一次雄辩有力的脱稿即席演讲抢了风头。她本人并没有在苏联的统治下生活过。正当红军“解放”她的国家、实行社会主义的时候，7 岁的她随父母逃离了拉脱维亚。然而她的讲话概括了这次峰会的意义：

> 在一段漫长的时期内，拉脱维亚失去了自己的独立。她既懂得自由的含义，也懂得失去自由的含义。拉脱维亚懂得安全的含义，也懂得失去安全的含义。这就是为什么被邀请加入一个将保证我们安全的联盟在我国的历史上将是一个重大的时刻。
>
> 我们拉脱维亚人希望在政治稳定的基石上，而不是在变化无常的流沙

上建设我们的未来，我们不想置身于某种政治上捉摸不定的灰色地带。我们想享受北约多年来一直捍卫的种种自由和权利的灿烂阳光。我们不想被遗弃在外面的黑暗中。任何国家，如果表达了自己的意愿，希望捍卫同样的价值观，追求同样的理想，愿意作出同样的努力，我们都不希望看到它们被遗弃在黑暗中。我国人民在历史的火焰里经受了考验，在苦难和非正义的熔炉里千锤百炼。他们懂得自由的含义和价值，懂得全力去支持、维护和捍卫自由并为之而奋斗是值得的。

她发言时，她的听众——全部是男性国家元首——几乎屏住了呼吸。波兰总统亚历山大·克瓦希涅夫斯基日后在一次采访中回忆道："老实讲，当时我的双眼噙满了泪水。正是这样的动人时刻告诉我们，第二次世界大战的确结束了，我们正在开创一个新的时代。这种感受……透过了皮肤，让我浑身战栗。第二次世界大战终于在布拉格一个共产党人曾用来召集会议的皇宫里结束了，而今它的主人是现任总统哈维尔。"[8]

在场的所有来宾皆有同感，也许俄罗斯代表团除外。俄罗斯代表团是前来出席次日上午北约—俄罗斯理事会一次简短的仪式性会议的。外交部长伊戈尔·伊万诺夫回忆道，他努力向他的西方同伴解释，北约新的成员国确保自己"安全"的途径就是令俄罗斯感觉不安全。他说："这些国家想加入北约的实际利益是什么呢？不错，是获得政治利益。但威胁来自何方呢？首先应当阐明实际威胁，然后再思考如何最大限度地缩小或对付这些威胁。"他又补充道："实际上这样做并没有增加任何人的安全，无论是北约国家，还是俄罗斯，而是增加了一个不信任的因素。你们关心自己的安全，却不关心俄罗斯的安全。"[9]

美国人对诸如此类的抱怨有现成的答复。下面是尼克·伯恩斯的一席话：

你知道，通过扩大北约，我们也是在将俄罗斯一军。自从1991年12月苏联解体后，俄罗斯人一直说，他们变了，而且认为欧洲应该成为一个人民在没有外来统治的恐惧下自由决定自己未来的地方。通过在 2002 年 11 月邀请这 7 个国家加入北约，我们告诉所有人，如果你在未来的一个民主体制下选择自由，我们可以协力保证并维护这一自由。不少俄罗斯人后来说，这是北约背信弃义之举，显示了北约言而无信。我觉得这种说法让你充分认识了这些俄罗斯的领导人。他们不相信民主。

在当代世界，在苏联解体后的世界，在 1991 年后的世界，俄罗斯人无权决定其他国家人民的未来。他们无权把自己的帝国强加在他们称之为近邻国家的人民头上。如果我们有力量，就像我们现在有力量一样，能确保其他国家的人民获得自由和民主，帮助他们获得这种自由毫无疑问是正当之举。[10]

俄罗斯人和美国人各说各话的能力着实令人吃惊。俄罗斯人不明白，为什么他们自己在本国内的行为仍然令四周的邻国感到畏惧。美国人及其盟友认识不到，俄罗斯人因为被看作潜在的侵略者而不快。2002 年北约的两次峰会被赞誉为冷战的终结，但实际上两次峰会使冷战死灰复燃，开始了一场新冷战。从俄罗斯的角度看，昔日横穿欧洲腹地的铁幕如今正在被一个更靠近自己国门的新铁幕所取代。

普京再次失言

当年春天普京发表的国情咨文听上去让人觉得他似乎已经达到了自己的目标——在世界舞台上受到尊重，而且几乎可以称自己是反恐战争的共同领导人之一。普京说："俄罗斯今天是国际稳定最可靠的保障者之一。"正是"俄罗斯的原则立场"促成了一个持久的反恐联盟。普京说，通过共同的努力，他们铲除了阿富汗境内最危险的国际恐怖主义中心。

随后，普京谈到俄罗斯“为融入欧洲而采取的一系列具体步骤”，以及他与欧盟建立一个“单一经济空间”的目标。

上面一番话说得很动听，然而普京失言的老毛病又犯了。2002 年 11 月普京前往布鲁塞尔出席一次与欧盟领导人的峰会时，言谈之间使用的语言令人感到，他不是一位世界政治家，而是酒吧里的一个恶棍。在一次记者招待会上，一位法国记者问了普京一个关于车臣的直截了当却并非特别无礼的问题：为什么俄罗斯动用杀伤性地雷和炮弹，造成上百人的伤亡？难道总统先生没有想过，用这种方式消灭恐怖主义的同时，全体车臣人也正在被消灭吗？也许《世界报》这位可怜的记者没有意识到，他触动了普京最敏感的一根神经。在普京眼里，仅仅提出这一问题就足以表明这位记者同情恐怖主义。普京怒斥道：“如果你渴望成为一名伊斯兰教极端分子，愿意接受割礼的话，我请你到莫斯科来。我们是一个多宗教的国家，不缺这方面的专家。我会建议他们动手术时把你割干净，以后再也不会长出来。”

这件事距布拉格峰会开幕只有一周。它又一次提醒了北约新旧成员国，普京也许还没有完全做好加入文明世界的准备。

反对伊拉克战争同盟

倘若普京对伊拉克独裁者萨达姆 · 侯赛因说粗话的话，他兴许会博得华盛顿的一笑和赞许。然而在伊拉克问题上的日益对抗，使俄罗斯和美国之间又被打进了一个楔子。它表明，涉及自己的外交政策目标时，美国甚至不屑做做样子，假装把俄罗斯当作一个举足轻重的超级大国。当然美国会讨好普京，以求得到他的支持。然而如果得不到的话，美国人不会因此而却步。在伊拉克问题上，布什政府没有兴趣听取俄罗斯的意见，正如在南斯拉夫问题上克林顿没有兴趣听取俄罗斯的意见一样。

2002 年一年，伊拉克危机不断加深。人们猜疑日深，萨达姆无视联合国安理会的各项决议，正在继续生产和储备大规模杀伤性武器。2002 年 11 月 8 日，经过两个月的艰苦谈判，联合国通过了一项新的决议——1441 号决议，给伊拉克“最后一个机会”解除武装，否则将面对“严重后果”。11 月下旬，武器核查人员返回伊拉克。此后几个月里，他们没有发现违禁武器，但也未能证实伊拉克人销毁了此前记录在案的武器储备。正在演变的这场外交对抗集中在两个问题上：是否应该给予武器核查人员更多的时间以完成他们的任务（如首席核查官汉斯 · 布利克斯希望的那样），以及下一步怎么办？因为 1441 号决议没有授权动武。在这场外交对峙中，一方是美国和英国，另一方是俄罗斯、法国和德国。由于俄罗斯和法国是拥有否决权的安理会常任理事国，美国和英国显然无法在安理会通过一项授权军事行动的新决议。美国人轻蔑地把普京—施罗德—希拉克联盟称为“老狐狸轴心”，不无讽刺地将这几个国家同布什所说的“邪恶轴心”（伊拉克、伊朗和朝鲜）连在一起。美国国防部长拉姆斯菲尔德不屑地称法国和德国是“老欧洲”，而“新欧洲”是总体上支持美国立场的更听话的前东欧社会主义国家。拉姆斯菲尔德的这番话无意间进一步疏远了法国及德国与美国的关系。

出于种种原因，普京坚决反对美国入侵伊拉克的计划。俄罗斯在伊拉克有重大的商业利益。它担心，如果战后大量石油涌入市场，石油价格可能会下跌。俄罗斯对它眼里的美国无视国际社会决定的单边主义极其愤怒，反对隐藏的政权更迭计划。俄罗斯认为，应该允许联合国的武器核查人员继续寻找大规模杀伤性武器，并用尽一切外交手段劝说萨达姆 · 侯赛因退让或辞职。普京完全支持反恐战争，但和布什不同，他不认为伊拉克是一个赞助恐怖主义的国家。

俄罗斯人对 2003 年 2 月 5 日美国国务卿鲍威尔在安理会做的不能令人信服的发言不屑一顾。鲍威尔的发言似乎证明，伊拉克有大规模杀伤性武器。谢尔盖·伊万诺夫回忆道："我们看到了从高空拍摄的照片，有运载化学武器的大卡车，还有一些重型卡车。他们说，这是可靠的证据。我们回答说，'等等，也许你们掌握了这些情报。可我们没有。'"[11]

不过普京当初并不倾向于公开表态，以免损害他与乔治·布什新建立的关系。一开始，他在公开讲话中始终坚持谨慎支持美国确保萨达姆裁军的努力的立场。他告诉一批法国记者："国际社会在这个问题上面临的唯一任务，是确保伊拉克没有大规模杀伤性武器，或是找到这些武器并迫使伊拉克销毁它们。在此问题上，我们必须做出一切努力，以确保伊拉克与联合国的核查人员充分合作。"

2月9日前往柏林与施罗德总理举行简短会晤时，普京警告说："对伊拉克单边使用武力只会给数百万人带来苦难，进一步加剧该地区的紧张局势。"但普京也告诫，不要给反美情绪火上浇油。

次日普京前往巴黎进行国事访问时，立场变得更强硬了。访问期间，三位领导人发表了一份联合宣言，谴责使用武力。三边宣言源自一项法德倡议。施罗德和希拉克两人建立了极为密切的关系。就在前一个月，在凡尔赛举行的一次纪念两国具有历史性的《爱丽舍宫友好条约》(《法德友好合作条约》) 的活动将这一关系推向高峰。据希拉克的顾问莫里斯·古尔多-蒙塔涅（外交圈内他被称为"米高梅"①）说："我们是德国人的亲密盟友。我们知道，德国人对伊拉克局势的评估和我们一致，但我们不了解安理会其他常任理事国的立场。英国人站在美国人一边，但俄罗斯人和中国人的立场是什么呢？因此我们了解俄罗斯的立场至关重要。"他说，普京和希拉克见面前，谁也不确知对方是否准备好否决一项新决议，而且谁也不想独自行使否决权。德国作为安理会的一个非常任理事国有表决权，但没有否决权。因此施罗德依赖希拉克替他投否决票，并一起拉上普京。[12]

---

① 他的法文全名的字母缩写MGM，恰好是好莱坞米高梅电影公司的简称。——译者注

蒙塔涅和他的德国同伴起草了一份联合声明，并商定一俟普京从柏林来到巴黎，希拉克将设法拉普京加入。法国人在戴高乐机场为普京举行了隆重的欢迎仪式——军乐队、红地毯、三军仪仗队。希拉克甚至一直走到飞机舷梯前迎接普京，向他献上一个大花篮。蒙塔涅说，这一切都是为了讨好俄罗斯人。“希拉克想显示他对普京的尊重，讨取他的欢心，让俄罗斯人感到他们是一个大国，是国际社会里一个地位平等的伙伴。”两人乘一架空军直升机飞抵巴黎市区。希拉克让普京看宣言的案文，普京马上对其表示同意，只提出几点小的修改意见。蒙塔涅和普京的外交顾问普里霍季科一起对案文做出修改并征得了柏林的同意。宣言指出：现在仍未到言战之时，使用武力只能被作为最后手段。俄罗斯、德国和法国决心尽一切努力以和平手段解除伊拉克的武装。

古尔多-蒙塔涅说，实际上这是“一个契约”：“直到最后一刻，普京对法国仍然心存疑虑，因为当时法国人给人的普遍印象是，虽然态度强硬，但到了最后关头往往会改变主意，支持美国。现在普京知道希拉克将投否决票，而且我们知道俄罗斯人将站在我们一边，我们两国立场一致。”

华盛顿也知道，如果它仍然对伊拉克开战，将得不到联合国的授权。康多莉扎 · 赖斯坦言：“我们不想看到，在事关美国安全利益的一个问题上，我们的亲密盟友和俄罗斯人站在一起。”[13]

伊拉克战争爆发前一个月，普京为竭力避免战争做了两轮秘密外交努力。2月22日，他派俄罗斯经验丰富的政治家普里马科夫访问巴格达。出于某种原因，普里马科夫有“老狐狸”的绰号。也许他就是一只老狐狸。1999年他反对过普京，但后来又改为支持他。在此之前他历任对外情报局局长、外交部长和总理。尤其重要的是，他是一位中东问题专家，与萨达姆 · 侯赛因相识多年，因此是执行这一使命的最理想人选。普里马科夫伊拉克之行的消息走漏风声后，外界推测他也许会设法劝说萨达姆销毁他拥有的萨姆德 2 型导弹。俄罗斯外交部在不得不表态的情况下称，普里马科夫访伊的目的是“解释俄罗斯在伊拉克问题上的立场并寻求伊拉克做出保证，它将执行联合国的各项决议并无条件地充分与联合国武器核查人员进行合作”。

其实普里马科夫的使命远不止这些。普京只给了他一项使命：劝说萨达姆让步，从而使伊拉克免遭入侵。萨达姆边听普里马科夫的发言边做笔记，并让他当着伊拉克副总理塔里克 · 阿齐兹的面重复一遍普京的口信，然后站起身，一只手用力在普里马科夫的肩膀上压了一下，转身走出房间。

普里马科夫飞回莫斯科，首先向普京，然后向克里姆林宫的联邦安全会议报告了这一坏消息。俄罗斯人还有最后秘密一招没有用。所有人一致同意，普京的办公厅主任亚历山大 · 沃洛申应该立即飞往华盛顿，最后一次劝说美国人放弃战争计划。

沃洛申晚上飞抵华盛顿后，与俄罗斯驻美大使尤里 · 乌沙科夫一起去餐馆吃饭。两人畅饮到次日凌晨。之后沃洛申突然接到电话，约他早上 8 点 15 分见中央情报局局长特尼特。日后沃洛申面带微笑回忆说：“我那时刚上床。”离开中央情报局后，他又被领到白宫见康多莉扎 · 赖斯。两人会晤时，布什总统“顺道走了进来”（总统绕过外交礼宾规定得以会见沃洛申这样级别客人的唯一办法）。沃洛申说：“他讲了 10 分钟，谈了国际恐怖主义的威胁问题。布什很激动，讲话时始终站着而不是坐着。随后又闲聊了一会儿，总共也就 20 分钟。我告诉布什，我们意见不一致，但我觉得他对我的回答并不感兴趣。反正他已拿定主意，因此不怎么关心双方观点的分歧。他只关心我们是否支持他。”一位美国官员证实说：“总统不是去听沃洛申的意见或答复他。”

沃洛申见到了所有政府大员，从副总统切尼到国务卿鲍威尔和参议院领袖。然而最让他吃惊的是他与商业部长唐纳德 · 埃文斯的一次会见。埃文斯问，他们能否私下交谈。于是两人到了埃文斯的办公室。埃文斯说：“你和普京关系很密切，我和布什总统关系也很密切。布什总统托我问你，作为支持我们的条件，你们想要什么？”

沃洛申意识到，美国人是在行贿。俄罗斯在伊拉克即将损失价值数十亿美元的合同，华盛顿现在提议补偿它的损失。“我们不想讨价还价，”沃洛申说，“这是一场不义的战争，所有的人都会深受其害。再说伊拉克和恐怖主义毫不沾边。”

美国人最后又试了拙劣的一招，竭力想向沃洛申证明，萨达姆和车臣之间不无联系。一位美国官员在一次采访中回忆道：“我们以为，这个问题会引起俄罗斯人的兴趣，然而沃洛申最后表示：‘太乏味了，你们说的毫无新意。’”

沃洛申证实说：“他们给我讲了一个很长的动人故事，说一个曾在车臣打过仗的恐怖分子日后现身伊拉克。故事编得很蹩脚，可他们不厌其烦地讲给我听。”

哪怕在普京最在意的问题上投其所好也无济于事，双方立场相差十万八千里。3 月 19 日，“震撼与威慑”军事行动开始了。

受到冷落的普京

对普京来说，伊拉克不是一切。值得争取的还有其他一些重要目标：美国放弃导弹防御计划、加入世界贸易组织、增加贸易等等。普京决定不让他的这次失败妨碍他与布什的友谊。

很快又有一个机会，可以让普京给世界留下一个他自由开放和“欧洲化”的印象。5 月底，在普京的家乡圣彼得堡——彼得大帝修建该城是为了把它作为俄国“对西方开放的窗口”——将举办建城 300 周年的纪念活动。所有墙都被粉刷一遍，所有的灰泥雕塑被涂上一层金色。整座城市装扮一新，迎接延续了一个周末的各种庆祝活动。世界主要领导人均收到邀请。普京打算在圣彼得堡市具有罗马风格的街道和诸多气势恢宏的皇宫的衬托下大出风头。

星期五一天，普京出席了一个波罗的海节日的开幕式，在一艘船上主持了一场亚洲领导人的峰会，亲自陪同德国、英国、法国、加拿大和奥地利的领导人游览了城市。晚上，从来没有如此多的世界领袖云集马林斯基剧院。次日，普京会晤了更多的总统，并与欧盟的所有领导人举行了峰会。世界精英参观冬宫博物馆并出席了在涅瓦河上举行的一次水节活动。

第二天晚上，乔治 · 布什终于露面，出席了最后一场晚宴。此前他决定先访问新欧洲——波兰，一个为伊拉克战争出了力的国家，普京受到了羞辱。

莫里斯 · 古尔多–蒙塔涅捕捉到了俄罗斯人的心境。“我觉得俄罗斯人失望至极。令人惊奇的是，与我关系很好的康迪（赖斯）本应知道俄罗斯人是怎么想的，居然给布什出了这么个馊点子，建议他去圣彼得堡之前先去华沙。我简直无法理解。”

之后蒙塔涅听到普京与希拉克的交谈，觉察到普京与美国人的“恋爱关系”结束了。普京对希拉克说：“我以前的轻重次序是：与美国的关系第一，与中国的关系次之，与欧洲的关系再次之。现在倒过来了，第一是欧洲，然后是中国，最后是美国。”

2002 年 5 月，美俄签署了削减核武器的《莫斯科条约》。同月，北约—俄罗斯理事会在罗马成立。一年后，昔日的好心境不再，而更糟糕的还在后面。

THE STRONGMAN

第六章

第二任期

Vladimir Putin and the Struggle for Russia

格鲁吉亚投靠西方

2003年11月22日星期六傍晚，出席联邦安全会议一次例行会议的俄罗斯领导人散会后一起来到莫斯科市中心一家叫“格纳茨瓦”的格鲁吉亚顶级餐馆。结实的橡木桌子上摆满了各式开胃小菜——热乎乎的奶酪面包、红豆绿豆汤、茄子核桃卷、鸡肉酸奶酱味汁……木头拼成的墙壁上爬满了藤蔓，壁炉里燃烧的劈柴冒出袅袅青烟，弯弯曲曲地盘升到粗木房梁上。侍者手持俄罗斯伏特加酒和格鲁吉亚葡萄酒不离餐桌左右，为来此就餐的这几位俄罗斯政要服务：总统普京、总理卡西亚诺夫、总统办公厅主任梅德韦杰夫、联邦安全会议秘书卢沙洛、外交部长伊戈尔·伊万诺夫、国防部长谢尔盖·伊万诺夫和联邦安全局局长尼古拉·帕特鲁舍夫。

选择这家餐馆吃饭同高层领导人当天讨论的话题不无关系——格鲁吉亚首都第比利斯当前的局势。在公认的舞弊盛行的议会选举之后，曾任苏联外长的谢瓦尔德纳泽总统设法平息街头连续三周愈演愈烈的示威活动。谢瓦尔德纳泽的总统任期本来还剩下两年，然而民众对他这一届政府的腐败和无能怨声载道，反对党领导人呼吁他辞职。普京对谢瓦尔德纳泽没多少好感，认为苏联的解体有他一份责任。然而普京不喜欢看到俄罗斯周边一个邻国的暴民闹哄哄地夺权。他还知道，高喊“受够了”口号游行示威的学生是在效仿2000年最终导致塞尔维亚总统米洛舍维奇下台的一场运动。这次运动得到了美国民主团体的支持，包括亿万富翁、慈善家乔治·索罗斯创办的开放社会研究所以及国家民主研究所，后者是一个致力于促进世界各地民主的组织（普京惧怕的那种民主）。

忽然一位助手请普京在保密电话机上接一个电话，对方是谢瓦尔德纳泽。星期六白天，局势终于失去了控制。谢瓦尔德纳泽前往议会，决心召开议会使选举合法化。然而第一大反对党领袖米哈伊尔·萨卡什维利对聚集在主要广场的人群说：“我们只有一个目标，即让国家摆脱这个人（谢瓦尔德纳泽）。”此后的局势混乱不堪。反对党领袖每人手持一朵玫瑰涌入正在展开辩论的议会大厅。谢瓦尔德纳泽被保镖连推带搡地护送到安全地方。议会议长妮诺·布尔贾纳泽宣布，她将代行总统权力。后来”玫瑰革命“开始了，这是给俄罗斯周边邻国带来民主的所谓“颜色革命”的第一场革命。普京将这些革命视为对俄罗斯本国的威胁。谢瓦尔德纳泽回到自己的官邸后，宣布进入紧急状态，随后接通了普京的电话。

20世纪70年代，前苏联时期，谢瓦尔德纳泽仍是格鲁吉亚共产党领导人时曾说过一句话，表白他的共和国对俄罗斯的恭顺：“对于我们格鲁吉亚人，太阳从北边升起。”现在他拼命想在一个独立的格鲁吉亚保住自己的权力。谢瓦尔德纳泽找普京求救无异于证明自己和过去没啥两样。围坐在餐桌旁的这一伙人很清楚，他们中间谁最适合去第比利斯。外交部长伊戈尔·伊万诺夫的母亲是格鲁吉亚人，他本人甚至还懂一点格鲁吉亚语。而且从80年代起他就认识了谢瓦尔德纳泽。当时伊万诺夫在外交部工作，是谢瓦尔德纳泽的顾问。普京让他带上几个保镖从餐馆直接去机场。给伊万诺夫的指示非常明确：竭尽全力避免第比利斯街头流血，并确保依据格鲁吉亚宪法行事（这实际上意味着不要让一群暴民推翻总统）。

伊万诺夫在一次采访中说："你知道，我们同谢瓦尔德纳泽的关系并不总是很融洽。但普京讲得很明确：他是合法选出的总统，我们必须帮助他。"[1]

伊万诺夫半夜飞抵第比利斯，定于次日早上会见谢瓦尔德纳泽。但他想事先了解一下民情，于是带上两名保镖，来到了市中心示威者安营扎寨的地方。伊万诺夫小心翼翼地在帐篷和篝火间穿行，努力弄清局势到底有多严重。他告诉我们记者："我其实并不真正了解格鲁吉亚，但你可以感受一下这个地方。"

突然有人认出了他，一片嗡嗡声传遍了广场。"伊万诺夫来了，伊万诺夫来了！"这一消息很快传到祖拉布·日瓦尼亚的耳朵里。他是前议会议长，一位得人心的政治家，与萨卡什维利和布尔贾纳泽一道领导了玫瑰革命。人群开始骚动不安起来。日瓦尼亚敦促伊万诺夫走上讲台对群众讲几句话。伊万诺夫回忆道："我问他格鲁吉亚语里怎么说'俄格友谊万岁'，然后我对着麦克风一连说了好几遍，群众反映很好！我感觉，人们认为俄罗斯有办法帮助解决这场冲突。"

头一天下午，自封为代总统的议会议长妮诺·布尔贾纳泽一直在自己的办公室里。日后她回忆说："我和日瓦尼亚及萨卡什维利一直忙到凌晨4点。我正坐在椅子上打盹儿，秘书走进来告诉我：'伊万诺夫正在对群众发表讲话。'我还以为是在做梦！不过我还是走下楼，果然看见了伊万诺夫。他甚至还用格鲁吉亚语对群众讲了点儿什么！"[2]

伊万诺夫于是扮演起了调解者的角色，在反对派和谢瓦尔德纳泽之间往来穿梭。凌晨时分，他与萨卡什维利、日瓦尼亚和妮诺·布尔贾纳泽举行会谈，以求弄清楚他们到底有哪些要求。伊万诺夫回顾当年的情景时说，任何时候都没有人坚持要谢瓦尔德纳泽辞职。当时提出的要求只是重新举行议会选举，反对派知道他们输掉上次议会选举是舞弊的结果。伊万诺夫一晚上都在征求格鲁吉亚的朋友和外交官的意见，最后得出结论："钟摆已经摆向反对派一边。"

次日早上，伊万诺夫把这一信息带给了谢瓦尔德纳泽总统。“我从 1985 年就认识他了。我觉得我可以坦诚地告诉他，我同所有这些人见了面，既有反对派，也有他周围的人，我感觉他几乎丧失了所有人的支持。”伊万诺夫觉得自己未能让谢瓦尔德纳泽相信，他已经是众叛亲离。不过他还是说服了谢瓦尔德纳泽同意会见反对派领导人。

23 日下午，伊万诺夫终于领着日瓦尼亚和萨卡什维利来到谢瓦尔德纳泽的官邸举行会谈。此刻伊万诺夫觉得自己已经尽了最大的努力。“我在桌子边坐了下来。谢瓦尔德纳泽和他的助手坐在一边，日瓦尼亚和萨卡什维利坐在另一边。我说：‘我认为我的使命已经完成了。普京总统要我来协助你们找到一个政治解决办法。现在这是你们的事了，一起坐下来谈，避免流血。我现在可以走了。’”

伊万诺夫于是离开总统官邸，飞往格鲁吉亚西部城市巴统市。他定于在这里会见当地领导人阿斯兰 · 阿巴希泽。伊万诺夫本来期待他在第比利斯安排的会谈能达成重新举行选举的协议，与此同时谢瓦尔德纳泽继续留任总统，至少是暂时留任。然而当他在巴统市走下飞机时，阿巴希泽走上前来问他：“你到底干了些什么？谢瓦尔德纳泽辞职了！”

伊万诺夫无意间促成了谢瓦尔德纳泽的倒台，而他本人始终没弄明白这一切到底是怎么发生的。今天回首这段往事，伊万诺夫不无幽默地笑起来。领导了玫瑰革命的三位领袖中，伊万诺夫对祖拉布 · 日瓦尼亚最有好感，形容他是一个“睿智、沉着和公允的人，渴望与俄罗斯建立友好关系”。他对萨卡什维利的评价与此形成鲜明对照。萨卡什维利凭借个人魅力在反对派的领导人中脱颖而出。“米沙”身材魁梧高大，精力充沛，具有西方人的思维方式（他曾在斯特拉斯堡和纽约留过学，娶了一位荷兰老婆），同时又洋溢着格鲁吉亚人的魅力和热情。年仅 36 岁的萨卡什维利在 2004 年 1 月 4 日的总统大选中轻而易举胜出，赢得了 96% 的选票。这一选举结果显示，萨卡什维利不仅体现了支持玫瑰革命的成千上万的示威者的希望，而且体现了格鲁吉亚绝大多数人民的希望。他们把投票看作终于能铲除腐败的政权，使自己的国家走向西方和民主之路的一个机会。

大约一年后，我采访了萨卡什维利。当时他的亲西方政策已经开始令莫斯科恼怒万分。我提醒他前任总统说过的那句名言“太阳从北边升起”。我问他难道不怕触怒这头俄罗斯熊吗？他告诉我：“别担心，我也知道太阳从什么地方升起。我们希望与西方建立最良好的关系，也同我们北边的伟大邻国建立最良好的关系。”[3]

令人纳闷的是，萨卡什维利就任总统后推出的首批措施与普京上台伊始的所作所为没啥两样。他立即推动修改宪法，增加总统的权力，同时大大削弱了议会的作用。萨卡什维利撤换了地方领导人，开始将电视台置于政府的控制之下。[4]为打击腐败，萨卡什维利下令逮捕了一些前政府部长和商人，同时（和俄罗斯不同）大力整顿警察队伍，行贿受贿现象为之改观。他和他的总理祖拉布·日瓦尼亚通过大幅减税和积极吸引外资对经济进行了大刀阔斧的改革。

格鲁吉亚和俄罗斯一样，同样面临分裂主义的威胁。1991年该国脱离苏联独立后，阿布哈兹省和南奥塞梯省双双脱离格鲁吉亚，经过短暂的内战后享有事实上的独立——在俄罗斯的支持下。第三个“自治共和国”阿扎尔虽然没有宣布独立，但在它的专制总统阿巴希泽的统治下，宛如一个封建王国。和普京梦寐以求征服车臣一样，萨卡什维利梦寐以求重新控制格鲁吉亚丧失的省份。2004年1月24日萨卡什维利就任总统前夕，在格鲁吉亚12世纪大卫王“建国者”的墓前庄严宣誓，“格鲁吉亚会统一和强大，它将恢复自己的版图完整，成为一个独立、强大的国家。”

正是他将格鲁吉亚的少数族裔再次纳入自己国家版图的决心导致了他的国家4年后与俄罗斯兵戎相见。

和一位不把霸道的前夫放在眼里的莽撞的离婚妇人一样，萨卡什维利还公开炫耀他与西方的爱情。美国国务卿鲍威尔是应邀出席萨卡什维利就职仪式的主宾。他回忆道："奏国歌时，我们都站了起来。国歌奏完后，我刚要坐下来，又奏起了另一首歌。这一次是《欢乐颂》，与此同时，一面欧盟旗帜冉冉升起。我暗自想，我的乖乖！伊戈尔（俄罗斯外长伊万诺夫）肯定不会喜欢仪式中的这一部分。"[5]

伊戈尔倘若在场的话，肯定不会喜欢接下来发生的事。萨卡什维利邀请鲍威尔同他一道走进市政厅。大厅里面并排悬挂了几十面格鲁吉亚国旗和美国国旗。鲍威尔回忆道："随后我们走进市议会的会议厅，面对在场的所有人坐在一张桌子旁，通过全格鲁吉亚的电视直播与格鲁吉亚人民开了一次镇民大会。在场的只有萨卡什维利总统和美国国务卿，来自世界各地的其他贵宾和高级官员，包括来自俄罗斯联邦的高级官员，都等候在市政厅外面，不知里面发生了什么。"

不过萨卡什维利还算谨慎，就任总统后的首次出国访问没有往西去，而是去了北边。2004 年 2 月 10~11 日，萨卡什维利对莫斯科的访问居然非常成功。两国总统在克里姆林宫会面时，伊戈尔 · 伊万诺夫在场。他回忆道，考虑到日后这两个人彼此之间的厌恶，这次访问的气氛十分积极。"萨卡什维利见到普京后相当激动，欣喜万分，说他非常尊敬作为一位政治家的普京，一直向往成为他一样的人。萨卡什维利说他要在自己的权限内竭尽全力发展我们两国之间的友好关系，还说格鲁吉亚前领导人犯了很多错误，他将设法予以纠正。"

萨卡什维利的外交部长捷多 · 贾帕里泽证实，格鲁吉亚总统会谈结束后出来时几乎被普京迷住了。"会谈结束后他兴奋异常，对与普京的会谈乃至对见到普京本人激动万分。'他是一位真正的领导人，一个铁腕男人，一切都在他掌控之下——国家杜马、媒介等等。'我们驱车去机场的路上，他一开口先对我们讲了这番话。"[6]

萨卡什维利在一次采访中讲述了两国总统撇开自己的外交部长，单独来到一个房间私下交谈的经过。普京建议两人脱掉西装解下领带，随后对他最担心的问题——格鲁吉亚滑入美国人温暖的怀抱——慷慨陈词。普京担心的不仅仅是美国人参与支持了玫瑰革命，或者如俄罗斯人坚信的那样，参与策划了玫瑰革命。过去两年里，美国还在格鲁吉亚留驻了少量的军人。具有讽刺意味的是，这批美军士兵是前总统谢瓦尔德纳泽请来的，为的是帮助他解决一个正在损害他与俄罗斯关系的难题。1999 年年底普京发动第二次车臣战争后，成千上万的车臣人，包括携带武器的战斗人员（还有外国的伊斯兰战士）从车臣一侧翻山越岭进入格鲁吉亚，定居在潘基西峡谷地区。俄罗斯称，该峡谷成了恐怖分子的一个基地并威胁要轰炸它。美国担心俄罗斯会袭击格鲁吉亚，于是主动提议帮助训练格鲁吉亚的武装部队，从而它可以自己肃清潘基西峡谷的恐怖分子。格鲁吉亚训练装备方案于 2002 年 5 月启动，最初只有 200 左右的美军官兵参加。然而该方案使美国人第一次在高加索地区获得了一个立足点。两年后科林 · 鲍威尔出席萨卡什维利的就职典礼，对参加阅兵式的士兵正步走的风格作了如下评论："我坐在那里，观看格鲁吉亚士兵从我面前走过，走步的风格完全模仿苏军。这也是他们以前接受的训练的结果。随后走过的另一个方队完全是美军风格，每分钟 120 步，正如我国士兵接受的训练一样。我觉得有意思极了。我自言自语道：时代真变了！"

因此毫不奇怪，普京传递给格鲁吉亚新总统的最强硬信息就是要他冷却与美国的关系。据萨卡什维利讲，一方面普京强调说俄罗斯是美国的一位朋友并正在与它发展关系，但另一方面普京又称东欧国家已经成了"美国人的奴仆"，对美国大使馆的"随便哪个二等秘书"的话言听计从。"他的话题基本上不离美国，滔滔不绝地讲了 20~25 分钟，直到我最后客气地打断他的话，说，'我很高兴您向我介绍了你们同美国的关系，可我来这里不是为了讨论美国的。'我问，'您真的以为格鲁吉亚发生的一切是美国策划的？您真的以为我国政府是从美国人那里或索罗斯那里拿钱，并听从他们的指挥？'普京说：'不，不，当然不是您。可您政府内的一些人也许是这样，他们同美国人密切合作。'"[7]

（实际上几乎可以肯定，普京知道萨卡什维利的高级顾问是一个曾在国家民主研究所干过的美国人丹尼尔 · 库宁，而且他的薪水不是由格鲁吉亚政府支付，而是美国人通过美国国际开发署支付。华盛顿的官员需要找格鲁吉亚的这位领导人或对他施加影响时，首先与库宁联系。[8]）

萨卡什维利说，他建议两国关系从头开始。作为一个小国，格鲁吉亚将尽力照顾俄罗斯的利益；作为交换，希望俄罗斯也能理解格鲁吉亚自己比俄罗斯小得多的利益。他说，普京似乎很乐意接受。“实际上我喜欢他。我觉得布什说看到了他的灵魂说得没错，因为我的第一印象是我喜欢他。我思忖着，不错，他从前是干过克格勃，与我过去的经历和信念极为不同。可他好像是一个讲究实际的人。他爱自己的国家，也许会以非常实际的方式代表自己的国家行事。我们可以达成某种理解。你知道，会谈中他一直想让我知道，他可以为解决一些问题出力。”

关系融洽的普京和萨卡什维利定期通电话，双方都做出了真诚的努力来修补关系。然而萨卡什维利既希望与莫斯科建立友好关系，又有两大心事——恢复格鲁吉亚的领土完整（结束与俄罗斯关系密切的三个省份事实上的独立）以及把自己的国家同西方的重要联盟北约和欧盟捆绑在一起。如何平衡这两者之间的关系对于萨卡什维利来说绝非易事。

2004 年 2 月 25 日，萨卡什维利首次以总统身份访问了美国，马上提出了格鲁吉亚加入北约的问题。他还宣布了一项新的 5 年协议，根据这一协议，美国陆军教官将训练数千名格鲁吉亚士兵。

与莫斯科的蜜月持续到 2004 年 5 月。用普京的话说，他“最后又帮了一次”萨卡什维利。格鲁吉亚新政府与苏联时代桀骜不驯的阿巴希泽领导的阿扎尔省已经走到了内战的边缘。和他的前任谢瓦尔德纳泽一样，萨卡什维利给普京打电话求助。普京再次派伊戈尔 · 伊万诺夫——这一次不再是外交部长，而是联邦安全会议秘书——前往格鲁吉亚。伊万诺夫首先飞往阿扎尔省省会巴统市，打算与阿巴希泽谈判，然后再飞往第比利斯。伊万诺夫回忆说，5 月 5 日晚上他与阿巴希泽共进晚餐时，传来一支格鲁吉亚装甲车队正驶向巴统的消息。伊万诺夫打电话给格鲁吉亚总理，要求他下令车队停止前进。时隔不久，巴统市近郊爆发了激烈的交火。“仗打得很激烈，我们在宫殿里甚至可以嗅到火药味。”据伊万诺夫说，阿巴希泽告诉他，他自己有足够的军事力量对付格鲁吉亚军队并把他们赶出去。然而伊万诺夫回答说：“我在飞机场有一架飞机。如果您愿意和我一起去莫斯科的话，尽可利用这个机会。” 阿巴希泽抓住了这个去俄罗斯政治避难的机会，带上他身兼巴统市长的儿子一起逃离了巴统市。

几小时后，萨卡什维利的军队进入市区，阿扎尔再次成为格鲁吉亚的一部分。次日，萨卡什维利本人作为胜利者来到巴统市，对市中心欢呼雀跃的人群发表了讲话：“你们是英雄的人民，你们得到了你们的格鲁吉亚。我们向全世界显示，我们是一个伟大的民族。只有我们能够在 6 个月内发动两次不流血的革命。”在不停地呼喊“米沙！米沙！”的兴奋的支持者的簇拥下，萨卡什维利步行到多年来格鲁吉亚领导人难以企及的黑海海滩上，用海水浸湿了自己的面颊。随后他做了一个许诺，或者说发出了一个威胁，中央政府重新控制阿扎尔只是他使命的开始：“我们必须开始谈判，同阿布哈兹和南奥塞梯就国家的统一及解决悬而未决的问题进行严肃、和平的谈判，我们在阿扎尔证明，采取和平而果决的行动是可能的。这意味着格鲁吉亚将会强大起来，我们一定会去苏呼米（阿布哈兹的首府）。具体什么时候去，让我们拭目以待。”

萨卡什维利深知莫斯科在化解这场危机和去掉阿巴希泽上所起的关键作用，他打电话给普京表达感谢。据萨卡什维利说，普京的回答简短生硬：“米哈伊尔 · 米哈伊洛维奇，在这个问题上我们帮了你一把，但请记好，在南奥塞梯和阿布哈兹问题上我们不会再白白送礼了。”俄罗斯在格鲁吉亚这两块分裂出去的领土上的利益远远大于在阿扎尔的利益。阿布哈兹是一个拥有大约 20 万（对这一数字有争议）人口的共和国，还不到 1992 年前人口的一半，因为内战期间几乎所有的格鲁吉亚人都逃走了。苏联时期，阿布哈兹位于黑海的海滨城市——苏呼米、加格拉和皮聪大一直是俄罗斯人的主要度假胜地。南奥塞梯比阿布哈兹小多了，苏联时期人口还不足10万（大约1/3是奥塞梯人，1/3是格鲁吉亚人），20世纪90年代的内战后，只剩下7万来人。奥塞梯人大多与居住在北奥塞梯（俄罗斯联邦境内的一个共和国）的亲属往来密切。南奥塞梯人依赖俄罗斯保护他们不受格鲁吉亚人的威胁，并得到俄罗斯的大量补贴及其他支持。由于大多数人过去不是，也不想成为格鲁吉亚公民，普京提出了一项“护照化”政策，向这两个省的居民颁发俄罗斯护照。克里姆林宫这样就可以说它有权保护自己的公民。在这两个共和国内，俄罗斯人占据了重要职位。在南奥塞梯，前克格勃官员被请来在政府内各重要部门任职。

普京“不再白白送礼”的话明显是想警告萨卡什维利，但萨卡什维利却置若罔闻。也许他根本就误解了据说普京在克里姆林宫首次见到他时做的一点暗示，即他愿意在南奥塞梯问题上做一笔交易，恢复格鲁吉亚对它的主权。5月份，被萨卡什维利任命为冲突解决部部长的电影导演乔治·坎德拉瓦看到安全部副部长的办公室里挂着一些地图，标出对南奥塞梯发动军事打击的计划。他告诉高加索问题专家托马斯·德瓦尔：“每一天的行动都详尽规划好了。他们想完全照搬阿扎尔模式。”[9] 2004年5月26日是格鲁吉亚的独立日。萨卡什维利在第比利斯举行了盛大的阅兵式，并用阿布哈兹语和奥塞梯语对阿布哈兹人和南奥塞梯人发表讲话，敦促他们重新融入格鲁吉亚。南奥塞梯总统爱德华·科科伊季曾是一位摔跤运动员和商人，与俄罗斯关系密切。他在一次采访中回忆说，萨卡什维利呼吁重新融入格鲁吉亚传递出了一条清晰的信息：“我想强调指出，他是在一列坦克隆隆驶过鲁斯塔维利大街时说这番话的。对奥塞梯人来说，这不是什么呼吁，而是威胁。奥塞梯的每一个人都把这一呼吁视为一种威胁。”[10]

5天后，萨卡什维利将坦克部队调到南奥塞梯边境，发动了一次大规模的“反走私”军事行动，表面上是为了关闭厄尔涅梯村的一个巨大市场。该市场是俄罗斯、南奥塞梯和格鲁吉亚之间大量商品非法流通的一个场所。格鲁吉亚的袭击造成该地区自从1992年以来最激烈的交火。也许真正的目的是促成南奥塞梯政府的垮台，然而却适得其反，科科伊季的地位得到了加强，南奥塞梯的普通百姓更加仇视格鲁吉亚。对于他们中的很多人，厄尔涅梯市场是唯一的收入来源。

俄罗斯外交部发出警告，“挑衅行为”或许会导致“极其消极的后果”。萨卡什维利于是动身前往华盛顿求援。然而华盛顿同样认为他的举动既莽撞，又危险。国务卿鲍威尔回忆道：“我觉得（格鲁吉亚）总统好高骛远。我不得不清楚地告诉他，‘你也许认为，此事关于贵国的关键利益，但我们对此不那么肯定，而且这不涉及我们的关键国家利益。所以不要让自己陷入一种你可能无法应付的局面，然后认为我们会驰援你们，把你们从困境中解救出来。所以请你慎行。’”

萨卡什维利听进去了。8月，格鲁吉亚军队撤出南奥塞梯。

选举之夜

莫斯科历史上屡遭火灾。位于首都中心的城堡克里姆林宫早期的木质结构多次毁于大火。16世纪，入侵的鞑靼人放火焚城。1812年，就在拿破仑的大军进入莫斯科时，一场大火几乎吞灭了整个城市。此后，莫斯科几乎从废墟上重新建起。

2004年3月14日星期天傍晚，与克里姆林宫一墙之隔、曾是前沙皇马术学校的马涅日展览馆莫名其妙地起火，熊熊大火一直燃烧了几个小时，火光映红了夜空。[11] 普京在克里姆林宫的大红墙内登高眺望火势。电视播放了他凝视大火的镜头，随后普京神情忧虑地掉转身离去。也许他把这场大火看作了不祥之兆。这一天恰是选举日。几小时前，投票刚刚结束。普京赢得71%

的选票，再次当选为总统，任期4年。当年拿破仑眼睁睁看着到手的战利品毁于一场大火。普京对远景的设想会不会因为外国人凭借俄罗斯人感到陌生的民主观念蚕食俄罗斯而毁于一旦？

我无从得知，那一瞬间普京总统的脑海里是否闪过这样的念头。然而几个月后俄罗斯南部发生的一连串事件表明，近于幻想狂的对虚弱和外部威胁的幻觉萦绕在普京这个强人的脑海。又一次血腥的恐怖主义袭击造成一所学校内数百儿童的死亡。普京显然认为，这一事件证明他对国家的控制太软弱无力，俄罗斯是一个四面受敌、被釜底抽薪的国家。身处困境的普京将予以反击，证明自己的力量。普京在第二任期将成为一只烈火中涅槃的凤凰。

别斯兰和“宪政政变”

悲剧发生在9月1日，这是俄罗斯孩子暑假结束后返校的一天。别斯兰是一个人口3.6万人的小镇，位于高加索山脉的北端，距离车臣西面开车不到一小时。兴高采烈的孩子身穿崭新的校服来到第一中学。上午9点刚过，正当孩子和家长一起在学校操场参加一个典礼时，一群武装分子乘坐一辆军用卡车冲进学校，对空鸣枪后将1 100多人，包括孩子、家长和老师，驱赶进学校大楼里。这是莫斯科剧院悲剧的重演，不过这一次恐怖分子汲取了教训，因而当局更难对付这次危机。扣押人质的恐怖分子事先做了周密的策划，对学校的具体位置了如指掌。事件发生后几个小时内，十余名人质被枪杀。此后三天里，全国目睹了恐怖事件的发展。枪手在学校四周拉上绊网并安置炸药，不允许向学校运送食品、水或药品。普京总统再次面对最为棘手的难题：如何解救人质，挽救生命，同时又不屈从恐怖分子的要求。和以往一样，恐怖分子提出的要求包括立即允许车臣独立。一位曾协助解决围困剧院危机的医生和一位当地政府官员同恐怖分子举行了谈判，但毫无结果。孩子们在高温下拥挤在学校的体操馆里，干渴难耐。第三天，在发生了两次情况不明的爆炸后，特种部队冲进学校。叛乱分子负隅顽抗，28 名恐怖分子被打死，但 334 名人质也因此丧生，其中大多数是孩子。

这是迄今为止俄罗斯在本土上收效甚微的反恐斗争中最黯淡的一天。枪手和人体炸弹几乎可以随心所欲地滥杀滥伤。当局的无能和普京所称的“赢得反恐胜利”的荒谬暴露无遗。仅 2004 年一年，俄罗斯就发生了 6 起重大恐怖主义事件，别斯兰是其中之一。

2 月，41 人死于莫斯科地铁的一次炸弹袭击。

5 月，车臣亲莫斯科的总统艾哈迈德 · 卡德罗夫在首府格罗兹尼的一次胜利日阅兵式上遭到暗杀。

6 月，一批来自车臣的恐怖分子袭击了临近的印古什共和国首府，打死 95 人，获取了大批武器，后来被用于别斯兰袭击。

8 月，人体炸弹同时炸毁了正在飞行的两架客机，90 人死亡。

8 月底，就在别斯兰事件的前一天，一名妇女在莫斯科的一个地铁站引爆身上的炸弹，她本人和 10 名过路人被炸死。

9 月 4 日星期六晚上，别斯兰事件以流血方式结束后的第二天，普京总统终于通过电视对全国发表了讲话。几个小时前他刚刚去过别斯兰学校探望一些幸存者。普京看上去难以抑制自己的感情，情绪激动。他缓缓地讲述了发生在俄罗斯境内的这场可怕悲剧。如同葬礼上的牧师一样，普京请人们“悼念最近几天死于恐怖分子之手的受害者”，随后悲哀地垂下自己的头。他的话题旋即从眼下的这场危机转到一些意义深远、令人不安的结论上。从多重意义上讲，这些结论决定了他这一任总统任期的性质。

俄罗斯在历史的长河中历经灾祸和苦难。今天，我们生活在一个辽阔伟大的国家解体后的时代。这个国家很不幸，无法在一个迅猛变化的世界中幸存下来。然而尽管困难重重，我们仍然保存了辽阔的苏联的内核。我们把这个新国家命名为俄罗斯联邦。

普京演讲的风格颇为奇特，在举国哀悼的时刻上了一堂历史课，唤起人们对苏联昔日辉煌的怀念。普京在接下来的演讲中流露出他对苏联时期国家铁拳的眷恋。如今涣散取代了铁拳。

国内冲突和种族分裂曾受到占主导地位的意识形态的有力压制，然而现在这些问题爆发出来。这就是我们生活的时代，我们不再重视国防和安全问题，听任腐败侵袭我们的司法和执法体系。不仅如此，曾受到最强大的国防体系保护的我国漫长边界一夜之间面目全非，西部和东部边界难以御敌。巩固现代化的和真正得到保护的新边防需要很多年的时间和几十亿卢布。尽管如此，假如我们在合适的时机采取有力行动的话，收效本可以更大。

普京接下来暗示很快要采取镇压措施："我们暴露出自己的虚弱，而弱者是要挨揍的。"

普京对这次恐怖主义袭击做出了全新的解释。他只字不提本国军队在车臣犯下的暴行，而这才是俄罗斯境内滋生恐怖主义的根本原因。事实上普京连"车臣"这两个字都没有提，反而指责西方！他对西方的指摘包裹在既奇怪又模棱两可的措辞中：

有些人想从我们这里抢走"一块上好的蛋糕"。还有一些人为他们出力。他们的想法是，俄罗斯仍然是世界上的核大国之一，因此对他们依然是一种威胁。他们因而认为，应该消除这种威胁。毋庸置疑，恐怖主义只是达到这些目的的一个手段。

普京似乎是想说，别斯兰事件是西方企图肢解俄罗斯联邦阴谋的一个组成部分，外国政府正在利用恐怖分子达到这一目的。如同战争一触即发前的一位领导人，普京开始告诫本国人民为即将临头的灾难做好准备：

> 正如我多次说过的那样，我们不止一次面对危机、反叛和恐怖主义袭击。然而今天发生的事情，恐怖主义分子这一次犯下的罪行前所未有，惨绝人寰。这不是对总统、议会或政府的挑战。这是对整个俄罗斯的挑战，对我们全体人民的挑战。我们的国家遭到了攻击。

普京发誓，身为总统，他既不会被吓倒，也不会惊慌失措。“我们面对的是国际恐怖主义针对俄罗斯的直接干涉。这是一场残酷的全面战争。”普京告诫俄罗斯人，他们再也不能像今天这样活得“无忧无虑”，并要求国家安全部门严加打击。普京保证将采取“旨在加强我国统一的一系列措施”。

此后几天，这些措施相继出台。认为俄罗斯已经过于专制的人极为震惊，普京的前总理卡亚亚诺夫（半年前刚被解职）称这些措施是一次“反宪法的政变”。

首先，普京以打击国际恐怖主义为名废除了地方州长的直接选举。从现在起，他本人将任命地方州长，然后地方议会给这些任命盖上橡皮图章。（此举的含义虽未有过像样的解释，但似乎是说，如果不是地方州长“肆意妄为”的话，别斯兰事件本来不会发生。）其次，独立的政治家或激进反对派几乎不可能进入国家杜马。此前，议会 450 个席位中的一半是从政党的候选人名单中选出的，剩余一半由 225 个选区的选民直接选出。从现在起，所有议员都从政党提出的候选人名单中选出。单议席选区被废除，一个政党进入议会的资格从 5%的支持率上调到 7%的支持率。组建新政党的规则也收紧了。

普京强化了自己的权力并扼杀反对派。2000 年的“垂直权力结构”现在变得更加僵硬。普京请出他的“意识形态理论家”弗拉季斯拉夫 · 苏尔科夫，用了一个名词定义他的措施。苏尔科夫称其为“主权民主”，有时也称为“指导式民主”，实际上是民主的终结。苏尔科夫在接受《共青团真理报》的采访时，对刚刚通过的改革一揽子计划做了《爱丽丝漫游奇境记》式的解释，表面看到和听到的与实情截然相反：新的选举制度不会削弱反对派，而是“使它们走出政治上的默默无闻”；改革措施强化的不是普京的权力，而是国家的权力；任命后的州长权力不是少了，而是多了。普京又提出了一项新举措，建立一个新的“人民院”，一个由126名被任命的知名人士组成的机构，用于讨论公民倡议并起草法律。普京的这一提议令人不无困惑，因为这本应该是选举产生的国家杜马的职责。苏尔科夫解释说，议会的缺点是议员无时无刻不在思考如何重新当选。在西方，这被称为“对选民负责”。苏尔科夫认为，这一制度在俄罗斯只会导致民粹主义。人民院的专家不需要迎合政治风向，因而可以更客观。[12]（几年后，苏尔科夫对现实的认识显露出一角。他在电视上称：“普京是俄罗斯危难之秋命运和上帝赐予的一个人。他命中注定要保国安民。”[13] 自不待言，上帝赐予的这位领袖可以随心所欲地解释民主。）

那么对普京总统所说的外国势力企图抢走“一块上好蛋糕”，又该如何理解呢？据一位经验丰富的分析家德米特里 · 特列宁称，普京的外交政策正在进入一个新阶段。他写道，直到2003年以前，“俄罗斯在‘选择欧洲’的口号下基本上奉行讨好西方的政策，寻求与美国结盟”。此后，“莫斯科奉行不结盟政策，越来越独立于西方，但同时又不愿与之对抗”。[14]

这是新孤立主义姿态的开端。普京在第二任期内，再也不会去逢迎哪国。普京认为，俄罗斯过去掉以轻心，如今需要保护自己不受双重邪恶的威胁——恐怖主义（如今定义为外国阴谋的一部分）和西方式民主。后者正在渗透前苏联的地盘，先是通过格鲁吉亚，时隔不久……又要假道乌克兰。

THE STRONGMAN

第七章

四面树敌

Vladimir Putin and the Struggle for Russia

橙色革命

2004 年下半年，基辅街头的情景令克里姆林宫怒不可遏：一片橙色衣服和旗帜的海洋，100 万示威者冒着零下气温的严寒不分昼夜地露宿街头，导致乌克兰的首都陷入瘫痪。这一情景是一年前第比利斯事件的重演——抗议选举舞弊，大批民众支持一位亲美的民族主义者候选人。该候选人代表了不同于腐败专制的亲俄政权的另一种选择。对俄罗斯来说，这一局面已经够糟糕的了。然而这一次是发生在对俄罗斯来说所有前苏联加盟共和国中最重要的一个——乌克兰。乌克兰人口 4 700 万，领土是格鲁吉亚的 10 倍。乌克兰人口的 1/6 是俄罗斯少数族裔，俄罗斯人和乌克兰人组成的混合家庭不下数百万。普京（和众多俄罗斯人一样）把乌克兰视为俄罗斯自身的延伸。据说 2008 年普京告诉布什总统："乔治，你不懂，乌克兰根本不是什么国家。乌克兰是什么？它的一部分领土在东欧，但大部分领土是我们送给它的礼物。"乌克兰的一部分——克里米亚半岛——的确是一份礼物。前苏联领导人赫鲁晓夫通过一项法令将原属俄罗斯的克里米亚半岛划归乌克兰。克里米亚半岛对于俄罗斯具有极其重要的战略意义，因为黑海舰队的基地在这里。整个国家如同一块巨石横亘在俄罗斯和欧洲的战略通道之间——石油和天然气管道、电力网、军用高速公路，也是俄罗斯和日益扩大的北约之间的最后一块缓冲区。然而娶了一个美国老婆，即将成为乌克兰总统的那个人维克托·尤先科却说要加入北约！

普京不会重蹈覆辙，再派他的外交部长去乌克兰“解决问题”，从而冒让乌克兰如同格鲁吉亚一样从自己手中滑走的风险。这一次普京将竭尽全力制止乌克兰的这场骚乱。他委派自己的办公厅主任梅德韦杰夫制定一项战略。

早在 7 月份乌克兰大选拉开帷幕之初，普京已经清楚地看到了危险。亲西方的反对派有两位富有魅力的领袖：一位是已经当过央行董事长和总理的尤先科，另一位是感情奔放的女政治家尤利娅·季莫申科。季莫申科一头金发，编成辫子盘在头上，像是果盘边缘的花饰。她以这一招牌发型和富有争议的生涯而闻名。在天然气部门工作期间，季莫申科一跃成为乌克兰最富有的人之一。尤先科和季莫申科结成一个叫“人民力量”的竞选联盟并做成一笔交易——如果尤先科当选总统，将任命季莫申科出任总理。两人都坚定支持乌克兰脱离俄罗斯独立，尤其是如果乌克兰愿意的话，支持乌克兰有权加入欧盟和北约。

现行体制的候选人是总理维克托·亚努科维奇，一个平淡无奇的人，年轻时曾因抢劫和斗殴罪两次被判刑。甚至连普京对亚努科维奇也心怀戒心，不过他显然比尤先科强。一些与上层有关系的俄罗斯人告诉我，普京并不认为亚努科维奇是最佳人选，但还是默认了，因为亚努科维奇得到现任总统列昂尼德·库奇马的全力支持。库奇马动用了一切政府资源支持亚努科维奇的竞选。国家电视台对亚努科维奇做了大量的积极报道，同时把尤先科描绘成一个极端的民族主义者，犯忌娶了一个美籍乌克兰女人——她甚至有可能是美国中央情报局的特工，密谋帮助自己丈夫夺取权力。

库奇马在一次采访中证实，他和普京曾讨论过哪位候选人更合适的问题。“这不是什么秘密。难道西方没有讨论过谁应该当乌克兰总统？整个西方阵营都讨论了这一问题。而另一方只有俄罗斯，只有普京一人。普京了解尤先科的发言内容和观点，对他掌权不那么热心。”[1] 库奇马选择亚努科维奇作为他的继任人后，普京立即对亚努科维奇表示支持。乌克兰成了争夺势力的战场，美国和俄罗斯公开支持对立的候选人。

正如前一年在格鲁吉亚一样，西方的民间组织深深卷入了竞选活动，充当尤先科和支持他的本土组织的顾问。最大的青年组织叫“波拉”（意思是“是时候了”），它借用了塞尔维亚团体“奥特波”和格鲁吉亚团体“克玛拉”使用过的非暴力反抗的手段。俄罗斯人则派遣了所谓的“政治技术专家”，其中有著名的格列布 · 帕夫洛夫斯基（苏联时期曾是一位异见人士，如今是普京的顾问）和政治顾问谢尔盖 · 马尔科夫，与亚努科维奇的竞选班子一道参加竞选，同时充当他们和克里姆林宫之间的联络渠道。

美国驻乌克兰大使约翰 · E · 赫布斯特在一次采访中回忆道，西方国家的使馆“研究制订了方案”，以确保大选的自由和公正。“我记得，加拿大大使带头搞了一个由感兴趣国家的使馆组成的工作小组，监测有关大选的情况。当时我也搞了一个定期会议，起初是每月开一次，后来好像是每两周开一次。参加会议的有关心大选的所有国际组织和乌克兰的民间组织。我们借开会之机了解他们为鼓励自由公平的选举都做了哪些工作，同时就如何加强协调以取得预期结果集思广益。结果是举行了自由、公平的选举，而不是哪个人赢得了大选。”和在格鲁吉亚时一样，美国国际开发署为促进公民社会、自由媒介和对民主的宣传资助了数百万美元。赫布斯特说，所有政党，甚至包括共产党在内，均可利用这些基金和方案。[2]

竞选期间，赫布斯特曾主动找到俄罗斯媒体专家，想探明他们有何目的。“我邀请帕夫洛夫斯基和他的同事马拉特 · 戈尔曼一起吃饭。午饭吃得很愉快，但谈话很拘谨。他们不愿多说他们在忙些什么。”赫布斯特说，他直言不讳地介绍了美国人在乌克兰的活动。“在某种意义上，我处于有利地位，因为我们做的一切几乎都是公开的。我们想推动一次自由公平的选举，而且我们对正在做的事情直言不讳。我也爽快地告诉他们，乌克兰的民间组织，还有国际民间组织，也在为同一目标而努力。他们对自己想达到什么目的讳莫如深，我可以理解为什么。”

约翰·赫布斯特说自己只不过是支持自由公开选举，然而帕夫洛夫斯基不这么看。“我在乌克兰看到了这些顾问和大批民间组织的活跃分子，他们完全亲美或亲大西洋。”当被问到他的目标是什么时，帕夫洛夫斯基三缄其口，只是说，他的作用是“作为联络渠道”，但发现很难影响库奇马。他坚持以自己的方式帮助自己的候选人竞选总统。“我们始终不明白，为什么库奇马选择了亚努科维奇，有的州长更容易被选民接受。我觉得库奇马估计会爆发冲突，而亚努科维奇似乎是一个有能力对付冲突的干才。这是他判断错误。亚努科维奇的粗鲁和粗俗惹恼了选民。普京当然注意到了这一点，对此很不高兴。”帕夫洛夫斯基说，竞选结束时，他唯一能做的就是撰写报告给莫斯科报忧，汇报竞选总部如何“失去控制”。[3]

谢尔盖·马尔科夫在一次采访中更直言不讳，讲述了俄罗斯顾问向库奇马—亚努科维奇班子提供的咨询意见，并对俄罗斯人认为西方民间组织发挥的作用提出了一些令人吃惊的看法。马尔科夫坦承，实际上是强调，他和他的同事是俄罗斯总统班子派来做这项工作的（影响一个主权国家的选民）。据马尔科夫说，他们的工作内容之一是向库奇马和亚努科维奇提供专家对每日局势发展所做的分析，从而使他们能更好地应对。其次，“我们看到，在大众媒体上露面的专家大多受西方基金会的影响。这些西方基金会基本上不许他们讲俄罗斯的任何好话。如果他们不听话，就会被赶出基金会，失去赠款，身无分文。因此我们来到这里，组织各种研讨会和会议，或与他们合办新闻节目，以绕过这种‘禁令’”。[4]

应该说，这一评估与反对派自己（及大多数西方观察家）的看法截然相反。

后者认为媒介完全被政府所操控，自始至终报道亲俄罗斯的观点。

马尔科夫对反对派候选人的看法令人咋舌：“我们坚信，尤先科完全听命于自己的老婆，而她属于一个激进的乌克兰民族主义者的小圈子。这个小圈子与纳粹运动有染，虽然不一定与美国情报机构有什么瓜葛，但与东欧各地的侨民圈子有联系。这些侨民对俄罗斯的仇恨堪比波兰民族主义者。我当时确信，荏弱的尤先科会完全执行这些激进的民族主义者的纲领。他们的目的就是要在乌克兰和俄罗斯之间制造事端，而且越大越好，最好是一场小规模战争。为了挑拨这些兄弟国家，离间俄罗斯人和乌克兰人，他们必须制造流血事件。我坚信，这些人一门心思想挑动乌克兰人和俄罗斯人自相残杀。我是说自相残杀。”

以上他谈的个人观点令人愕然，然而很值得重视，因为十有八九马尔科夫在克里姆林宫的老板和他一样持有这种大难临头的观点。

与此同时，俄罗斯人明白，尤先科极有可能赢得大选，于是悄悄对他的竞选班子做出了一些奇怪的表示。雷巴丘克是尤先科的竞选主管，也是未来的总统办公厅主任。他说，他冷不丁接到昔日上大学时一位朋友的电话。他们已经24年没见过面了。“他给我打电话时，我知道他在克格勃工作。他建议我来莫斯科见一些与普京关系密切的人。”[5]

此后一个半月里，尤先科的这位顾问每周去一次莫斯科，在“灯光幽暗的餐馆”与人见面，“窃窃私语”。俄罗斯人想知道，如果尤先科当选，会怎么做。雷巴丘克告诉他们：“我们的政策很简单。我们想成为一个民主国家，一个欧洲国家。我们想为了欧洲的安全加入北约。我们执政后不会成为麻烦，因为我们怎么做，不会出乎你们的意料。”他的这番话可不是克里姆林宫一直期待听到的保证。

9月5日，距大选日期仅两个月，尤先科和乌克兰安全部门首脑一起吃了一顿晚饭后突感不适。回家后他服了止痛药，然而第二天早上病情加重。雷巴丘克回忆道：“大约上午10点左右，他说，‘快点儿开完会吧，我很疼，似乎有点儿不对头。’疼痛的原因一直查不出来。3天后，尤先科飞到维也纳，被送到一个私人诊所。诊断结果是二噁英中毒。中毒造成胃溃疡和脾受损，以及面部严重毁容。”

尤先科回忆道：“我记得早上 5 点半在诊所苏醒后，半边脸都麻了。又过了不到 3 小时，我嗓子几乎发不出声音，丧失了说话能力。每天早上我对着镜子看自己，看到面部越肿越大。”[6]

连续两周，季莫申科代替尤先科在集会上发表演说，指责尤先科的敌人“不顾廉耻地给他下毒”。尤先科终于返回乌克兰继续竞选后，比以往任何时候更得人心。他昔日那张英俊面孔上的伤疤成了证明他的敌人穷凶极恶的佐证。通过第 5 频道——尤先科“我们的乌克兰”党内的一位富商拥有的一家电视台——他的演讲被实况转播到俄罗斯各地的公共广场。“亲爱的朋友们，过去两周是我一生中最大的不幸。”

莫斯科现在必须加紧宣传在民意测验中落后的自己的候选人。10 月 9 日，普京事先没有打招呼，突然邀请库奇马和亚努科维奇前往莫斯科参加他的生日活动。电视报道极力显示三个人多么情投意合，期望普京的魅力能传给乏味的亚努科维奇一点。

“谢谢你们接受了我这么仓促发出的邀请，”普京热情洋溢地说，“这是个让咱们聚一聚的好由头。”

“绝好的由头。”这两个乌克兰人同样热情洋溢地回答说。面对电视镜头，库奇马借机说了几句显得他这位总统很“中立”的话，同时如同谢瓦尔德纳泽在这种场合可能会说太阳从北边升起一样，警告国内的同胞：“有人问我怎么看这两位总统候选人时，我回答说，以我之见，这不是一个大选后谁当政的问题，而是大选后有一个什么样的乌克兰的问题。乌克兰会走哪一条道路？是今天我们已经尝试过的道路，已经有了成果的道路——即使我国人民也许还未能完全感受到这些成果——还是会导致过去 10 年的努力毁于一旦，危及全局的道路？我认为，这次（与普京）会晤将有助于推动形势朝着正确的方向发展。”

普京唯恐有人还心存疑虑，10 月底又对乌克兰进行了为期三天的访问。这是在头一轮大选前夕对乌克兰的前所未有的干预。普京不需要去干那种拙劣的事，如公开称赞亚努科维奇或贬低尤先科。他亲临乌克兰足以提醒人们，这次选举事关重大。人人皆知，哪一位候选人亲俄罗斯。普京首先接受了直播采访。乌克兰三家国家电视台频道同时进行了转播。电视观众可以通过打电话或发电子邮件的方式提问。此后两天里，普京与乌克兰领导人举行了会谈，与亚努科维奇并肩参加纪念乌克兰从纳粹占领下（被俄罗斯人）解放60周年纪念仪式。这些操纵媒介行家干得很漂亮。此时俄罗斯人认定尤先科绝无可能当选。

然而10月31日的大选结果证明他们失算了。尤先科与亚努科维奇两人的选票均略低于40%，但尤先科得票比亚努科维奇多一点点，因此需要对两位领先的候选人举行第二轮投票，日期定在了11月21日的星期天。

在第二轮选举中，西方国家驻乌克兰的使馆对投票选民做的一次民意测验结果表明，尤先科领先他的竞争对手11个百分点。然而官方结果是现任总理领先尤先科3个百分点。西方选举观察员谴责了这一结果，说他们目睹了为帮助亚努科维奇竞选而滥用国家资源的现象。尤先科的竞选主管雷巴丘克回忆道："我在基辅市中心的一个小投票站正在投票。来这个地方投票的人一向少得可怜，然而大选那天，忽然间投票的人排起了长队，手里拿着额外的选票。这些人来自顿涅茨克地区（亚努科维奇的老家），他们的人数比来这个投票站投票的基辅人还多！"

选举中的舞弊现象显而易见。尤先科的支持者开始涌到基辅市中心的独立广场（又称广场）建起了一个帐篷城，准备扎营露宿，直到改变选举结果。橙色成了革命的颜色。选择橙色而不是乌克兰国旗的蓝黄二色是为了避免民族主义色彩。此后一周，100万人加入了进来，包围了政府大楼。

然而普京马上打电话给亚努科维奇表示祝贺，说："竞选很激烈，但却是公开的、诚实的。你的胜利令人信服。"除了"激烈"一词外，其他的几个形容词与实际情况差之千里。 往好处想，这也许可以说明一点。当时普京正在巴西，或许不了解情况。但他的情报部门对他说了些什么呢？他的顾问帕夫洛夫斯基说这绝不是搞错了，而是普京刻意在这场他称之为围绕大选结果的“国际斗争”中对西方的挑战。“普京祝贺亚努科维奇是发出的一个政治信号，围绕承认选举结果的斗争已经开始，普京加入到这场斗争中。最终俄罗斯输了。假如它没有输的话，本来会是另外一种结果。”

库奇马总统一筹莫展。他的首都目睹了自从苏东剧变以来欧洲规模最大的一次人民权利的展示，他曾动过强行驱逐示威者的念头，同时寄希望于零度以下的气温会把示威者冻走。然而示威者没有离开，而且始终坚持和平示威，以避免引发暴力冲突。11 月 23 日凌晨时分，库奇马给波兰总统克瓦希涅夫斯基打电话，征求他的意见。克瓦希涅夫斯基回忆说：“他紧张得要死，翻来覆去说了好几遍‘我绝不允许在这里流血’。他要我来基辅。我说，‘现在正值深更半夜，容我明天早上告诉你我能帮什么忙。’”[7]

第二天早上，克瓦希涅夫斯基接通了布莱尔的电话。布莱尔的办公厅主任乔纳森 · 鲍威尔回忆道：“克瓦希涅夫斯基敦促布莱尔和他一起去基辅，但布莱尔有顾虑，因为俄罗斯人总以为我们在包围他们，认为西方正在打入他们的势力范围。托尼因此决定不去基辅。”

波兰总统于是组成一个欧盟团，准备在两位候选人和库奇马总统之间扮演调停人的角色。他们定于周末动身去基辅。然而事态急转直下。

11 月 23 日星期二， 尤先科宣布自己赢得了大选，并象征性地宣誓就职总统。他的竞选伙伴尤利娅 · 季莫申科急躁地宣布，她将带领示威者前往总统府并宣称：“要么他们让权，要么我们夺权。”她发出的这一号召在自己的竞选班子内引起激烈争吵。雷巴丘克告诉她：“你不应该这样挑动群众，万一有人被打死怎么办？”

据雷巴丘克说，季莫申科回答说：“那他们就是死得光荣。”

次日，中央选举委员会正式宣布亚努科维奇赢得大选。面对大选中肆无忌惮的舞弊现象，为确保选举公平投入甚多的美国现在必须决定何去何从。国务卿鲍威尔在一次采访中回忆道："就在局势急剧变化的时候我来到办公室，说：'此事事关重大。我们不能再袖手旁观，含糊其辞。'"鲍威尔来到记者室，发表了一份导致华盛顿与莫斯科对峙的声明："我们不能接受这一选举结果是合法的，因为它不符合国际标准，而且也没有对有关选举舞弊的大量可信报道进行过调查。"

普京总统结束对拉美的访问返国途中，在海牙短暂停留，参加一场与欧盟领导人的峰会。在这里他摆出了迎战的架势。"在道义上，我们无权陷一个欧洲大国于大规模的社会动荡。我们也不应允许以暴民夺权手段解决这类冲突成为国际惯例的一部分。"

普京在幕后似乎建议库奇马控制形势，把人群从街道上清走。在一次采访中被问到这个问题时，库奇马承认："普京作风强硬。他并没有直接说'出动坦克清除街道'，他说话很注意方式。但他给了我点儿暗示，这并不是什么秘密。"这种暗示显然很强烈，库奇马不得不予以抵制："我不会动用武力清除广场上的示威者，因为我知道那里有孩子，动用武力会有什么样的后果显而易见。"[8]

星期五，大选结束后的第五天，由克瓦希涅夫斯基和欧盟外交政策高级代表哈维尔 · 索拉纳率领的欧盟代表团抵达基辅。然而就在100万尤先科的支持者在街头耐心等待的时候，来自亚努科维奇家乡顿涅茨克的4万矿工向基辅进军。克瓦希涅夫斯基告诉库奇马："你打算怎么办？这意味着一场屠杀！我告诉你，如果发生屠杀的话，我和索拉纳马上去机场，然后在布鲁塞尔召开一次庞大的记者招待会，指控你在乌克兰挑起内战。"

库奇马采取了必要措施避免灾难发生。日后他回忆说："我对一些重要人物有影响力。我们设法制止了他们。"

调解谈判开始前，库奇马给莫斯科的普京打电话，强调"圆桌会议"必须有一位俄罗斯代表参加。普京建议派叶利钦参加。克瓦希涅夫斯基听着像是戏言。他告诉库奇马："对不起，我没法把这话当真。尽管我很尊敬叶利钦而且和他合作得很愉快，但我们希望举行严肃认真的谈判，而不是作秀。”[9]

普京没派叶利钦，而是派了一位他信任的政府官员、前内政部长和国家杜马议长鲍里斯 · 格雷兹洛夫参加谈判。此前普京刚任命他出任自己的“统一俄罗斯党”的党魁。格雷兹洛夫对谈判的贡献比派叶利钦参加也好不到哪里去。尤先科说，气氛极其紧张。“我知道，俄罗斯最不希望看到我当选总统。选举中的弄虚作假、俄罗斯人表达的关切、他们在选举期间采取的偏袒立场以及对乌克兰内政的干涉……这一切尽人皆知。”

据克瓦希涅夫斯基称，格雷兹洛夫的出发点是，亚努科维奇是总统，讨论传言的选举舞弊是浪费时间。这都是外国势力煽动的，没什么好谈的，圆桌会议毫无意义。

尤先科和亚努科维奇互相指摘对方在不同选区操纵选票。有人提出，总体来看，受操纵的选票不超过 10%。克瓦希涅夫斯基说，他盯着此人说：“好啊，那你就在本国宪法里加上这一条，倘若被操纵的选票不超过 10%，选举有效！”格雷兹洛夫提到 2000 年的美国总统大选和佛罗里达州的重新计票，并建议说，他们应该和美国人一样，接受一次显然有瑕疵的选举结果。“我们还是以宪法为依据。”

谈判陷入僵局。克瓦希涅夫斯基知道，只有一个人可以打破僵局——德国总理施罗德，于是他请施罗德出面与普京谈一谈。“我说，‘您跟普京熟，请您告诉他，如果你硬说这是一个由西方势力资助、没有合法性的人为的运动，硬说没有人操纵选举，那么你就错了，这意味着你没有认识到局势的严重性。’”

施罗德拨通了普京的电话，但听到的是一连串的指责。普京认为，他非常了解局势，远比克瓦希涅夫斯基和他的欧盟代表团更了解。施罗德将通话结果告诉了克瓦希涅夫斯基，说这是他与普京之间最艰辛的电话通话之一。

无从得知施罗德的电话起了什么作用，或普京后来是否对库奇马说了些什么。然而大选后一周的一个星期天晚上，美国大使馆得到消息，最坏的情况即将发生。全副武装的警察部队被派去驱赶示威者。约翰 · 赫布斯特大使给华盛顿打电话，告诉国内的人："我认为鲍威尔国务卿需要与库奇马总统通电话。"

鲍威尔获知，内政部管辖下的部队正在城市郊外集结。"我试图与总统通话，但突然间他人不见了。"库奇马在一次采访中解释说，他不接电话是因为当时是凌晨3点，他身边没有翻译。与此同时，美国大使设法找到了库奇马的女婿维克多·宾楚克并告诉他：今晚若有任何镇压举动，库奇马要负个人责任。

派出的部队撤回了。第二天早上鲍威尔终于接通了库奇马总统的电话，库奇马告诉他，什么也不会发生，这只是一场"虚惊"。随后他又补了一句："国务卿先生，倘若白宫像我的总统府和政府机构一样被人包围，您会怎么做？"据库奇马说，鲍威尔避而不答他的问题。

库奇马变得越来越绝望。他现在打算丢弃自己的人选和尤先科，对新的候选人重新举行一次选举。他说："如果亚努科维奇出任总统，乌克兰在国际上会遭到唾弃。街头上的压力会继续下去，外加西方的外交封锁，尤其是美国。"

然而没有莫斯科的许可，库奇马什么也做不成。12月2日星期四，库奇马飞往莫斯科，与普京在瓦努科沃机场举行磋商。普京似乎赞同他的想法。他告诉库奇马："（在亚努科维奇和尤先科之间）再选一轮也许同样毫无结果。然后是第三轮，第四轮，第二十五轮，直到一方如愿以偿。"

普京谈了自己的担心，乌克兰有可能会一分为二：西乌克兰和与俄罗斯接壤的东乌克兰。前者更具民族主义色彩，当地人一面倒地支持尤先科；后者高度工业化，当地人基本支持亚努科维奇。普京告诉库奇马："我必须坦率地告诉您，我们对乌克兰走向分裂的趋势极为担忧，对目前的局势没有漠不关心。据人口统计，乌克兰人口的17%是俄罗斯人，即俄罗斯少数族裔。事实上我觉得俄罗斯少数族裔的人数远比这一数字要多。这是一个说俄语的国家，无论是东边还是西边。可以毫不夸大地说，乌克兰的每两个家庭中，就有一个与俄罗斯有亲戚或个人关系，甚至不止一个，所以我们才对局势的发展如此担忧。"

显然，普京把乌克兰几乎看作（日后他透露给小布什）俄罗斯的一个行省，至少绝对视为他日后所称的“特权利益范围”。他的顾问马尔科夫说，普京出任总统后不久，他为普京起草了背景介绍文件，其中称“乌克兰的公众舆论希望乌克兰和俄罗斯之间不设边界，所有公民均得以享受同等权利，使用同一货币，适用同一教育和新闻政策。但同时乌克兰保留自己的主权，有自己的国旗和国歌、自己的总统和公民权等等”。

这就是克里姆林宫领导人所相信的。美国政府同样坚信，乌克兰已经做好准备与西方结盟，大多数乌克兰人渴望加入北约和欧盟。

实际情况是，俄罗斯人和美国人都低估了最重要的一个因素：乌克兰是一个各方势力互相牵制的微妙平衡体。讲俄语的人和讲乌克兰语的人之间有语言隔阂；东正教徒和天主教徒之间有宗教隔阂；有人怀念旧时光（更安全、冲突少、腐败少、几乎没有族裔争端），有人希望向前走（开放、民主、企业自由）；既有乌克兰民族主义者，又有俄罗斯少数族裔，地理分布上大致可以按“东—西”两部分划分。舆论并没有显示出全国各地的乌克兰人绝大部分都希望加入北约，尽管加入欧盟更受欢迎。普京说的家庭纽带的确存在，但与此同时，现在的乌克兰已不是当年苏联“大家庭”内一个组成部分的那个乌克兰。它作为一个单独的实体已经走过了 13 个年头，一种新的认同感正在与日俱增。乌克兰语的使用范围远比苏联时期广泛。当年我曾问乌克兰共产党领导人弗拉基米尔 · 谢尔比茨基，乌克兰中央委员会开会时使用什么语言，令他尴尬不已。如今这个国家有了一种新的自豪感，而且认识到至少就经济而言，把自己的未来同西方连在一起，比同俄罗斯改革了一半的腐败经济连在一起要好多了。

2004 年大选就是在这种思潮背景下依据 12 月 26 日最高法院的一项裁决重选的。新的选举严格规定了竞选程序，以减少舞弊现象。尤先科在选举中胜出，赢得了 52%的选票。亚努科维奇赢得 44%的选票。国际观察员宣布，选举是公平的。

普京为了阻止他心目中因西方阴谋“失去”乌克兰用尽了一切办法，选举结果却让他颜面尽失。

橙色革命像是一扇大门，在设法理解对方的俄罗斯和西方中间砰然关闭。很难想象出对任何一个事件能做出观点如此对立的解释。西方把橙色革命视为民主的胜利。

在俄罗斯，橙色革命基本上被看作美国情报部门做的手脚。帕夫洛夫斯基把橙色示威者形容为“红色近卫军”，受到美国顾问的训练和资助。“然而这不是什么精密科学。有相当一批当地专家自从1990~1991年车臣计划以来一直在从事‘灭掉俄罗斯’计划。”[10]

马尔科夫说，这是一场政变，目的是让乌克兰远离俄罗斯。尤先科获胜是因为他弄虚作假。“橙色军从来不曾靠自由选举掌权。他们掌权靠的是一次反宪法的政变，这次政变自然得到了美国政府和西方观察员的支持。无论有多少美国参议员说这样做是合法的，实则它是反宪法的。”

革命期间，帕夫洛夫斯基这个克里姆林宫的操盘手不得不化装才得以离开。“我离开基辅的经过很可笑。我当时住在市中心的一个酒店里，位于封锁了总统府的橙色人群中央。我不得不像克伦斯基（被1917年革命推翻的俄国总理）一样乔装打扮。据苏联课本讲，当年克伦斯基装扮成一个女护士逃走了。我围了一条橙色围巾，戴了顶橙色帽子走出人群。”

震荡

没有几个人能说他们熟悉弗拉季斯拉夫·苏尔科夫，尽管过去十几年里他是克里姆林宫内影响力最大的人物之一。他隐藏在总统办公厅第一副主任这一头衔后面，其实是俄罗斯政治体制的设计师，依照普京的指示设计出新的体制和理论，为普京新的需要提供支持。他提出的“主权民主”概念实质上意味着俄罗斯作为一个主权国家，可以自行决定它需要什么样的民主。如果今天这意味着各政党需要 7% 而不是 5% 的选票才能进入议会，苏尔科夫会出面解释为什么。倘若几年后决定还是 5% 更合理，苏尔科夫又会为此提供佐证。如果不应再选举产生州长，苏尔科夫会解释为什么任命州长同样是民主。

苏尔科夫出生于 1964 年。他曾长期隐瞒自己的父亲是车臣人（他的原名是杜达耶夫）。苏尔科夫在金属研究院读的大学，在军事情报部门服了几年兵役后改学艺术，成了一个剧院的编导。此后，他又转攻经济学，投身商业。他谱写摇滚乐谱，现在仍然写小说。这个后苏联时期多才多艺的人曾当过霍多尔科夫斯基的公关主任，之后去俄罗斯中央电视台干了短暂的一段时间，随后以苏联人当年所称的“意识形态秘书”身份加入普京办公厅。

橙色革命之后，拟定战略以防止这场革命波及俄罗斯（统治阶层一致认为在所难免）的任务落到了苏尔科夫的肩上。他在拟定战略时参考了曾在乌克兰亲历了当时混乱局面之人的意见。

格列布 · 帕夫洛夫斯基靠橙色装扮安全脱身后，在报纸上撰文写道：“基辅对俄罗斯是一个严重的警告信号。我认为，我们的政治体制没有为全球化时代全新的技术做好准备。政治体制内在的弱化加上外部的压力和挑衅有可能导致一场新的革命，而在俄罗斯发生一场全球革命绝非小事。1991 年我们避免了流血，简直可以说是奇迹。1996 年和 1999 年除了车臣外，我们在俄罗斯各地也避免了流血，但这并不意味着还会有一次奇迹。”[11]

2008 年 2 月回顾往事时，帕夫洛夫斯基对英国广播公司说：“这场灾难对我们非常有用。我们汲取了很多宝贵的教训，普京开始认真对待他面临的威胁。我们很快清楚地看出，他们试图向我们输出橙色革命。我们需要迅速做好准备，加强我国的政治体制，使之能应对来自外部的打击——‘戴着丝绒手套’的一击，然而这一击足以打倒我们。2005 年，普京迅速巩固了精英阶层和政治体制，从而确保了橙色革命不会在俄罗斯重演。一年之内，我们打退了颜色革命的浪潮。”

苏尔科夫和他的同志们锁定了两个潜伏的危险："盲目"而精力旺盛的年轻人和外国资助的民间组织。为了解决第一个问题，他们决定成立一个完全忠于普京和现政权的群众性青年组织，起名为"纳什"，意思是"我们自己人"。"纳什"一词含有很强的民族主义或者说沙文主义色彩，隐喻所有不属于"纳什"的人都"反对我们"，甚至是叛徒。

谢尔盖·马尔科夫称自己是创建这一组织的苏尔科夫班子里的一员。"纳什"带有浓厚的苏联共产主义青年运动"共青团"的味道。马尔科夫在一次采访中说："'纳什'的主要目标是避免俄罗斯发生橙色革命，所以首批加入的成员都是超级爱国者。对他们的要求，第一条就是居住的位置。他们必须住在开车10小时内可以到莫斯科的地区，从而可以乘夜车第二天一早抵达莫斯科并占据红场，捍卫国家主权。"

"纳什"很快有了自己的网站（www.nashi.su，用的仍然是继续有效的代表苏联的两个字母"su"，而不是代表俄罗斯的"ru"）。此后几年里，"纳什"在莫斯科以北的谢利格尔湖畔开办爱国夏令营，宣传健康的生活方式，进行政治教育和准军事训练。夏令营成员经常身穿红色T恤衫走上街头，不光是举行自己的示威，而且还淹没反对派的抗议活动，对他们不喜欢的组织或个人（包括西方国家的大使）举行抗议活动，抨击政府的报社，甚至连一家不幸叫"反苏"的烤肉店也不能幸免。"纳什"形容自己是一个"民主的反法西斯青年运动"，其成员很快超过10万人。

2005年5月15日，苏尔科夫班子成员认为，他们已经完成了自己的使命。当天"纳什"组织了规模最大的一次集会，聚集了大约6万名"纳什"成员，其中大多数人搭乘上千辆客车连夜赶到莫斯科，列宁大道为此陷入瘫痪。据马尔科夫讲，"此后，再也听不到有人谈论橙色革命了"。

"纳什"的使命是完成了，然而其作用远没有结束。"纳什"成了自封的表达公众愤慨的喉舌，一支自称独立，而实际上得到国家绝对保护的强大政治力量，无论其成员的行为多么无法无天和蛮横霸道。他们搞的活动与预防俄罗斯发生橙色革命毫不相干。英国大使托尼 · 布伦顿 2006 年 7 月参加了一次由一个反对党联盟“另一个俄罗斯”召开的会议，结果被“纳什”盯上了。托尼 · 布伦顿以一位英国外交官惯有的自嘲方式回忆了这件事：“我前去参加‘另一个俄罗斯’的会议，以表达我们对俄罗斯公民社会的支持。为此我讲了一通枯燥乏味的话。我不是出席这场会议的唯一一位大使，但不知何因俄罗斯人独独盯上了我。这个‘纳什’组织是执政党的青年团体，因此实际上是克里姆林宫的一个工具。它要求托尼 · 布伦顿为干涉俄罗斯政治道歉。我当然不可能道歉，于是他们说，那我们就让布伦顿不得安宁，直到他道歉为止。我的工作包括忍受这样的骚扰，我也就认了。”[12]

“纳什”对布伦顿及其家人的骚扰几乎构成犯罪。“纳什”的成员在他家外面安营扎寨；无论他到莫斯科什么地方都尾随跟踪；他在群众大会上发言时他们在后排高声叫骂；他夫人开车出门购物时，“纳什”的人用拳头捶她的车顶。布伦顿对显然违反了关于外交官地位的《维也纳公约》（且不说反骚扰法）的恫吓行径提出抗议，然而直到半年后俄罗斯外交部才采取行动迫使“纳什”有所收敛。

“纳什”对爱沙尼亚大使也采取了类似的行动，以表示“俄罗斯人民”对爱沙尼亚将一个苏联解放爱沙尼亚纪念碑从首都塔林的市中心移走这一决定的“愤慨”。

每次接到申诉时，克里姆林宫的发言人总是耸耸肩，称自己对此完全不知情，几乎把它作为无害的笑料一笑置之。然而这些活动与克里姆林宫之间的关系清楚无误。“纳什”网址上常常可以看到苏尔科夫、普京和梅德韦杰夫撰写的文章。这几个人还参加“纳什”的会议和夏令营活动。普京的“统一俄罗斯”党也有自己的正式青年组织“青年近卫军”（又一个苏联时期的名词）。该组织比“纳什”纪律更严明。

苏尔科夫为抵御橙色“传染”发动的第二轮行动针对民间组织，尤其是得到国外资助或支持的民间组织。克里姆林宫认为，这些民间组织不仅是格鲁吉亚和乌克兰革命（以及2005年2月在前苏联共和国吉尔吉斯斯坦的第三次基层反叛）的因素，而且据称是美国策划让普京政权垮台的手段。

自从戈尔巴乔夫的改革政策允许登记首批“非正式”组织后，公民社会在俄罗斯蓬勃发展。目前民间组织达数十万个，其中涉及人权和民主问题的民间组织大约有2 000个，诸如卡内基中心提供对俄罗斯政治的独立专家分析，赫尔辛基小组监测侵犯人权的现象。其中有些组织得到西方政府或海外民间组织的赠款或补贴。

乌克兰革命后不到一年，国家杜马立法限制这些民间组织。该法将为外国资助的民间组织在俄罗斯开展活动设置重重障碍，为此西方反对声四起。布什总统通过游说得以软化其中部分条款。尽管如此，2006年1月10日，普京总统签署后成为法律的最后文本，要求俄罗斯的所有民间组织披露其财务及筹资来源，确保它们的活动符合俄罗斯的国家利益，否则将被取缔。外国团体更难资助或支持它们在俄罗斯的伙伴组织。（截至10月底，“人权观察”组织、“大赦国际”组织、丹麦人权理事会和“无国界医生”组织的两个分支因为不符合登记要求被迫暂时中止活动。）[13]

普京签署该法律两周后，一位78岁的人权活动家、莫斯科“赫尔辛基小组”领导人柳德米拉·阿列克谢耶娃正在莫斯科自己的家里，一位朋友打电话让她马上打开电视机。她告诉我：“我马上打开电视机，看到一些奇怪的画面。节目主播拿腔拿调地说，几位英国外交官在某个广场的一块岩石里安放了一台高科技的无线电发射器。”[14]国家电视台独家得到了拍摄的英国间谍现场秘密活动的录像带。画面显示这几名英国外交官，其中一人是“二等秘书”（军情六局的委婉说法）马克·道，从安放在一个公园里的一块假石头里提取资料，电视画面显示那块假石头其实是一个无线电发射器。打开石头后，内藏一个詹姆斯·邦德电影里用的那种小玩意儿。

这则报道荒诞离奇，然而并非捏造。托尼·布莱尔的办公室主任乔纳森·鲍威尔承认："间谍石头令人尴尬。他们把我们逮了个正着，所有人通过电视屏幕都看到了那块石头。显然他们早已掌握了情况，为了达到某个政治目的一直没有动它。"[15]

柳德米拉·阿列克谢耶娃越往下看，越觉得这一报道有明显的政治目的。"突然话题转到了英国使馆这名叫马克·道的外交官身上。他们说，他'操纵了'我们这些人权组织，随后出示了写着'莫斯科赫尔辛基小组'的一张纸。马克·道签字的那页文件似乎是授权将2.3万英镑转交给莫斯科赫尔辛基小组。"

俄罗斯人没有驱逐他们当场抓获的任何一名英国间谍。这则消息另有目的，即显示诸如"赫尔辛基小组"这样的民间组织不仅拿西方的钱，而且还拿英国情报机构的钱。阿列克谢耶娃说，她从未见过马克·道，赫尔辛基小组也只收到过英国外交部下属的"全球机会基金"给的一笔赠款，而且是通过英国大使馆给的。英国外交部说，提供给俄罗斯民间组织的钱都公开登载在它的网站上。然而英国外交部经一名间谍之手提供部分经费正中俄罗斯人的下怀。

"间谍石头"案发两天后，普京总统把谍报与民间组织的活动直接联系在一起，作为通过有争议的《民间组织法》的理由。"我们看到，有人试图利用情报机构同民间组织串联。这些组织从情报机构那里拿到经费。没人能说拿这种钱不可耻。我想，很多人终于明白了为什么俄罗斯通过了一部管理这个国家民间组织活动的法律，该法是为了防止其他国家干涉俄罗斯联邦的内政。"

强人的胜利

2005年4月，普京在每年一次的总统致辞中说了一句话，后来常被人引用来证明他对昔日社会主义的怀念。普京说："苏联的解体是本世纪最大的地缘政治灾难。”实际上他在这里并不是指社会主义制度，而是惋惜一个庞大、统一多民族国家的消逝。在同一篇讲话中他继续说，苏联的解体导致俄罗斯失去了“数千万同胞”。如他所说，这是俄罗斯民族经历的“一场真正的大变局”。这一看法很难反驳。

普京使用的措辞极为不当，因为从他第二任总统任期开始，他做的很多事的确让人觉得他极力想恢复苏联、社会主义制度和昔日的一切。别斯兰事件发生后，普京取消了选举制度中诸多最民主的因素，强化了他个人的权力。格鲁吉亚和乌克兰革命后，他压制人权组织，成立了一个沙文主义性质的青年组织。与此同时，他继续扼杀媒体自由。

普京班子里真正的自由派人士如今已经没有理由再留下来了。早在 2004 年 2 月，普京已经失去了他的总理卡西亚诺夫——他与普京多次发生分歧后被解职。令他终于忍无可忍的一件事是，普京决定任命他的朋友伊戈尔 · 谢钦担任国有石油公司俄罗斯石油公司的董事长。谢钦和普京的其他几个密友一样，除了在政府任职外，还执掌庞大国有企业（其他人包括前克格勃维克多 · 伊万诺夫，主管意识形态的弗拉季斯拉夫 · 苏尔科夫和总统办公厅第一副主任梅德韦杰夫）。卡西亚诺夫认为这证明了“普京正在偏离自由主义的道路，改为走向一条指令性经济的道路”。[16] 卡西亚诺夫离开政府后，成为一位主要的反对派领导人。鉴于他曾和普京一起共事过 3 年并认为普京当初锐意改革，他也是一位可信的反对派领导人。

下一个挂冠而去的人是普京的经济学顾问伊拉里昂诺夫，一个认为车臣战争既徒劳无益又残酷无情的人。然而普京依然将其延揽为自己的顾问。与普京共事 5 年后，2005 年 12 月，伊拉里昂诺夫对俄罗斯的现状做了极其尖锐的评论，然后拂袖而去。他说，俄罗斯不再是一个自由和民主的国家，而是由追求自身利益的国有企业掌管的国家。不久前他还可以自由表达自己的观点，然而今天俄罗斯的政治和经济制度已经发生了变化，他无法继续干下去。

米哈伊尔 · 霍多尔科夫斯基被逮捕一年后，尚未因任何罪名被判刑时，国家安全部门已经动手攫取他的资产。他拥有的尤科斯石油公司以令人吃惊的方式卖给了国家。俄罗斯政府声称尤科斯欠政府 270 亿美元，于 2004 年 12 月 19 日拍卖尤科斯公司下属的最大子公司尤甘斯克油气公司，以收回尤科斯拖欠的税款。国有天然气垄断巨头俄罗斯天然气工业股份公司通过旗下新成立的一个石油子公司——俄气石油公司——登记参与拍卖。参加拍卖的还有一家 12 月 6 日才刚刚成立的叫贝加尔金融集团的公司。该公司登记的办公地址在莫斯科以北的特维尔市，同时使用同一地址的还有一家伏特加酒店、一家移动电话商店和一家旅行社。无人知晓谁拥有俄气石油公司。尽管如此，它依然从国有的俄罗斯联邦储蓄银行得到了一大笔用于参加拍卖的贷款。拍卖当天，俄气石油公司放弃竞标，结果默默无闻的贝加尔金融集团以 93 亿美元购得俄罗斯最大的石油公司。

两天后，普京访问德国期间，装作毫不知情的样子说，贝加尔金融集团的股东是“从事能源行业多年的人”，“据我所知，他们计划与俄罗斯其他感兴趣的能源公司建立某种协作关系”。普京当然不知道会是哪些公司，然而“国有公司与市场上的其他公司享有同样权利”。

12 月 23 日，普京在年度记者招待会上再也记不得“贝加尔金融集团”这个名字。就在当天，贝加尔金融集团被囫囵卖掉，而买主不是别人，正是伊戈尔 · 谢钦的俄罗斯石油公司。人们认为，是谢钦成立了这家神秘而又短命的贝加尔金融集团。普京说：“今天，国家正在运用完全合法的市场机制确保自己的利益。我认为这再正常不过了。”

与此同时，当初把尤科斯发展成为一个石油巨头的人正在继续接受审判。2005 年 5 月，米哈伊尔 · 霍多尔科夫斯基因犯有欺诈罪被判处 9 年徒刑。

能源武器

西方各国政府，包括西方的投资者，心有余悸地注视着以上事件的发展。然而大祸还在后面，橙色革命的余波远没有平息。

2005 年 1 月 24 日，乌克兰的新总统维克托 · 尤先科就职后第二天马上前往莫斯科。普京总统对此似乎很欣赏。听到尤先科称俄罗斯是一个“永久的战略伙伴”时，普京略显惊讶，指出：“您刚才提到的战略伙伴关系是一个非常好、非常愉快的迹象。”

尽管如此，这次会见仍然看不到微笑。尤先科觉得自己受到误解。他在一次采访中说：“最令我不安的是，我们采取的一切措施，尤其是涉及我们的民主改革、恢复我国的历史或是乌克兰融入文明世界，俄罗斯一概视为反俄罗斯措施。”[17]

这是一次敷衍了事的访问，一共只有半天时间。随后尤先科直接去了斯特拉斯堡出席欧洲理事会的会议，之后又前往布鲁塞尔对欧洲议会发表了演讲。4 月份尤先科访问华盛顿时，受到了英雄般的接待。他对美国国会讲的一席话赢得了热烈的掌声：“今天，乌克兰满怀希望和憧憬展望未来。通过自由公平的选举而产生的新一代政治家走上了国家的领导岗位，他们摆脱了昔日苏联陈旧思维的羁绊。”

随后，尤先科被带往白宫会见布什。总统的乌克兰问题首席顾问戴蒙 · 威尔逊在一次采访中回忆说，尤先科似乎说话抓不住重点。“他首先讲述了他作为乌克兰总统面临的各项挑战，尤其是与俄罗斯的关系。随后，他一一列举了他认为需要与俄罗斯一起商讨的一系列具体问题，我记得好像一共有 12 点。就在他刚开始啰里啰唆地阐述这些挑战时，布什总统打断了他的话，说：“你不需要为这 12 项挑战操心。你只需要关注一项挑战——与俄罗斯的关系。莫斯科是否愿意接受一个主权独立的和民主的乌克兰决定自己的未来？这才是你们面对的具有战略意义的挑战。”[18]

威尔逊说，尤先科首次访美后，美国人极为担忧。“我们非常关切他是否意识到他肩负的重任，是否知道应该如何解决这些问题。你知道，虽然当时我们对尤先科仍然十分热情，乐于给予他支持，政策上也致力于探寻如何帮助他达到目标，但他访问华盛顿后我们的确第一次感到了不安。我们对困难可能估计不足，我们担心尤先科是否能兑现橙色革命期间所做的许诺。”

岁末时，美国人的不安有增无减。尤先科为了摆脱进口俄罗斯天然气问题的一场危机，出人意料地做了一笔美国人认为有腐败嫌疑的交易。

普京的“天然气战”是 2005 年 3 月开始的。当时俄罗斯人显然决定惩罚乌克兰人搞橙色革命，为此宣布从次年 1 月起，俄罗斯天然气工业股份公司出口给乌克兰的天然气价格上涨 4 倍，从每千立方米 50 美元涨至大约 225 美元。由于俄罗斯天然气工业股份公司同时为欧盟提供 25% 的天然气，主要是通过乌克兰的管道输送给欧盟，基辅为此向俄罗斯天然气工业股份公司征收过境费（有些国家百分之百地依赖俄罗斯通过乌克兰输送的天然气），情况变得更加复杂。俄罗斯以远低于世界水平的价格向所有前苏联加盟共和国提供天然气。既然现在乌克兰不把俄罗斯放在眼里，宣布要与西方结盟，莫斯科认为没有理由再继续贴补它。

10 月，尤先科的办公厅主任雷巴丘克被召到莫斯科听取严厉警告：接受价格上涨，否则将切断对乌克兰的天然气供应。雷巴丘克回忆说：“普京警告我们，这不是威胁，不是在虚言恫吓。如果 1 月底以前达不成交易，他们将中断供应天然气。”[19]

截止期前两天，普京提出一个解决方案：俄罗斯提供一笔价值 36 亿美元的商业贷款帮助乌克兰支付新的价格。尤先科拒绝了。新年除夕，普京在最后一分钟又提出了一项建议：冻结价格 3 个月，如果基辅同意 3 个月后接受新的价格。尤先科说，他不会接受超过 80 美元的价格。新年一大早，俄罗斯天然气工业股份公司的工程师关闭了通向乌克兰的管道。天然气供应被切断了。

输往欧洲的天然气也中断了。匈牙利和波兰很快发现输给它们的天然气被切断了。本来出口管道是不应该受到影响的，但俄罗斯天然气工业股份公司声称，乌克兰人偷窃过境管道的天然气以弥补自己短缺的部分。欧洲各国政府愤怒不已。莫斯科称自己别无选择，这是一场商业纠纷。然而西方将其视为高压手段，目的是报复基辅的独立自主。

欧洲委员会将圣诞节期间正在度假的部长们召回，参加 1 月 4 日召开的紧急会议。然而还没等到开会，俄罗斯人和乌克兰人突然宣布，他们达成了交易。表面上看，这一协议是一次不错的妥协。乌克兰同意以市场价格进口俄罗斯的天然气，但俄罗斯天然气工业股份公司同时向它出售来自土库曼斯坦的更为廉价的天然气，从而将总价格降至每千立方米 95 美元。为了给这服药加上糖衣，俄罗斯天然气工业股份公司还同意把支付给乌克兰的欧洲天然气过境费上调 47%。

令西方再度担忧的原因是，现在所有的天然气不是通过俄罗斯天然气工业股份公司销售，而是通过一个在瑞士注册的“俄乌能源贸易公司”出售。俄罗斯天然气工业股份公司拥有该公司的一半股权，另一半股份分别属于两个背景不明的乌克兰商人。成立于 2004 年的这家公司由普京和前乌克兰总统库奇马共管。西方观察家不理解为什么尤先科现在同它搅在一起。

美国大使约翰 · 赫布斯特回忆道：“乌克兰人来我这里解释了这笔交易，我听后大吃一惊。我的德国同事和欧洲其他国家的同事一样惊愕万分。因为我们原以为，乌克兰人的谈判立场合情合理，而且处于十分有利的地位。然而用婉转的外交辞令说，最终结果并不理想。”[20]

戴蒙 · 威尔逊讲述了华盛顿的焦虑：“这个总统与成立了俄乌能源贸易公司的俄罗斯做了一笔交易。该公司做的很多交易来路不清。我们看得越来越清楚，这一安排成了支付回扣的手段，进一步助长了乌克兰最糟糕的商业行为。这是橙色政府核心内部的腐败。”

尤先科的办公厅主任雷巴丘克承认，这笔交易不无争议，但他们别无选择。“尤先科的立场是：普京是总统。不错，我晓得天然气是肮脏的行业，然而除此之外没有其他办法与俄罗斯打交道。”

如今华盛顿和欧洲发现自己理想中的乌克兰正在一点点消逝。他们大力支持的乌克兰民主派结果一点儿都不可靠。威尔逊把这件事形容为幻想破灭的一刻。美国人认识到，在新乌克兰，旧的习惯势力依然很强大。莫斯科方面，普京显示出他愿意使用一个从未使用过的武器——能源供应。1 月初切断天然气的那几天给全欧洲带来的巨大恐慌，引发了人们对欧盟能源政策的根本反思。从现在起，普京已不再是西方乐于与之打交道的人了。

THE STRONGMAN

第八章

新的冷战

Vladimir Putin and
the Struggle for Russia

龃龉日增

至此，一连串的幻灭开始侵蚀美国和俄罗斯之间的关系，就连布什和普京这对“朋友”也开始指责彼此背信弃义。2005年2月（橙色革命刚刚过后），在斯洛伐克的首都布拉迪斯拉发举行的峰会充满着火药味。会上，普京从西装外套的内衣兜里掏出一叠3英寸×5英寸的卡片（美国人称其为普京的“牢骚卡”），开始教训布什，说他听够了美国人对他的教训。他慷慨陈词、滔滔不绝，大致意思是：我们尽量配合你们，支持你们的反恐战争；我们关闭了自己的基地；你们撕毁了《反弹道导弹条约》我们也没有怎么样；就连伊拉克战争我们都没有因之影响和你们的关系。可是我们得到的回报是什么呢？什么都没有。你们没有废除《杰克逊－瓦尼克修正案》[①]；我们要加入世贸组织，你们却把标准节节提高；你们没有批准《欧洲常规武装力量条约》这项军控条约；你们想建立导弹防御系统使我们处于劣势；你们还企图把我们所有的邻国都拉进北约。

---

① 1974年美国通过此修正案，借苏联及东欧国家没有移民自由的理由拒绝给这些国家贸易优惠。——译者注

对我们改革经济、努力和国际体系接轨的政策你们没有只言片语的肯定，反而不停地批评我们的内部事务——人权、所谓的民主“倒退”、车臣、我们的新闻媒体，还有霍多尔科夫斯基。你们还有完没完？

据布什的新任国家安全事务助理斯蒂芬·哈德利回忆，这“可能是这两位领导人火气最大的一次会面”。[1] 普京攻击布什说美国没有新闻自由，证据是哥伦比亚广播公司的资深新闻主播丹·拉瑟遭到解雇，据说是布什搞的鬼，因为丹·拉瑟批评了他。[2] 布什试图解释说事实并非如此，但普京听也不听。他对美国的民主也进行了抨击，声称美国的总统不是美国人民，而是选举人团选出来的。布什回答说：“弗拉基米尔，千万别在公开场合这么说，不然大家都会知道你完全不了解我们的制度。”

3 个月后，出现了一次和解的机会。普京邀请一些世界领导人于 5 月 9 日来莫斯科庆祝同盟国战胜纳粹德国 60 周年。有史以来第一次，美国的总统站在红场的观礼台上参观苏联式的军力展示。普京对布什前来感到高兴（10 年前克林顿总统为抗议第一次车臣战争而拒绝参加类似的阅兵式），但对他此前和此后的行为却大为不满。

布什前往莫斯科的途中访问了拉脱维亚的首都里加，在那里他表示完全支持这个波罗的海国家对第二次世界大战后历史的解释，即前来解放它的苏联红军赖着不走，变成了占领军。它赶走了纳粹统治，又来了另一个极权政权。布什说，苏联对欧洲国家的压迫是“历史上最大的罪恶之一”。波罗的海国家把苏联的“解放”视为占领，对此俄罗斯政府怎么也不能接受，它宣称这是对那些把这些国家从纳粹的铁蹄下解放出来的苏联战士的侮辱。

布什“论史”已经让莫斯科不爽，布什“谈今”更是火上浇油。他离开莫斯科后直接飞往格鲁吉亚首都第比利斯，在那里受到英雄式的欢迎。布什投桃报李，夸格鲁吉亚为“这个地区以至全世界的自由灯塔”，显然是敦促其他前苏联国家效而仿之。他赞扬格鲁吉亚向阿富汗和伊拉克派遣部队，宣布说：“你们的勇气激励着民主改革者们，你们的号角传遍了全球——自由将成为地球上每一个国家及其人民的未来。”这些话使得克里姆林宫愤怒不已，就在当时，俄罗斯正在加紧向格鲁吉亚施压，以“卫生问题”为由禁止进口格鲁吉亚世界闻名的葡萄酒和矿泉水。

整个2005年间，普京限制民主、建立青年组织纳什、镇压非政府组织、切断对乌克兰的天然气供应。对这一切西方无可奈何，只能严词批评。俄罗斯也不甘示弱，以牙还牙。2006年5月初，美国副总统切尼出访另一个前苏联波罗的海共和国立陶宛，目的很明确，就是要再次猛烈抨击俄罗斯——而且摆明了不是副总统信口开河，而是美国政府深思熟虑的观点。当时任职于白宫联邦安全会议的戴蒙·威尔逊解释说：“我们知道这是又一个重要的机会来重申总统关于自由事业的主张。莫斯科经常对切尼副总统的话不予重视，说，‘这个切尼副总统，我们都知道他是激进派，是美国政府里的新保守派，归根结底和我们打交道的是布什总统。’所以我们和副总统办公室以及他的撰稿人密切合作，确保副总统的讲话完全符合政府口径。我们写的演讲稿在部门间会议上经过了反复讨论和审查，讲话发出的关键信号就是支持民主阵线，对俄罗斯国内发生的事情批评得相当犀利。”[3]

切尼对自由和民主广为传播大加赞颂后，话锋一转开始批评普京政权：

> 在公民社会的许多领域，从宗教和新闻媒体到活动团体和政党，政府都对人民的权利进行了不公平和不恰当的限制。俄罗斯政府其他的一些行动产生的效果事与愿违，并有可能影响与别国的关系。使用石油和天然气作为威胁或讹诈的工具，无论是操纵供应还是企图垄断运输，都不能达到任何合法的目的。破坏邻国的领土完整或干涉民主运动的行为没有任何道理。

他呼吁俄罗斯恢复民主改革，成为信奉西方价值观念的“可信赖的朋友”：

“我们要满怀信心地声明，俄罗斯周围的邻国成为稳固的民主国家对俄罗斯有百利而无一害。俄罗斯若是和西方站在一起，就会和我们共同走向繁荣和伟大的康庄大道。”接下来，切尼飞往哈萨克斯坦，在那里他毫不掩饰地表现出双重标准，对纳扎尔巴耶夫总统的独裁统治赞不绝口，“向过去 15 年来哈萨克斯坦的经济发展和政治进步表示钦佩”。

普京对这种事可不会放过。6 天后，他在对议会的一篇演讲中说了一番高深莫测的话，让美国人煞费思量。不过他针对的目标十分清楚。讲话中他不厌其烦地反复强调军队的重要性，狠狠地说：“我们看见了世界上发生的事情。我们都看见了！就像人们说的，‘狼同志知道要吃谁’。他吃个不停，谁的话也不听。显然他根本不打算听。”

在纽约华尔道夫大酒店的会谈中，一贯温文尔雅、不露锋芒的俄罗斯外交部长谢尔盖 · 拉夫罗夫发火了。会谈的话题是伊朗。美国怀疑伊朗试图利用俄罗斯提供的民用核技术来发展制造核武器的能力。一年前，俄罗斯同意和欧盟国家的三驾马车（英国、法国和德国）再加上美国和中国一起制定一个共同的对策。俄罗斯曾提出一个建设性的建议，由它为伊朗尚未竣工的布什尔核电站加工浓缩铀，用过后再运回俄罗斯。但在 2006 年 4 月，俄罗斯宣布向伊朗出售先进的防空系统，使美国人大为恼怒。

这次在华尔道夫大酒店，伊朗问题小组的 6 位外交部长在探讨对伊朗实施制裁的可能性。但切尼在维尔纽斯做了演讲后，美俄双方撕破了脸。晚宴上与康多莉扎 · 赖斯和她负责政治事务的副手尼古拉斯 · 伯恩斯对面而坐的拉夫罗夫越来越激动。伯恩斯回忆说：“通常在外交场合大家彼此都以礼相待，对事不对人。但晚宴进行到一半的时候，拉夫罗夫脸涨得通红，怒不可遏。他拍着桌子斥责我，因为我在公开讲话中批评了俄罗斯对伊朗的军售。”拉夫罗夫还提到切尼的讲话，要美国人少对别人指手画脚。伯恩斯原想反唇相讥，赖斯抓住他的胳膊才把他按下。[4]

就是在这种紧张的气氛中，格鲁吉亚和俄罗斯之间酝酿已久的冲突爆发了。2006 年 9 月，南奥塞梯的武装部队向载有格鲁吉亚国防部长奥克鲁阿什维利的军用直升机开火，迫使直升机紧急着陆。此前奥克鲁阿什维利曾发誓要在南奥塞梯的首府茨欣瓦利庆祝下一个新年——换言之，要在 2006 年底把该地区重新纳入格鲁吉亚。装备俄罗斯武器的南奥塞梯士兵和美式装备的格鲁吉亚军队发生了小规模交火。月底，格鲁吉亚以进行间谍活动的罪名逮捕了 4 名俄罗斯军官。国际调解人介入几天后他们获得释放，但此前他们戴着手铐被格鲁吉亚女警押解的图像已经在电视上广为传播。

萨卡什维利宣布说："格鲁吉亚正告我们的强邻俄罗斯，适可而止。"

俄罗斯视此为有意羞辱，用最严厉的制裁还以颜色：召回了大使，切断了铁路、海上、公路、空中和邮政的一切联系。居住在莫斯科的格鲁吉亚人开始日子不好过：几百个拿不出合法文件的人被集中起来送上飞往第比利斯的飞机；学校奉命提供名字听起来像格鲁吉亚人的学生名单，以便当局调查他们是否为非法移民。

安娜 · 波利特科夫斯卡娅谋杀案

西方政府就俄罗斯对格鲁吉亚的所作所为正批评得起劲，一起远更惊人的事件发生了。2006 年 10 月 7 日，普京 54 岁生日那天，因不惧危险，深入车臣进行报道和对克里姆林宫发表批评而闻名世界的记者安娜 · 波利特科夫斯卡娅在莫斯科她居住的公寓楼的电梯里遭到枪杀。谋杀案震惊了全世界——除了弗拉基米尔 · 普京。他先是没有任何反应，4 天后在出访德国期间，当他终于对一位记者的问题做出回应时，他轻描淡写地说她并不重要。

他说，这是"一桩令人发指的残酷罪行"，杀人犯不应逍遥法外。然而他又说："她对俄罗斯政治生活的影响很小。在媒体圈子里、人权圈子里和西方，她很出名，但她对俄罗斯国内政治生活的影响微乎其微。对她的谋杀，对一位女性、一位母亲的野蛮杀害，本身就是针对我们的国家，针对俄罗斯的行为。这起谋杀对俄罗斯政府，对她前一阵工作的地方车臣的打击比她发表的任何作品都大。"按照普京这一奇谈怪论，波利特科夫斯卡娅之死其实是为了打击他，而且效果要比她那些不值一提的作品大得多。他哀悼的是"一位女性和母亲"的死，而不是记者的死。

一次我问普京的发言人德米特里 · 佩斯科夫，波利特科夫斯卡娅的许多著作普京有没有读过。"没有"，他边答边摇头，似是要强调她的著作不值得读。但很难相信普京不知道她做过的事情。她供职的《新报》是最出名的反对派报纸，创办人之一是前苏联总统戈尔巴乔夫。她撰写文章，对俄罗斯国内人权受到侵犯的情况，特别是对车臣战争进行了辛辣的批评。莫斯科轴承厂文化宫剧院（杜布罗夫卡剧院）危机中她参与了同劫持人质者的谈判。别斯兰学校人质事件发生后，若不是她在从莫斯科飞往那里的飞机上被下毒（又一桩无头案），她可能也会参加谈判。其他国家的领导人对她惨遭杀害纷纷表示谴责并要求进行彻底调查。美国国务院称她为"一个勇敢的人，尽管接到过死亡威胁，但仍坚定地追求正义"。

然而克里姆林宫却无动于衷。

车臣的领导人自然成了怀疑对象，特别是车臣总理拉姆赞 · 卡德罗夫。波利特科夫斯卡娅曾激烈地批评他践踏人权。有人怀疑是卡德罗夫的追随者报复杀人，也有人说是卡德罗夫的敌人杀了她来栽赃于他。

2003 年，拉姆赞 · 卡德罗夫的父亲艾哈迈德 · 卡德罗夫通过人为操纵的选举被普京扶植为亲俄的总统。老卡德罗夫遭到暗杀后，小卡德罗夫成为车臣的总理，后来又成为总统。他们父子二人原来都属于叛军——老卡德罗夫是车臣分裂运动领导人杜达耶夫手下的穆夫提，即宗教领袖，甚至曾号召过对俄罗斯发动圣战。1995 年，我曾在车臣叛军控制区的一座房子里和他喝过一次茶。我还记得他天真地问我英国人民是否在纷纷皈依伊斯兰教。卡德罗夫父子后来改变了反俄立场，转而支持 1999 年普京对叛军发动的战争。拉姆赞的私人武装卡德罗夫派名声不佳——据说他们滥施酷刑、绑架、谋杀，无所不为。俄罗斯根据实现车臣和平的新战略，先是扶植艾哈迈德，然后又推拉姆赞上台，让他们做"吉斯林式的"领导人，即忠于莫斯科的车臣人。

车臣恐怖分子袭击别斯兰学校事件发生后，克里姆林宫办公厅副主任弗拉季斯拉夫 · 苏尔科夫对俄罗斯的车臣战略做了如下介绍："解决的办法复杂而艰难，不过我们已经开始实施了，包括在北高加索积极推动社会融合，逐步建立民主机构，为公民社会打下基础，建立有效的法治制度，建立工业能力和社会基础设施，解决大规模失业、腐败以及文化教育崩溃的问题。"事实上，克里姆林宫的政策等于是把车臣共和国完全交给忠于俄罗斯的拉姆赞 · 卡德罗夫。只要车臣留在俄罗斯联邦之内，就会放任卡德罗夫拥权自肥，为所欲为。卡德罗夫宣称他"热爱"普京，说普京是他的"偶像"。他把车臣首府格罗兹尼的主要街道重新命名为普京大道。

克里姆林宫的战略取得了一定的成功。尽管剩下的伊斯兰叛军继续其恐怖暴行，但他们的活动主要在车臣以外。而在共和国之内，卡德罗夫恢复了一定的秩序。格罗兹尼经历了两场战争后原已被夷为平地，现在靠着从俄罗斯源源而至的石油美元又大体重新建设了起来。这里有着欧洲最大的清真寺。正常的商店和咖啡馆又出现了——20 世纪 90 年代末期我在这个被炸成一片瓦砾的城市做战地报道的时候，还以为再也没有这一天了。但是，莫斯科的战略对普京来说是一把双刃剑。肌肉发达、满腮胡须的卡德罗夫桀骜不驯、冷酷无情。2008 年我参观了他位于岑托罗伊村外的行宫，见识到他神话般的财富——宫苑内有一个人工湖和一个豢养着黑豹和斑豹的动物园——也领教了他简单野蛮的思维方式。我问他对策划了近来俄罗斯境内大部分恐怖袭击的叛军领导人沙米

尔 · 巴萨耶夫的死有何看法，他回答说："我听到他被杀的消息时先是高兴……然后又感到可惜，因为我原想亲手杀死他。"他在他的领地实行伊斯兰律法的规定，夸奖往街上没戴头巾的妇女身上喷射颜料的男子干得好。

2006 年 8 月，几个美国外交人员在达吉斯坦参加过一场喧闹的婚礼，亲眼看到主宾卡德罗夫的牛仔裤后裤袋里插着一把镀金手枪，一边跳舞一边向一起跳舞的孩子们抛撒美元的百元大钞。[5]

像传统的车臣人一样，卡德罗夫对他的敌人睚眦必报，以血还血。他在任期间，许多反对他的人下落不明。做过他保镖的乌马尔 · 伊斯拉伊洛夫曾揭发说，他亲眼见到卡德罗夫派民兵犯下了酷刑和杀人的行为，结果他于 2009 年 1 月在维也纳被枪杀。6 个月后，在格罗兹尼"纪念碑人权中心"工作的娜塔莉娅 · 埃斯特米洛娃遭到绑架和杀害。卡德罗夫说她是个"没有荣誉、尊严和良知"的女人。至于安娜 · 波利特科夫斯卡娅，她于 2004 年发表过一篇文章，描述了自己和拉姆赞 · 卡德罗夫一次令人惊惧的会面，其间卡德罗夫吹嘘说他的爱好是打仗和女人。交谈中有这么一段喜剧式的对话：

> "您接受的是什么教育？"
> "高等教育。法律。我很快就要毕业了，正在考试。"
> "什么样的考试？"
> "您说什么样的是什么意思？考试就是考试呗。"
> "您要毕业的是哪个大学？"
> "莫斯科商学院的一个分院，在古德尔梅斯。法学院。"
> "您具体是做？"
> "我是律师。"
> "那您是专修刑法，还是民法……？"
> "我不记得了。我写过一个东西，但我忘了。事情太多。"

后来，卡德罗夫被授予俄罗斯科学院荣誉院士的称号。

谈话的第二天早上，波利特科夫斯卡娅吃惊地又见到了他，他带来的一个身穿黑色T恤衫的民兵对她怒叱：“应该在莫斯科街头把你打死！”卡德罗夫也帮腔说：“你是敌人，应该把你打死。”

波利特科夫斯卡娅说他是“克里姆林宫豢养的一条小龙。他们必须喂饱他，否则他会喷火烧毁一切”。她遇害时正准备发表又一篇关于车臣践踏人权和酷刑的文章。

她被害的那天不仅是普京的生日，而且比卡德罗夫的生日只晚两天。（我知道这个是因为那天晚上我恰好在莫斯科的一家餐馆里坐在普京的发言人佩斯科夫旁边，他拿出手机打电话给拉姆赞·卡德罗夫，谄媚地祝贺他满30岁了。）这起谋杀会不会是谁送给这位车臣强人迟来的“生日礼物”呢？要不就是卡德罗夫送给他的“偶像”普京的礼物？在俄罗斯无法无天的黑社会中，这种猜测并非完全不靠谱。或者说谋杀的目的在于给他们二人中的一个抹黑？抑或是另有动机？无论如何，有一点是清楚的：克里姆林宫对波利特科夫斯卡娅的活动深为恼火，特别是她的一些夸张的指控，比如她指称造成130人死亡的2002年莫斯科剧院人质事件是俄罗斯秘密警察机构一手导演的。

检察官起诉了三个车臣人，但由于缺乏证据，他们于2009年被无罪释放。后来此案奉命重审，另一个被指控实际开枪的人被逮捕。2011年8月，上次审判中作为证人出庭的前警官德米特里·帕伊留申科夫中校被指控策划了这起谋杀。至于谁是犯罪的主使——法院对这个问题碰也没碰。

别动我们的石油

2006年间，随着普京和他的强人集团着手加强对俄罗斯能源资源（其中有些属于外国公司）的控制，对俄罗斯的批评日渐增多。我们先前看到俄罗斯想将尤科斯卖给一家美国石油巨头，结果成了促成逮捕霍多尔科夫斯基，把他的资产收归国有的一个因素。现在，普京把注意力转向叶利钦和西方石油公司签署的所谓《共同生产协议》。根据这样的协议，外国石油公司负责出资进行勘探开发，一旦石油或天然气项目投产，该公司可以拿走初期收入以抵偿它投入的成本；此后的利润则由政府和公司（按商定比例）分享。

普京认为这些协议丧权辱国，只有自己没有技术能力采油的第三世界国家才做这种交易。1994 年签署的第一份《共同生产协议》被称为萨哈林 2 号项目：一个叫萨哈林能源的财团，其中包括皇家荷兰壳牌石油公司（占 55%的股份）和两家日本公司，三井集团和三菱集团，在俄罗斯远东的萨哈林岛（库页岛）附近开发巨大的油田和天然气田。协议中预计的开发费用为 100 亿美元，也就是说，项目投产后，在俄罗斯政府得到任何收入之前，壳牌石油公司及其合伙人先要扣除这笔钱。

然而，壳牌石油公司在2005年宣布说开发费用翻了一番，达到 200 亿美元。普京在当年 11 月访问荷兰时对壳牌公司的首席执行官杰罗恩·范·德·维尔进行了“狠批”。壳牌公司这么做就意味着俄罗斯要失去 100 亿美元的收入，这给普京推翻这个 12 年期的协议提供了借口。他在 2006 年期间通过阴谋策划和施加压力达到了目的。在政府战略的执行中起了重要作用的是一位环保积极分子，俄罗斯联邦资源利用监督局副局长奥列格·米特沃利。2006 年 5 月，监督局远东地区代表来到莫斯科找米特沃利，向他出示了一些照片。“令人难以置信，”他回忆说，“从照片上看到大片的森林被连根拔起，山体滑坡，一片大规模的混乱。我问他们‘这是在干什么’，他们说是萨哈林能源在修造输油管。”[6] 修造输油管的工程包括大约 1 000 根管道穿过鱼类产卵的河流，阻断了鱼群逆流而上的水路。

米特沃利全身心地投入了抗争。他把记者带到萨哈林向他们展示当地受到的破坏。资源利用监督局估计只是清理阿尼瓦湾就要耗资500亿美元，因为对阿尼瓦湾的大规模疏浚毁坏了渔场（壳牌公司对此予以否认）。

当时大多数观察家都认为米特沃利是在奉政府之命，挖掘一切丑闻来支持政府对壳牌公司的指控。报纸称他为克里姆林宫的“鹰犬”。但是，他坚持说他的行动完全出于对环境的关心，他与绿色和平组织和其他环境团体的合作比和克里姆林宫的合作更为紧密。他甚至说他有一次接到了一位“高官”的电话，对他发表的过激言论“破坏投资气候”表示关注。和我交谈过的其他环保人士说他们相信他的话。他们也为森林和海洋生物遭到的破坏而感到震惊沮丧。他们知道米特沃利是真正的环保斗士，他在环保方面还有其他成就，包括帮助劝说普京禁止猎杀海豹。

即便如此，米特沃利如果没有最高层的支持，绝不可能对一个重要的外国投资者进行如此规模的抗争。壳牌公司的日子越来越不好过。12月，萨哈林能源在压力下屈服了，把51%的股权出售给俄罗斯天然气工业股份公司。普京成功地把这个世界上最大的石油和天然气混合项目重新收归国有。在签字仪式上，总统宣布可以认为环境问题“已经解决”。萨哈林危机结束了，但克里姆林宫的蛮横手法给俄罗斯吸引外资的努力造成了长期的破坏。

对普京来说，这只是把俄罗斯的战略能源留在或收归国家控制之下的大战略的一部分。俄罗斯欢迎外国公司参加合资项目，但它再也不会像叶利钦那么草率地把资源拱手让出。俄罗斯起草了新法，限制外国公司参与42个产业，其中包括军工和飞机、渔业、贵重金属和碳氢化合物。

普京对别国的战略资产却没有那么多顾忌。随着石油价格的上涨，克里姆林宫的钱袋被石油美元塞得鼓鼓的，于是俄罗斯开始寻求对外投资。俄罗斯天然气工业股份公司对购买英国最大的天然气供应商森特里卡表示了兴趣，随后又开始谈判，要购买位于奥地利鲍姆加登的欧盟天然气供应的主要分配中心——中欧天然气枢纽50%的股权。欧洲委员会阻止了这一行动。

2006年9月，消息传来，国家控股的俄罗斯外贸银行悄悄地购买了欧洲航空防务航天公司5%的股份。欧洲航空防务航天公司是世界最大的航空航天公司，主要生产空中客车飞机，还生产许多防务设备。普京的外交事务顾问谢尔盖·普里霍季科建议购买更多股份——比如25%——这样就可以对公司的重大决策拥有否决权。安格拉·默克尔听说后，明确地对法国总统希拉克说绝不能允许此事发生。9月底，希拉克和默克尔在巴黎附近的贡比涅会见了普京，告诉他这笔投资不受欢迎。

普京在10月份访问巴伐利亚时嘲笑西方的紧张："干吗这么歇斯底里？来的不是苏联红军，是拿着钱来投资的俄罗斯商人。"

冷战式的会面

时值2006年10月21日星期六，普京位于诺沃奥加廖沃的乡间官邸窗外，白桦树枝头最后的黄叶正在飘落。阴雨绵绵，秋寒萧瑟，普京的心情非常糟糕。前一天他出席了在芬兰拉赫蒂举行的有25位欧盟领导人参加的峰会。这本应该是场"非正式"的会议，没有固定的议程，也不需要签署什么协议，就是大家轻松地聚一聚，但他还是听了一连串的抱怨——安娜·波利特科夫斯卡娅被杀，俄政府企图把壳牌公司挤出几十亿美元的萨哈林2号项目，俄罗斯不是可靠的能源供应者，还有格鲁吉亚。

欧洲人说他们决意同俄罗斯这个南方邻国建立紧密的伙伴关系，强烈反对克里姆林宫最近对格鲁吉亚实施的制裁。普京详细地解释说，他认为萨卡什维利总统一心要夺回阿布哈兹和南奥塞梯这两个分裂出去的地区，并警告欧洲人说这将会引起流血。只有他的朋友雅克·希拉克支持他，说和俄罗斯的关系比，与格鲁吉亚的关系更重要。

普京回到家已经时过半夜。星期六下午，他把 11 位权力最大的同事——他的联邦安全会议成员召集到官邸，对他们讲了他与欧洲领导人不愉快的会晤，和他们共同商讨对格鲁吉亚可以采取的各种办法。普京还和美国国务卿康多莉扎 · 赖斯有约。赖斯正等在莫斯科的酒店里，但普京很不愿意赴约。“他不想见她，”普京的一位紧密助手说，“但他知道必须见。”

赖斯很纳闷会见怎么拖后这么久。她后来说：“他通常马上就会见我，除非他想表达某种意思。”[7]

工作会议结束后，联邦安全会议的成员们驱车前往附近的政府宾馆——位于巴尔维哈的一处豪华城堡——去吃晚餐。这顿晚餐意义特殊，因为他们中间有三个人，包括联邦安全会议秘书伊戈尔 · 伊万诺夫和未来的总统德米特里 · 梅德韦杰夫，都是在这几天过生日。

此时普京决定跟赖斯“开个玩笑”。据一位在场者说，普京看了看手表，露出恶作剧的笑容。“干吗忙着收摊？咱们给她小小地表演一下。她要是想见我，告诉她就在这儿见，但别说全体联邦安全会议成员都在。”

赖斯回忆说：“5 点、5 点半、6 点、6 点半，我一直在等，最后大约 7 点半的时候，他们说普京可以见我了。”

汽车载着她和美国驻俄大使比尔 · 伯恩斯沿着俄罗斯高官常来常往的鲁布廖沃 – 乌斯片斯科耶公路风驰电掣地开入黑暗寒冷的乡间，路旁星罗棋布着红砖豪宅。他们穿过有着兰博基尼跑车展示厅和名牌服装店的“巴尔维哈精品村”，驶入了政府庄园高高的铁门。

赖斯和伯恩斯从来没在俄罗斯见到过这样的建筑——塔楼处处，楼梯幽暗，好像吸血鬼德古拉伯爵的城堡。突然间餐厅的门大开，展现在两个美国人面前的是一幕他们完全没有想到的场景——俄罗斯联邦安全会议的全体成员，俄罗斯权力的核心，团团围坐在宴会桌旁。据一位目击者说，伯恩斯“连气都喘不上来了”，赖斯却镇定如常，说：“哦，安全会议在这儿。”

俄罗斯人对她的处变不惊颇为欣赏。普京的一位助理说："她不是铁娘子——比铁娘子强多了。"

她的老朋友谢尔盖·伊万诺夫和她开玩笑说："我们正在讨论绝顶机密的事情。这里有一些绝密的军事情报。你想看看吗，康多莉扎？"大家哄堂大笑。俄罗斯人拿出了格鲁吉亚葡萄酒，美国人不禁感到惊讶，因为此前刚刚发生过俄罗斯军官被逮捕的事情，也刚刚实施了对格鲁吉亚产品的禁运。接着他们讲起了关于格鲁吉亚人的粗俗笑话——尽管翻译企图滤除过分的字眼，但赖斯还是听懂了。

过了一会儿，赖斯对普京说："别忘了咱们还有正事要干呢。"

普京把客人带到另一个房间，一起过来的还有国防部长伊万诺夫和担任翻译的外交部长拉夫罗夫。在这里，谈话变得严肃起来。

普京开始给赖斯上课，讲乌克兰的情况。他给她讲乌克兰的历史和人口组成，讲为什么美国想都不该想把乌克兰拉入北约。伊万诺夫在一次采访中回忆说："普京解释了乌克兰的情况——它的人口至少有三分之一是俄罗斯族，也解释了如果乌克兰和格鲁吉亚被拉入北约，不仅对我们，而且对整个欧洲都会产生不利的后果。"

据比尔·伯恩斯说，赖斯反驳说主权国家有权自己决定参加哪个机构或联盟，不应该视之为威胁。

但普京坚持已见。"你们不明白你们在做什么，"他说，"你们在玩火。"

接下来他提起格鲁吉亚最近发生的事情。赖斯决定还以颜色。"布什总统让我对你说，如果俄罗斯对格鲁吉亚有什么动作，美俄关系就会决裂。"

伯恩斯大使记得普京的回答明确无误：如果格鲁吉亚的挑衅造成安全问题，俄罗斯必将做出回应。赖斯听得出普京的声调冷硬起来。

突然，普京站起身来，怒气冲冲，令人生畏。赖斯条件反射地也站了起来。穿着高跟鞋的她比普京高，俯视着普京。她回忆说那"不是个愉快的时刻——可能是我们之间最僵的时刻"。

普京干脆打开天窗说亮话。“如果他们（格鲁吉亚人）挑起暴力，”他说，“一定会有后果！把这话告诉你的总统。”

作为翻译的拉夫罗夫没有翻译最后那句话，但赖斯听懂了。这是愤怒的普京发出的强硬警告。两年后，萨卡什维利头脑发热地对南奥塞梯发动攻击，俄罗斯大军随即对格鲁吉亚还以泰山压顶般的万钧重击。那时，赖斯又清楚地想起了普京的警告。

冷战式的谋杀

对克格勃来说，最可恨的敌人莫过于掉转枪口对内的自己人。它从不宽恕背叛。

亚历山大·利特维年科曾是克格勃的一名官员，后又在克格勃之后的联邦安全局工作。20世纪90年代他专门负责反恐和打击有组织犯罪。在车臣工作了一段时间后，他被分配到联邦安全局新组建的分析和镇压犯罪组织局。这个局实际上由暗杀队组成，任务是消灭俄罗斯黑手党的高层人物。但利特维年科发现了这个局内部的腐败和与有组织犯罪的联系，于是开始反叛。1998年3月，他泄露消息给石油寡头鲍里斯·别列佐夫斯基，说他和他的4位同事接到命令要杀死他。（别列佐夫斯基当时是在克里姆林宫最吃得开的人物。1996年他策划帮助叶利钦再次当选，很快又要帮助安排他的交接班。）那年7月，普京被任命为联邦安全局局长，别列佐夫斯基马上带利特维年科去见普京，向他报告安全局内部的腐败。据这位石油寡头说，普京未做回应。于是，别列佐夫斯基于11月13日在《生意人报》上发表了给普京的公开信，把此事公布于众。4天后，利特维年科和局里的4位同事召开记者招待会，宣布上面命令他们杀死别列佐夫斯基。[8] 利特维年科立即被联邦安全局开除。这显然是普京亲自下的命令。他后来告诉记者叶莲娜 · 特雷基波娃："就任联邦安全局局长不久后，我开除了利特维年科，解散了他所属的单位。"他所不能接受的不是联邦安全局的特工从事法外杀人，而是利特维年科和他的同事居然敢把这种事公之于众。"联邦安全局官员不应该召开记者招待会，那不是他们的工作，他们不应该家丑外扬。"[9]

1999 年期间，利特维年科两次被捕，被监禁的时间长达数月，但最终被无罪释放。2000 年 11 月，他逃到伦敦申请政治避难并得到批准。在伦敦，他在那时已流亡海外的鲍里斯 · 别列佐夫斯基手下从事反对普京政权的活动，2006 年 10 月成为英国公民。他在伦敦的活动在许多方面引起俄罗斯政府的痛恨。首先，他的雇主别列佐夫斯基上了俄罗斯的通缉犯名单，但英国拒绝把别列佐夫斯基引渡回俄罗斯。（据说英国的秘密情报机构军情六处还为他提供了一名保镖。）其次，他坚信引发了第二次车臣战争的 1999 年公寓爆炸事件背后有联邦安全局的黑手，并把初步调查的结果发表在一家俄罗斯报纸上，还制作了一部电影。本书前面已经说过，对他这些指控做过调查的几位记者和政界人士都神秘地死于非命。

利特维年科在伦敦流亡的日子里不遗余力地挑衅克里姆林宫。他提出的指控似乎越来越匪夷所思、强迫偏执，甚至是无端妄想：他说联邦安全局不仅操纵了莫斯科剧院人质事件和别斯兰学校危机等车臣恐怖袭击，而且还有世界上其他恐怖袭击，包括 2005 年伦敦连环爆炸案的幕后黑手。就连他的好友都认为他极端狂热，因对普京和联邦安全局的仇恨而昏了头脑。他毫无证据地指称克格勃训练了基地组织的二号人物扎瓦赫里，还说普京有恋童癖。他和流亡的车臣分裂主义政府建立了紧密的联系，邻居就是他们的外交部长艾哈迈德 · 扎卡耶夫。安娜 · 波利特科夫斯卡娅遇难后，利特维年科在伦敦的前线俱乐部对记者做了一次演讲，谴责普京亲自指示了这起谋杀。

几周后，2006 年 11 月 1 日，利特维年科见了两位从俄罗斯来的访客，前情报官员安德烈 · 卢戈沃伊和德米特里 · 科夫通，和他们一起喝了茶。之后他就病了，备受剧痛折磨后，于 11 月 23 日不治身亡。调查人员确定他是被一种罕见的放射性元素钋–210 毒死的。警方调查后认定，毒药是从外面带到英国的，可能是科夫通经由德国带来，因为在那里也发现了微量的这种元素。下毒的应该是卢戈沃伊，他利用和利特维年科见面的机会把毒药放到他的茶里。利特维年科在剧痛中辗转挣扎慢慢死去，成了整个 11 月的重头新闻。此前谁也没听说过这个俄罗斯人，随着记者和调查人员把关于他被毒杀的点点滴滴拼凑到一起，英国民众一方面对这酷似拉加雷[①]小说情节的事件感到震惊气愤，同时又因为在他们的首都附近和从莫斯科飞来的飞机上发现了钋 – 210 的踪迹而惊慌失措。这一事件使人们想到 1978 年冷战高峰时期克格勃曾使用蘸毒的雨伞尖在伦敦杀死一名保加利亚流亡人士。《每日邮报》写道："克格勃的触角依然远及八方、令人畏惧。"人们突然记起，2006 年 7 月俄罗斯国家杜马通过了一项立法，允许安全部队在全世界搜捕并消灭极端分子。"极端分子"的定义也得到了扩大，明确包括任何诽谤俄罗斯当局的人——利特维年科显然属于这样的人，而且他这方面的行为可说是不胜枚举。

此事确实令人发指，但别列佐夫斯基和他的炒作专家——撒切尔夫人的前形象顾问贝尔勋爵掌管的公关公司——也对它进行了巧妙的利用。他们刊出了一张极具冲击力的照片，照片上濒临死亡的利特维年科头发已经掉光，形销骨立。利特维年科临死前在他的朋友，同在别列佐夫斯基手下工作的亚历山大 · 戈尔德法布为他起草的声明上签了字，谴责普京亲自下令谋杀他。"我躺在这里，清楚地听到死亡天使翅膀的拍打声，"他用文绉绉的英文写道，"你可以杀死一个人使他不再发声，但是，普京先生，你终其一生都逃脱不了全世界抗议的怒吼。"在别列佐夫斯基同克里姆林宫的争斗中，恐怕没有哪个武器比他手下这个人的死更有力了。

利特维年科死后第二天，他对普京的指控公布于众的时候，普京正在赫尔

---

① 拉加雷是英国小说家，曾写过许多以冷战期间英国情报部门和克格勃的间谍战为题材的小说。——译者注

辛基参加欧盟和俄罗斯的峰会。在记者招待会上，他当然没法回避关于此事的问题。就像对波利特科夫斯卡娅一样，他有意把利特维年科说成是无足轻重的人物，只是说“人死了总是个悲剧”。至于利特维年科对他个人的指控，他斥之为政治挑衅，说可能是由别人捉刀代笔。不过，普京的新闻发言人，向他报告利特维年科死前声明的德米特里 · 佩斯科夫告诉我，普京私下里怒不可遏。“他不能相信有人会指控他下令谋杀，”佩斯科夫说，“作为一个人，他感到非常气愤。”我问普京为什么不公开表示愤怒，那样可能比他的不动声色更容易使人相信他的无辜，佩斯科夫回答说：“他不喜欢在公共场合表露感情。”

不过，几年后普京在谈到 2010 年出卖了包括大名鼎鼎的安娜 · 查普曼在内的 11 名在美国的俄罗斯特工时却真情流露：“他们自有一套规矩，所有干情报这一行的都知道这些规矩。叛徒永远没有好下场，通常是死在路边，死于酗酒或吸毒。”也许他应该再加上一条，死于毒药。

利特维年科之死离安娜 · 波利特科夫斯卡娅被害不到两个月，而对钋的追踪又铁证如山地一路指向莫斯科，这大大影响了西方对俄罗斯的观感，尤其是英国与俄罗斯的关系。英国首相布莱尔极力想维持他和普京的良好关系，力主谨慎，但其内阁的一些成员强烈反对“温和对待”一个藐视人权的政权。布莱尔为此召开了内阁应急委员会的紧急会议。具有讽刺意味的是，有一次普京曾应邀旁听在唐宁街 10 号内阁应急委员会会议室举行的安全通报会。那是在 2005 年 10 月，伦敦连环爆炸案刚发生不久。据一位在场者说，普京语惊四座，说：“我们了解你们是如何追捕恐怖分子的，也非常欣赏你们的专业精神。但换了我们，一旦找到恐怖分子，格杀勿论。”

2007 年 1 月，英国调查人员认定利特维年科之死是一起“俄罗斯情报部门策划的国家暗杀事件”。5 月，英国外交部正式要求俄罗斯引渡主要嫌疑人安德烈 · 卢戈沃伊。俄方回答说俄罗斯宪法不允许引渡俄罗斯公民。他们表示可以在国内审判卢戈沃伊，但称英国在引渡要求中提供的证据不足以立案。这个说法大致不差：英国当局当然不会把所有证据都交给俄罗斯人，因为其中许多是他们搜集到的绝密情报。但是，没有证据俄罗斯人既不肯引渡卢戈沃伊，也不肯对他进行审判。事情就僵在那里。卢戈沃伊利用这段时间竞选进入了国家杜马，因而获得了起诉豁免权。他多次接受访谈，指责别列佐夫斯基才是谋杀的主使。

2007 年 6 月 28 日，英国内阁改组，大卫·米利班德成为新任外交大臣。他上任后的第一个周末埋头阅读情况通报，阅后深为震惊。他在后来的一次采访中说："我没有想到英俄关系如此恶劣。从伊拉克（战争）开始，后来又有别列佐夫斯基的事情，俄罗斯人认为那是我们搞的政治动作。所以，即使没有利特维年科被害的糟糕事情，我们仍然存在很深的政治问题。"[10]

一周后，克里姆林宫拒绝了英国引渡卢戈沃伊的要求。"我们必须决定如何回应。我们不想造成俄罗斯人的过激反应——不想和他们断绝外交关系。"英国驱逐了 4 位俄罗斯外交官，冻结了和俄罗斯联邦安全局的关系，实际上这意味着切断了英俄两国在国际反恐斗争中的主要合作渠道。英方是否明白这样的后果不得而知。俄罗斯外长拉夫罗夫回忆说："我们只能跟他们解释，在俄罗斯联邦，联邦安全局是协调反恐活动的牵头机构，是国家反恐委员会的领导。所以如果我们的英国同事不再准备同联邦安全局合作，我们就只能冻结我们在那个领域中的合作。这很令人遗憾。"[11]

作为报复，俄罗斯也驱逐了 4 位英国外交官，对伦敦坚持要求引渡报以嘲笑。普京总统提醒英国说："在伦敦藏着 30 个犯下严重罪行、受到俄罗斯执法机构通缉的人——可伦敦却根本不想引渡他们。"他是在森林中的一块空地上和青年积极分子坐在一起讨论时政时说的这番话，这是典型的普京式活动场景。他又说："他们不把藏在他们国内的人引渡给我们，反而向我们提出侮辱性的建议，让我们改宪法。要改的是他们的脑子，不是我们的宪法。"

两国关系显然降到了最低点，米利班德该出手安抚了。"在伊朗问题、恐怖主义，甚至气候变化上我们都必须合作。于是我建议会见拉夫罗夫外长。我们提议9月在联合国大厦里见面。需要表明我们虽然在利特维年科一案中谋求正义，但同时我们也愿意在外交战线上和他们合作。”

这位新任外交大臣完全没有料到会见的情形竟然会是那样。有17年的时间，拉夫罗夫可以说就住在联合国总部，其中有10年是作为俄罗斯大使。他是我所见过的最精明敏锐的外交家，对过去20年的外交史了如指掌。他喜欢一根接一根地吸烟，啜饮威士忌，说出来的话像利剑一般。米利班德回忆说：“开始会谈时我先聊足球。我问他支持哪支足球队，他却不搭我的茬儿。那场会谈大约持续了三四十分钟，对我是一堂非常非常难熬的外交课。对方认为自己是个中老手，什么都清楚，没有我说话的份儿。那是一次相当激烈的会见，这种初次见面的方式可真够艰难的。”

而据拉夫罗夫回忆，米利班德闲谈的是另外一个同样不合适的题目。他笑着说：“谈话一开始，大卫问我们的统一俄罗斯党为什么和保守党而不是和工党建立伙伴关系。我完全没料到他会问这个问题。党与党的合作和我不沾边，但他对此非常感兴趣。”至于关于克服利特维年科危机的新主意，拉夫罗夫说：“我没听他提出任何新主意。我重复了俄罗斯的立场，包括总检察长表示，如果能得到英国调查人员掌握的所有材料，可以和英方展开联合调查。”

普京说英国的“侮辱性”要求是“殖民主义思维的残余”，拉夫罗夫也说到了这点。米利班德说：“他说我们不能总以为自己还是帝国，可以要求别的国家改变宪法。他把这点说得十分清楚明白。”

米利班德和拉夫罗夫会见后，两国关系的裂痕不仅没有弥合，反而进一步加大。12月，克里姆林宫宣布关闭英国文化协会设在俄罗斯的两个办事处，理由是它们拖欠税款，而且官方身份不合规定。许多人认为俄罗斯此举对它自己不利，因为英国文化协会的主要任务是教授英文和组织文化交流。但拉夫罗夫认为这两个办事处“违反了关于领事关系的国际公约”。同时他又明确表示这是为了进一步报复英国对俄罗斯的“单方面行动”——具体地说是冻结了关于便利发放签证的谈判。

回顾他和拉夫罗夫角力的那段时间，米利班德认为那是两个没落帝国之间的冲突。“我认为，俄罗斯视英国为衰落的大国，而英国也视俄罗斯为衰落的大国。这不一定会导致误解，但必然导致英俄关系中一直存在的那种崎岖和艰难，从某种意义上说也导致了双方不肯妥协的态度。”

5 年间，两国的政治接触继续处于实际冻结状态。即使在新任首相卡梅伦于 2011 年 9 月访问莫斯科之后，两国关系依然死气沉沉、没有起色，像一艘船，搁浅在 2006 年在伦敦发生的冷战式的残暴谋杀这座沙洲之上。

采取主动

普京努力把他的国家描绘为自由的现代民主国家，但后来几年发生的一系列谋杀事件使得他劳而无功。在普京做总统的两任期间，好几个记者遭到杀害。这些谋杀案并非都出于政治动机，受害者也鲜有安娜 · 波利特科夫斯卡娅那么高的声望。但是，这些谋杀案几乎无一侦破，使人感到在俄罗斯杀害记者可以逍遥法外，特别是如果这些记者惹怒了当局的话。记者波利特科夫斯卡娅和政治流亡者利特维年科都在高层为自己树了敌。他们对普京政权极为敌视——事实上，他们写的东西内容几乎一样，都是指控联邦安全局犯下了可怕的暴行，为支撑普京政权而牺牲上百人无辜的生命。

马丁 · 斯克斯密斯是利特维年科一案的调查员。调查完毕后，他的结论是普京并未亲自下令杀人，但也难脱干系，“因为他造成了杀人的气氛和条件，在这种气氛里，一些积极主动的现任或前任联邦安全局人员注意到克里姆林宫的信号，自己就会主动采取行动”。[12] 我认为波利特科夫斯卡娅的被害也是一样。

在这两个案子里，可能暗杀者没有收到直接的命令，他们甚至不需要命令，他们杀人也不需要准许，因为他们知道“消灭国家的敌人”是当局所默许的。他们也许是擅自行动，为了报仇或者让主人“高兴”。不管怎样，他们都知道不会受到惩罚。

联邦安全局内设有专门从事非法杀人的单位，由此可知今天的俄罗斯是个怎样的国家。这个单位虽然被普京解散了，但千万不要幼稚地以为联邦安全局就此摇身一变，成了全是和蔼可亲的克鲁索[①]的俱乐部，或者以为公平审判和陪审团取代了左轮手枪和玻璃管中的钋粉。

① 克鲁索是喜剧电影《粉红豹》里面的法国侦探。——译者注

THE
STRONGMAN

第九章

媒体、导弹、梅德韦杰夫

Vladimir Putin and
the Struggle for Russia

西方的公关机器

苏联解体后，普京总统为使俄罗斯作为备受尊敬和重视的国家重回世界舞台显要位置做出了诸多努力，其中，2006年本应是一个里程碑。自从俄罗斯1997年成为由主要工业化国家组成的八国集团的一员后，这年它第一次轮到做主席——这是个机会，可借此影响全球议程的形成；7月普京的家乡圣彼得堡将主办八国集团峰会，若是安排得无懈可击，将能传誉全球。

然而我们看到，新年伊始，俄罗斯切断了对乌克兰的天然气供应——恐怕这不是它想在世界上树立的形象。年前的几个月里，普京的所作所为已经让西方紧张不安了。他采取了一系列措施加紧对权力的控制，压制反对的声音，包括限制非政府组织，纵容青年组织"纳什"恫吓政治反对派和骄狂自大的外国大使。

西方保守阵营中已经有呼声要求把俄罗斯逐出八国集团，至少要求布什总统抵制圣彼得堡峰会。

在克里姆林宫红墙后总统办公楼幽暗的走廊里，有人提出了一个新奇的主意：俄罗斯需要更好地宣传自己的形象，需要西方公关公司的帮助。克里姆林宫没有公开招标，[1] 而是通过私人关系找到纽约一家大公关公司——凯旋公关和它的一家欧洲伙伴公司——布鲁塞尔的GPlus。这两家公司的最高层主管飞到莫斯科，共同向普京的新闻秘书阿列克谢 · 格罗莫夫和他的副手德米特里 · 佩斯科夫宣讲设想和计划。（他们二人共同承担发言人的职责：格罗莫夫承担主要角色，英文流利的佩斯科夫基本上专门和外国记者打交道。）

在这个时候，原来和我同做记者的几个GPlus的主管拉我加入他们的团队，当俄罗斯事务首席顾问。本章大部分内容都是基于我那时的经历写成的。

在我们看来，做克里姆林宫顾问的任务很简单：让俄罗斯人了解西方媒体运作的方式，并力图劝说他们采纳政府处理与新闻界关系的最佳做法。我们是顾问，不是发言人。虽然 20 世纪 90 年代叶利钦政府对西方经济顾问的意见求之若渴，可是在媒体关系这个“意识形态”色彩浓烈的问题上向普京的团队提供咨询却绝非易事。佩斯科夫确实对学习西方的做法表现出强烈的兴趣，但初见成效后，我们眼看着我们的“客户”又逐渐故态复萌。波利特科夫斯卡娅被害后，利特维年科又被毒杀，再后来是俄罗斯出兵格鲁吉亚，看到这一系列事情，我开始猜想克里姆林宫之所以决定雇用西方公关公司，是不是因为他们事先知道自己的形象马上要一落千丈。

他们为改善形象不惜重金。凯旋公关向美国司法部提交的申报显示，开始几年俄罗斯几乎每个月付给凯旋公关 100 万美元。[2]（凯旋公关还和因与乌克兰的“天然气之战”而麻烦缠身的俄罗斯天然气工业股份公司签署了另一份合同，大约也要这么多钱。）钱不是直接由克里姆林宫出，而是通过俄罗斯的一家银行支付，从而避免了经过国家预算审批。[3] 这件事遭到了一些俄罗斯媒体的批评，他们不理解克里姆林宫为什么需要西方（而不是俄罗斯）的公关公司，为什么没有作为国家项目公开招标。[4]

凯旋公关遇到的最大问题是俄罗斯人对西方媒体的运作一无所知。他们根据对付国内媒体的经验，真心相信我们能用钱买到有利的报道——比如花钱找人在《华尔街日报》评论版发表文章，说俄罗斯的好话。他们相信，记者发稿写什么、怎么写，全看报社老板（或政府）的意思，对那些批评俄罗斯的记者，他们想予以“惩罚”，不邀请他们参加新闻活动（事实上因此而放弃了影响那些记者的机会）。他们不停地骚扰《卫报》驻莫斯科的记者卢克·哈丁（和他的家人），显然是因为他所属的报纸发表了对鲍里斯·别列佐夫斯基的采访，采访中别列佐夫斯基呼吁推翻普京——尽管哈丁与那篇采访没有任何关系。[5] 在利特维年科一案闹得沸沸扬扬的时候，英国广播公司俄罗斯分社的三名工作人员在莫斯科街头遭到袭击。这一切很难使记者们对俄罗斯做出克里姆林宫所希冀的积极报道。俄罗斯人总是要求凯旋公关“使用我们的技术”改善对俄罗斯的报道。我不明白他们是什么意思。我们想要他们使用的技术是每天早上 10 点钟召开像电视剧《白宫风云》那样的记者招待会，但是他们从来没有做过。

我们提交了一份又一份的说明文件，反复阐述我们的基本主题——向媒体开放。和记者打成一片，请他们吃中饭，和他们谈天说地，向他们透露点儿小道消息，慢慢地争取他们。对记者解释自己的情况，他们会逐渐对你产生信任。接受采访，上广播电台，上电视，因为你不上，你的对手就会上，媒体关注的题目就会由他们来确定。我们的建议一度得到了执行。佩斯科夫请驻莫斯科的记者在高级餐馆吃了几次晚餐（比我们设想的聚餐正式得多），反响不错。他们还建立了有指定部长参加的“星期二通报会”制度，使驻莫斯科的记者团大喜过望。但安娜·波利特科夫斯卡娅谋杀案发生后，佩斯科夫非常担忧，取消了这个制度：他知道不论通报会原定题目为何，记者们一定都会问有关人权和民主的问题。还是不见他们为妙。

凯旋公关的大部分工作是世界上多数政府派自己的使馆和外交部做的事情，但克里姆林宫显然对本国的这些机构没有信心。俄罗斯的部长出国访问时，由我们安排记者招待会，提供背景资料文件，列出他们可能会被问到的问题（有时还提供我们认为他们应该做出的答复——虽然他们很少采用我们提供的说法）。我们为部长（甚至总统）起草文章，但通常被莫斯科当局改得面目全非，无法卒读，很难在任何报纸上刊载。令人费解的是，佩斯科夫要求我们为能源部长或外交部长起草文章，却又不告诉我们部长想说些什么。如果问他，他通常回答说："你们觉得他该说什么就写什么。"于是我们只能在不得要领的情况下起草文章或演讲稿。然后我们写好的东西又被从头写过。特别是拉夫罗夫外长，他不想让"无知"的外国人为他捉刀代笔（他这么做完全正确）。

凯旋公关每天向克里姆林宫送交3份新闻总结，分别是日本、欧洲和美国的新闻汇编，对世界各地关于俄罗斯的报道做出全面的——也许是过于详细的——报告。报告经常长达100多页，包括任何提到"俄罗斯"的文章的全文和摘要，但不做分析。第一份合同执行期间，在俄罗斯担任八国集团主席那年，凯旋公关雇用了一家机构把媒体的每篇文章都以颜色标注，用红、黄、绿来标明报道对俄罗斯不利、中立或是有利。到年底做成图，即可显示由于凯旋公关的努力，代表有利的绿色多于代表不利的红色。公关工作这个常用的方法在克里姆林宫政治的微妙环境中却行不通。此外，不同颜色的选择似乎毫无章法，和文章的内容没有关系——就连体育新闻或天气预报也被加上红点或绿点。（这项"服务"后来终止了，因为人们意识到它全无用处。）

克里姆林宫还定期收到"路线图"——今后3个月/6个月/1年的"全景"公关战略。里面用的都是唬人的大词，什么"利用将来的机会"，什么"可取得的成果"，还有"争取利益攸关方"。其实，大部分工作说到底是帮助安排部长访问、组织记者招待会和报告西方发生的大事这类平常的事情。

作为公关这一行的新手，我每次看到"与影响者关系"和"第三方接触"这些云山雾罩的说法总是忍俊不禁。它们的意思其实就是培养与对俄罗斯感兴趣的专家和"思想领袖"的关系。凯旋公关对任何这方面的接触都进行巨细无遗的报告，比如同某智库的成员共进午餐或出席讲演会。所有这些都作为完成的任务记录下来，每月送交莫斯科。如果一位“影响者”在文章中写了一句积极的话，这句话就将在报告中作为“成功”予以引用。我记得凯旋公关一份关于工作成就的报告引用了加拿大总理的一句话，说“我认为俄罗斯近几年取得了巨大的进步”。不知道克里姆林宫是否真的相信这里面有我们的功劳。

我们的一个不容置疑的成功是开启了“电话通报会”的办法，记者们可以打电话参加佩斯科夫或某个部长主持的记者招待会。俄罗斯人觉得这比面对面的记者招待会自在。他们终于找到了向媒体解释他们行为的办法。

我和佩斯科夫一起工作了三年多，和他混得很熟。40出头的他高高的个子、衣着整洁、举止随和、很有魅力、讲一口流利的英语（他的土耳其语也很流利，因为他在安卡拉使馆工作过多年）。1999年叶利钦总统访问土耳其时发现了他，把他调回国，在总统办公厅工作。普京上台后，他成为克里姆林宫新闻关系办公室主任和总统的副发言人。从那以后，他一直是媒体眼中的无价之宝，全俄罗斯几乎唯有他有能力、有权威，也有意愿接受外国媒体的公开采访。他因此成了大忙人。我在英国广播公司莫斯科分社的同事一直渴望能多采访几个人，他们曾恳求我说：“请让他们多派些发言人。德米特里是很棒，可他没有时间……”然而，除了几个部长之外，俄罗斯没有人愿意接受西方媒体的采访，难怪他们觉得把信息传递出去那么难。

我对德米特里进行媒体培训，帮助他在电视摄影机前表现得更加自如。不仅训练他的声音和举止，而且对他提出最尖锐的问题，教他如何以简明扼要、条理清楚的方式表达重要的意思。许多没有研究过西方简明新闻报道的人在接受采访时常常说个没完，但总说不到点子上。

2007年在德国举行的一次八国集团峰会上，佩斯科夫交给我一项特殊任务——修改普京总统将在危地马拉市为支持俄罗斯争取在索契承办2014年冬季奥运会所做的讲演稿，要改得更风趣些。俄罗斯申奥成功了——这个大功我自然居之不疑！（其实，我提的大部分建议都未被采纳！）2008年德米特里 · 梅德韦杰夫就任总统后，我负责就视频和播客提供咨询，至少一部分建议被采纳在他创新性的视频博客中。

德米特里的上司阿列克谢·格罗莫夫是普京任总统期间克里姆林宫中最重要的人物之一。我听说他是“唯一无须预约就可以进入普京办公室的人”。普京和他每天见面，经常就政策问题征询他的意见。格罗莫夫对俄罗斯媒体实施严格的控制。一次我正在他的办公室喝茶，俄罗斯国家电视台台长走了进来。格罗莫夫把我简单介绍给他，接着挥手要他去后间自己倒点喝的，在那里等着。这是他们每周例行的谈话，格罗莫夫会把今后一周的议程过一遍，确保新闻报道“正确”。

格罗莫夫和佩斯科夫一样，也是干外交出身，曾在布拉格和布拉迪斯拉发工作，1996 年奉命回国任叶利钦的新闻办公室主任。他喜欢穿格子开衫毛衣，用长烟嘴吸万宝路香烟。作为普京的新闻秘书，他只管俄罗斯媒体，由佩斯科夫对付外国媒体。在一次和格罗莫夫的会面中，我提起了我的一贯主张：在西方看来，俄罗斯在思维和行为上正越来越往苏联的老路上走，为了扭转这种看法，不仅需要停止苏联式的行为（比如禁止反对派集会示威），还需要通过演讲和国家电视台播出的纪录片大力批判苏联的历史。格罗莫夫的答复非常说明问题。他承认这样做会改变西方的态度，使西方对俄罗斯的看法更加积极。但是，他说：“我们得照顾国内舆论。而国内舆论对苏联的看法总的来说是积极的。我们首先要考虑国内的政治稳定。”确实，俄罗斯有许多人，特别是老一辈的人，怀念过去，如果对他们的观点提出挑战可能会导致“不稳定”。令我泄气的是格罗莫夫对此只是被动地接受。以他对俄罗斯媒体的影响，他完全可以发起一场运动来改变人民对昔日的看法。毕竟戈尔巴乔夫和叶利钦在职时都这样做过，民众的态度也确实发生了改变。而现在政府拒不作为。

那几年我提建议尽量有话直说，即使有时超越了“公关咨询”的正常限度。在那段时期里，当局开始驱散由国际象棋冠军卡斯帕罗夫领导的名为“另一个俄罗斯”的新反对派联盟组织的示威。我对我在克里姆林宫的同事解释说，多少公关都弥补不了一张防暴警察殴打老太太的照片造成的破坏。当然，我说这些话的对象不对。我坚信佩斯科夫完全同意我的意见，但他无权改变警察的做法。

有一次他们要我对一篇文章发表意见，文章是用俄文以梅德韦杰夫总统的名义写的，想在声名卓著的《外交》杂志上发表。那是在2008年格鲁吉亚战争之后。那篇文章写得极其蹩脚（好像是由至少三个意见迥异的人共同执笔的），我发回的评论也毫不客气，说除非他们想让人认为他们的总统是个精神分裂的疯子，否则就该把这篇文章撕成碎片。我那些专业从事公关的同事大为吃惊，担心雇主会不高兴。但佩斯科夫却对我的建议表示感谢。

无论佩斯科夫后来多么信任我的判断，我最终认识到那其实是没有用的。克里姆林宫想要我们帮助传播信息，不是改变信息。他们事先什么都不让我们知道。比如我们要求事先拿到重要讲话的讲稿（或至少是节选），好在早间新闻简报会上透露一点口风，吊起记者的胃口，以保证晚间收到最大效果。这是西方政府新闻办公室的标准做法，但克里姆林宫不信任我们这些顾问。普京的讲话稿发到记者手中的同时才发给我们。至于引起西方注意的公关手段，比如显示普京男子汉气魄的照片，那和我们没有关系。我们永远是事后才知道。

凯旋公关2007年的工作赢得了一项很有威望的公共关系奖，但我知道克里姆林宫想让它的公关顾问“闯劲更大一些”——不仅是安排记者招待会和采访，或提供背景材料和分析文件，而且要想办法引着记者多说俄罗斯的好话。我记得一次和佩斯科夫的副手谈话，他批评我们在一位部长接受采访后没有采取后续行动以确保记者对采访的报道写得“对路”。报纸说我们是歪曲事实的专家，努力洗刷普京的人权记录——确实，克里姆林宫可能就是想让我们这么干。事实上，凯旋公关的主要作用是让克里姆林宫了解外界对他们的观感，并鼓励他们采取措施改变这种观感。当然，真正需要改变的是信息本身，不是传达信息的方式——但那是远远超过凯旋公关职权范围的政治上的挑战。

其他的西式做法

凯旋公关还不是当时克里姆林宫唯一的“宣传工具”。2005年年底俄罗斯成立了24小时播放的卫星电视台“今日俄罗斯”（后来改名为RT），就世界大事发表“俄罗斯的看法”，并向全世界观众介绍俄罗斯的政治和生活。它第一年的预算是6 000万美元，雇用的播报员都是英语一流的俄罗斯人，也有外国人。它看上去非常专业化，比起全球电视市场上的许多竞争者来毫不逊色。然而，与英国广播公司世界新闻、美国有线新闻网或新出现的法国24台这样的对手不同的是，它的目的从来就不是公平冷静、实事求是地报道新闻。“今日俄罗斯”的使命是让世界了解俄罗斯，所以它重点报道国内的政治新闻，很少对其他国家进行全面报道。苏联时期新闻报道中的西方是一张黑白照片，充满了阶级斗争和贫穷，相比之下苏联则是一片光明。“今日俄罗斯”的手法则细致多了。它知道观众还有其他消息来源，所以不回避报道反对派的活动，甚至是对俄罗斯的批评。这样，它造成了俄罗斯媒体多元化的幻觉，掩饰了这一真相：“今日俄罗斯”是俄罗斯电视体系的例外，因为它是面向外国观众的。2008年俄格战争期间，它露出了本相和真实的目的，“今日俄罗斯”扔掉了所有貌似公平的伪装，变成了克里姆林宫彻头彻尾的宣传工具。

这家电视台是由国有新闻机构俄罗斯新闻社创办的。俄新社和它的前身，苏联时期的苏联新闻社一样，身兼二职：首先，它收集新闻，主要向外国受众提供新闻报道（苏联新闻社庞大的驻外记者网中也包括许多秘密克格勃特工）；其次，它的驻外分社是宣传俄罗斯政府新闻的中心。这第二个职能与凯旋公关和GPlus的作用有很大的重叠之处，因此导致了一些摩擦。我感到俄新社十分不满外国人篡夺了它作为克里姆林宫官方宣传工具的作用。比如，有几次要GPlus安排俄罗斯驻布鲁塞尔大使叶甫盖尼 · 契卓夫的新闻发布会，结果发现俄新社已经安排了——而且俄新社财大气粗，排场十足，新闻发布会经视频连线直通莫斯科。

另一个宣传俄罗斯形象的新举措是瓦尔代国际辩论俱乐部。它成立于普京总统的第二个任期，主要推手也是俄新社。瓦尔代俱乐部每年 9 月召集大约 50 名“俄罗斯观察家”（主要是记者和学者）同俄罗斯本国专家举行 10 天的辩论，加之参观游览（每年都去一个新鲜地方）并接受克里姆林宫高级官员的接见（官员的级别逐年升高）。2004 年的第一次辩论会在莫斯科北部的瓦尔代湖举行，瓦尔代俱乐部即由此得名。而且那一次出乎所有人的意料，普京总统竟然亲自接见了他们。他正因别斯兰惨剧憋了一肚子火，愿意花上几个小时的时间和这群人见个面，发泄一下怒气，回答他们的问题。自那以后，俱乐部成员们游览过喀山、车臣、西伯利亚和圣彼得堡等地，和普京与梅德韦杰夫（分别）在他们莫斯科郊外或索契的别墅里共进过丰盛的午餐。梅德韦杰夫显然认为瓦尔代俱乐部同普京的联系过于紧密；他在 2009 年成立了自己的外国专家聚会——“雅罗斯拉夫尔全球政策论坛”。

瓦尔代俱乐部是影响外界观感的全新手法——比起接受美国有线电视新闻网或英国广播公司的采访或引导莫斯科的外国记者对俄罗斯进行更积极的报道来要细致多了。这是一种软宣传——风险不小，因为 50 个外国人在五星级酒店住 10 天耗资不菲，也肯定不能保证一夜之间能够改变他们的看法。他们的想法是：来宾们——这些资历深厚的克里姆林宫观察家在学术杂志上撰写文章，向政府提供咨询意见，作为权威在媒体上发表评论——如果有机会和普京悠闲地共进午餐并花上一个来星期的时间和友好的俄罗斯专家与官员辩论问题，那么他们对普京的好感就会增加。

莫斯科知识界的批评家对这个项目嗤之以鼻，说大多数参加者都是“被利用的傻瓜”，他们受了蒙蔽，回去鹦鹉学舌地重复他们在享受清蒸龙虾和美酒时被灌输的宣传辞令。

比如，卡内基基金会的丽莉娅 · 谢夫佐娃就说克里姆林宫通过瓦尔代俱乐部“收编”和利用西方评论家：“外宾来瓦尔代吸收俄罗斯领导人的意见，然后传达给世界。”[6]我完全同意这正是克里姆林宫的意图所在，否则他们不会不惜花费如此大量的时间和金钱。然而，我参加了三次瓦尔代会议之后，认为她高估了瓦尔代的效果。也许有些与会者的批评不再那么尖锐——而且确实几乎所有人，无论是不是瓦尔代俱乐部的成员，亲自接触到普京都会被他迷住（撒切尔夫人曾有类似的魔力，哪怕是对批评她的人）。但是，参加了几届俱乐部活动后，成员们并不是回去就大唱赞歌。保守的“传统基金会”成员艾瑞尔 · 柯恩和经验丰富的马歇尔 · 戈德曼绝不能算是克里姆林宫的傀儡。

见到官员总比见不到强。大部分参加瓦尔代活动的人都有足够的经验，分得出什么是宣传、什么是事实。基本上，来时对俄罗斯有好感的人离开时仍然有好感，之前认为普京是骗子、反民主的人也很少改变看法。大部分记者和学者都欢迎有机会见到一个国家如此之多的官员；这并不意味着他们会自动接受这些官员的观点，更别说“传达”了。比如，听普京谈上几个小时的话不一定让人从此爱上他，因为听众得以近距离观察他的举止、他的偏执，甚至有时是他的愤怒，而对一个信奉民主的人来说，观察的结果远不能令人安心。我对瓦尔代参加者感到不满的不是他们轻信宣传，而是他们——也许是被普京镇住了——没人利用这难得的机会和他争论：他们只是问一个（通常是温和的）问题，然后耐心地听他滔滔不绝地回答——从来不敢继续提问或打断他的话，或指出他哪里错了。即使是号称“尖刻”的那些人提问时也都先说上一大堆奉承话。佩斯科夫私下告诉我，（明显喜欢和人争辩的）普京本人也因听不到论战式的提问而着急无奈。

普京好像也怀疑瓦尔代行动到底多么有效。2007 年他第四次和俱乐部成员会见时，一上来就说了一番尖利刻薄的话，明显表示出他认为西方媒体是奉某种“指示”行事的：“近年来，我看出来欧洲和北美媒体的纪律非常严明。从你们发表的文章中我没有看到我们的会议产生过任何明显的结果，虽然我相信你们对我国了解得更多了。如果你们能把了解到的情况传达给你们的读者和观众，打破西方对我们的僵化印象，我们将很高兴。”

普京在第二任期的又一个发明是“民主与合作研究所”，它远比瓦尔代俱乐部更为有害（尽管实际效果不彰，但至少意图如此）。它在纽约和巴黎设有分部，是今天俄罗斯最彻底的苏联式做法的复辟：这个智库的目的是要证明践踏人权和民主的是西方，不是俄罗斯。研究所的使命声明说，它希望“改善俄罗斯在美国的名声”并就美国民主提供“分析”。它的纽约分部主任是安德兰尼克·米格拉尼扬，此人虽然是亚美尼亚裔，却狂热支持俄罗斯所谓干涉邻国的权力；巴黎分部主任是娜塔莉娅·纳罗奇尼茨卡娅，她是俄罗斯民族主义者，还极力为米洛舍维奇辩护。他们派到前线之前都在我这里接受过媒体培训。我可以有信心地说西方完全不必害怕他们能破坏人们对西方民主的信念，但我敢肯定他们两人在美国和法国待遇优厚的闲散职位上都会乐不思蜀。

慕尼黑

2007 年 2 月，克里姆林宫要我去德国。普京总统将在巴伐利亚州一年一度的慕尼黑安全会议上讲话。他的新闻团队预计反响会非常强烈，想要人帮助安排普京演讲后由佩斯科夫接受各种采访。像通常一样，他们没有给我们任何关于演讲内容的细节。佩斯科夫和他的副手阿列克谢·斯米尔诺夫紧张又兴奋：“这活儿不好干！”他们说，“我们得确保记者明白演讲的意思。”他们大可不必担心：那是普京政治生涯中最直言不讳、最强硬的演讲。

贝尔里施尔霍夫酒店周围层层围满了保安人员，里面世界要人济济一堂——不仅有几十位国防部长和高级将领，还有议会议员、政治家和名记者。谁也没有料到普京的讲话会如此强硬。据消息人士说，2007 年年初俄罗斯总统终于对美国人失去了耐心。“够了，”他对助理们说，“我受够了！”他如此大发雷霆是因为华盛顿最近决定着手实施它在欧洲建立国家导弹防御系统的计划。它刚刚开始和波兰会商，打算在其领土上部署 10 枚拦截导弹，也在和捷克共和国谈判在那里建立一座最先进的导弹追踪雷达站。普京初任总统时，勉强默许了布什退出反弹道导弹条约的决定，但现在美国人想要部署导弹防御系统，对此他绝不会善罢甘休。俄罗斯坚信，美国此举将使俄罗斯的核威慑效力全失。

普京大步走进会议厅，他这次带来的可远不止通常他牢骚卡上的那些抱怨。演讲开始时他以开玩笑的口吻警告下面的听众：

> 由于这样的会议安排，我不必过于彬彬有礼，不用说一些拐弯抹角、好听然而空洞的外交辞令。这种会议形式能使我对国际安全问题畅所欲言。如果我的话在同人们听来过于激烈、尖锐或不精确的话，那么请你们不要生气，毕竟这只是一场会议。我希望我开始讲话两三分钟之后，特尔契克先生（主席）不要开亮那边的红灯[①]。

普京对美国进行了猛烈的抨击，说美国妄想统治世界，做世界“唯一的主人”，在听众中引起一片骚动。

> 今天我们亲眼目睹了美国在国际关系中几乎任意地过分使用强力——使用军事力量，这正在把世界推向永久冲突的深渊。这使我们没有足够的力量找到对任何冲突的全面解决。政治解决也成为不可能。我们看到国际法的基本原则日益遭到蔑视。事实上，独立的法律规范越来越向一

① 这里指主席台上放置的提醒发言人时间的小灯。——译者注

国的法律体系倾斜。一个国家——当然首先是美国——在所有意义上都越过了自己的国界。它强加给别国的经济、政治、文化和教育政策现在都显示出这一点。谁会喜欢这种情况呢？谁对此能感到高兴呢？

他说美国“意识形态僵化”、奉行“双重标准”。他指控美国对俄罗斯奢谈民主，自己却侵略别国、践踏国际法、挑起军备竞赛。他怀疑美国可能并未销毁按照不久前缔结的军控条约应该销毁的导弹，而是“把它们藏在仓库里以备不时之需”。谈到布什总统的导弹防御计划时，普京谴责“外空军事化”并建议缔结一项规定此类武器为非法的条约。他把北约的扩张称为“挑衅”：

我们有权发问：扩张是针对谁的？华沙条约解散时我们的西方伙伴做的保证呢？今天那些宣言在哪里？人们已经全然忘怀了。但我却要提醒一下诸位它们是怎么说的。我想引用北约秘书长沃纳先生 1990 年 5 月 17 日的讲话：“我们不准备把北约部队派到德国领土以外，这本身就是对苏联的一项坚定的安全保证。”这些保证如今到哪里去了？

普京警告说一道新的铁幕正降临在欧洲大地上。当他指出俄罗斯——和东欧国家一样——也实现了制度转型，却没有得到一点承认时，语气愤懑不平：

柏林墙的石头和混凝土块早已成为纪念品，但我们不应忘记柏林墙的倒塌要归功于一个历史性的选择——我们的人民，俄罗斯人民也做出了同样的选择。我们选择民主、自由、开放和与欧洲大家庭所有成员建立真诚的伙伴关系。现在有人企图把新的分裂线和分裂墙强加给我们。这些墙也许是虚拟的，但它们仍然把我们的大陆分成了两半。

美国国防部长罗伯特 · 盖茨坐在第一排，普京讲话期间他一直在纸上振笔疾书。他的助理丹 · 法塔和埃里克 · 艾德尔曼赶紧跑过来问听了刚才的讲话后是否要他们帮他重写他第二天早上的演讲。盖茨拿出他写的那张纸说："看看，你们觉得这个怎么样？"

法塔和艾德尔曼听他念了一遍，对视一眼，说："太棒了！"

他们的上司回答说："这不是我第一次参加驯马大会。"[7]盖茨的经历和普京十分相似。他 1966 年进入中央情报局，老布什任总统时升任中情局局长。在慕尼黑安全会议上，普京发言的第二天，他在讲话中做出和解的姿态，并提到了这段经历。

> 在座诸位中的许多人有外交或政治方面的背景，而我和昨天的第二位演讲人一样，背景完全不同，是干间谍出身的。我想大概老牌间谍都习惯有话直说。但是我受过再教育，当过 4 年半的大学校长，和教员打交道。近几年来不止一位大学校长在教员面前领教到，如果不客气点，就得走人。我们今天的世界比起二三十年前大不一样，复杂得多。我们面临着许多共同的问题和挑战，必须和其他国家，包括俄罗斯，携起手来予以应对。打过一场冷战已经足够了。

分析家德米特里·特列宁把普京的慕尼黑讲话描述为他思想发展过程中新阶段的开始。如果第一阶段是"同欧洲和美国和解"，第二阶段（伊拉克战争后）是"不结盟，但不愿与西方对抗"，那么慕尼黑会议之后的第三阶段就是"强迫建立伙伴关系"。特列宁写道："普京列出了他要强迫美国和欧洲与俄罗斯建立伙伴关系的条件：接受现状、平等相待、在共同利益的基础上建立合作。"[8]最后，特列宁写道："强迫的伙伴关系"并没有建立起来，因为 2008 年和 2009 年年初，俄罗斯开始和可能成为它伙伴的国家渐行渐远。

不过，在 2007 年慕尼黑讲话后的那几个月，普京确实作了最后一次努力想和美国人就导弹防御达成妥协。可能他希望他那篇讲话会对美国人造成震动，促使他们合作。双方离达成协议只差一步之遥，可惜最终还是功亏一篑。

这一次，美国人和普京一样难辞其咎。

来自伊朗……或俄罗斯的威胁

乔治·W·布什从就任总统起，就坚持说计划建立的国家导弹防御系统是为了保护美国不受像伊朗和朝鲜这样的“流氓国家”的攻击。尽管它们尚未具备此种能力，但看来它们正在发展中程和远程导弹系统，有朝一日可能会打到美国。据说伊朗导弹的弹道将经过东欧上空，所以国家导弹防御系统的欧洲部分就需要在捷克共和国建立雷达设施（以便在导弹发射后对其进行追踪）并在波兰部署拦截导弹（好把它们击落）。

普京的外交政策顾问谢尔盖·普里霍季科说：“从一开始，我们就不能接受这些计划。”[9]俄罗斯人的拒绝有几个理由：伊朗还没有美国的导弹防御系统要防的远程导弹，很多年内都不会有；即使他们有，波兰和捷克共和国也不是拦截的最佳地点；最关键的是，捷克的雷达将能够侦察俄罗斯的设施，而波兰的导弹则会破坏俄罗斯的核威慑能力。

此前，俄罗斯只是一味批评这些计划，却没有提出任何建设性的办法。但2007年6月，普京前往德国海滨度假胜地海里根旦姆参加八国集团峰会时带去了他自己的计划。除了峰会本身的事情以外，普京与布什总统举行了双边会谈。他有备而来，使美国人措手不及。此前一周内，他咨询了军事专家，头天晚上，普京在他的房间里画出了导弹弹道图，还记下了别的数据。现在他把这些往布什面前一摆，详细阐述了为什么美国的计划完全不对。据一位当时在场的助理说，普京解释了雷达应该安在哪里，为什么布什在伊朗和朝鲜问题上被他的顾问误导了，以及为什么俄罗斯感觉受到威胁，等于“宣讲了一篇实实在在的论文”。[10]

据说布什看着他说：“噢，我看得出这对你们是件很严重的事。没人跟我说你们对这事这么认真。”

普京说：“我们想到这事连觉都睡不着！”

布什说：“好吧，作为朋友，我可以保证我们会研究你刚才说的那些。”

但是普京有一个新的具体建议，为的是打消美国的行动——同时也要试探一下这个系统是不是真像布什所说是针对伊朗，不是针对俄罗斯的。他说：“你看，我昨天和阿塞拜疆的总统谈过了。我们在那里有一座雷达站，在一个叫加巴拉的地方。我愿意让你们用。那地方离伊朗更近。我们可以建立一个联合系统。你们用我们在阿塞拜疆的雷达，就不需要在捷克共和国设雷达了。”

普京是大棒和胡萝卜并用。峰会召开几天前，他曾凶狠地暗示美国人若是在东欧部署导弹拦截武器，那么俄罗斯作为报复只能把它的导弹再次瞄准欧洲。现在他却主动提出如果美国人重新考虑他们的计划，他可以收回他的威胁：“这样我们即可不必改变立场，不必恢复我们导弹的瞄准目标。我国不需要在接近欧洲边界的地方部署导弹打击系统，美国也不需要在外空部署导弹打击系统。”

这对美国人来说是个不可轻视的机会：普京首次主动提出如果让俄罗斯参与的话，他可以不再反对导弹防御。布什答应和他的军事顾问商量一下。

普京感到布什被他说动了，于是不到一个月后，又提出了进一步的建议。7月1日，他飞往美国缅因州肯尼邦克港与布什进行非正式会谈，地点是布什在沃克点的老家，位于一个伸进大西洋的小小半岛上。他和小布什以及他的父亲一起乘坐快艇在海上航行，和布什一家人享受有龙虾和剑鱼的晚餐，一起吃饭的还有两国的外交部长和国家安全顾问——美方是康多莉扎 · 赖斯和斯蒂芬 · 哈德利，俄方是谢尔盖 · 拉夫罗夫和谢尔盖 · 普里霍季科。“气氛非常轻松怡人，”赖斯说，“我永远也不会忘记，我们坐在起居室轧光印花布面的沙发上，窗外就是大海。”[11]

第二天他们去钓鱼，普京又提出了新建议。他不仅让美国使用阿塞拜疆的加巴拉雷达站，而且说他会把雷达站更新换代。另外，他们将在俄罗斯南部的阿尔马维尔建立一座全新的雷达站，也可供美国人使用。他们可以建立共同导弹防御的联合预警系统，不仅有美俄两国参加，而且包括整个北约。北约－俄罗斯理事会终于可以做些实实在在的事了。普京提出可以在莫斯科成立一个“信息交流中心”，建议在布鲁塞尔也成立一个类似的中心。“这将是一个一整套的系统，全部实时运作。”普京接着说，“我们认为这样就无须在欧洲建立设施了——我指的是要在捷克共和国建立的设施和在波兰部署的导弹。”

布什对普京说的最后一点不能完全肯定，但觉得他的其他建议很有道理——尤其是普京似乎是把他关于导弹防御的具体建议放在了建立全新战略联盟的大背景中。后来拉夫罗夫回忆道：“普京强调说我们在这个问题上可以一起工作，这实际上就使我们成为了同盟。普京提出这个建议是希望在两国之间建立一种全新的关系。”

会谈结束后，两位领导人正准备出去对媒体讲话，哈德利把布什总统拉到一边：“普京说得太好了，正是我们一直所希望的。你觉得他会愿意公开那么说吗？”

布什回答：“我不知道。咱们去问问他。”他走到俄罗斯总统面前说，他觉得如果普京能在电视摄影机面前重复他刚才私下说过的话，那将会加快两国关系的进展。[12]

普京欣然同意。他对媒体说：“此种合作将为俄美两国在安全问题上的关系带来重大的改变。事实上，它将导致我们两国在安全领域逐渐发展战略伙伴关系。”

事情迄今为止一切顺利，但美方尚未看到普京让他们使用的设施是什么样子。国防部门的新保守派对此深为怀疑，认为普京此举是一个花招，意在离间美国与波兰和捷克的关系。国防部副部长埃里克·艾德尔曼回忆说：“我怀疑这是否表示俄罗斯真的愿意在导弹防御方面和我们合作。我认为，他们做的许多事情其实都是为了用毫无意义的讨论或其他问题拖住我们，防止我们在导弹防御上采取行动。”[13]

9 月，美国导弹防御局局长帕特里克 · 奥雷利带领一组专家飞往阿塞拜疆视察加巴拉雷达站。他们看到的是一座苏联时期的老旧设施，条件不怎么样。新保守派的怀疑得到了证实，欣欣自得。据艾德尔曼说，“奥雷利说有这么一座雷达站，有一定能力，可以派上用场。但它也相当老旧，需要大规模升级更新。将来若真让它发挥作用得投入大量的资金和力气。”

视察小组的结论是，普京提供的雷达只能帮助监视导弹攻击的威胁。但美国设想的是可以防御导弹攻击的系统——而那样的系统仍然需要在波兰和捷克共和国的设施。

美国政府内对俄比较友好的轴心接受了这种意见，但又不想扔掉普京伸出的橄榄枝；在普京的慕尼黑讲话后，他们本没有想到他会如此友好。赖斯和盖茨在五角大楼国防部长的办公室单独见了一面。赖斯回忆道：“我们两个都是研究俄罗斯问题的，我们说得想办法把话挑明，把俄罗斯人排除在外，将雷达设施设在捷克共和国和波兰，他们必然会感到恼怒，而我们得想办法化解。显然这方面问题很多。有没有什么可以采取的建立信心的措施？”

盖茨和赖斯反复地讨论各种想法，最终想出了一个大概可行的办法。10 月他们前往莫斯科参加所谓“2+2”会谈——这是两国的外交和国防部长之间的会谈：赖斯和盖茨对拉夫罗夫和谢尔久科夫。

10 月 12 日星期五早上，他们驱车前往普京总统在诺沃奥加廖沃的官邸，走的是一年前赖斯去那场不欢而散的意外生日宴会所走的同一条路。普京想在“2+2”会谈开始之前接见他们——他的心情和一年前几乎同样糟糕。虽然他没有别的会见，但还是让美国人干等了半个小时。然后，他把两国代表团召集在桌旁坐下，在电视摄影机前再次向美国的计划开炮：“我只想说一点，我们希望你们不要在这个复杂的谈判进程正在进行的时候，执行你们原来和东欧国家达成的协议。要知道，我们可以决定有朝一日共同在月球上建立导弹防御系统，但现在由于你们的计划，我们可能失去合作的机会。”

盖茨说普京质疑美国是否真正需要防御伊朗攻击的系统。“他递给我一张纸，上面画着伊朗导弹的射程弧线。他的意思是根据俄罗斯得到的情报，伊朗很多年内都制造不出可以打到欧洲的导弹。听到这里我说，‘那么你需要另换个新的情报部门。’”[14]

当时的新闻报道引用了普京讽刺地提到在月球上部署导弹的话，认为这证明会谈失败了。其实在幕后，盖茨和赖斯提出了一个俄罗斯人喜欢的建议。这个建议是为了弥合美俄之间关于伊朗是否构成威胁的意见分歧。拉夫罗夫记得：“他们说除非我们和他们一起确定威胁存在，否则美国不会启动他们的导弹防御系统。”[15]

据赖斯说，“盖茨说：比方说我们把弹坑挖好，然后一道对伊朗的威胁进行评估，除非我们对伊朗的意图达成共识，否则我们不会实际开始部署拦截武器。”

盖茨又说：“反正导弹设施真正投入运转要几年的时间，我们可以等伊朗试验了可以打到欧洲的导弹后再安装拦截武器。”

俄方对这项建议欣然接受，因为它至少起到了拖延的作用，但是它却丝毫没能打消他们坚定不移的想法，即美国的真正目标是他们，不是伊朗。此刻盖茨提出了一个建议——现在他苦笑着承认那个建议和国内鹰派的主张大相径庭。“我觉得我们在提高透明度、让他们了解情况方面大有可为。我们甚至可以让俄方派常驻人员，比如武器视察员。”

这个想法一经提出，几分钟内就发展成让俄罗斯向美国在波兰和捷克共和国的设施设立永久性的全天候军事存在。这使俄罗斯人大喜过望。他们的首席谈判代表阿纳托利 · 安托诺夫回忆说：“我们没有具体讨论人员住在哪里，由谁担负他们的费用这些技术细节……但这是个很有意思的主意。”[16]

盖茨回想起来仍然有些懊恼：“我谈到的所有这些措施都是我当场灵机一动想到的。如果我和赖斯没意见，为什么不试试看普京能不能同意呢？”

拉夫罗夫请美方把这些建议写成白纸黑字。可是，盖茨和赖斯带着他们临时提出的建议回到华盛顿时，用盖茨的话说，遭遇的是“震惊”。他们的想法要经过所谓的“机构间进程”，由所有相关的政府部门——国防部、国务院、联邦安全会议——予以评估。情况很快表明，新保守派绝不肯让俄罗斯人 24 小时随时进入美国最尖端的设施。他们也和捷克和波兰方面进行了磋商，但此时磋商为时已晚，捷克和波兰均反应冷淡。盖茨微笑着含蓄地说：“机构间进程把我们的建议磨去了一些棱角，弄得不那么诱人了。”

按俄方的要求，美方把建议落实到了纸面上，但把“俄罗斯永久性的军事存在”改成建议俄罗斯使馆的武官可以偶尔访问捷克和波兰的设施。俄罗斯人对此予以轻蔑的拒绝。拉夫罗夫在一次采访中说：“我们 11 月接到了文件，原来的建议里面一条也没有。”

2008 年 3 月举行了第二次“2+2”会谈，但气氛恶劣，一事无成。至此俄方已经清楚地看到布什政府将坚持原有的计划。几个月后，美国就与捷克和波兰签订了协议（尽管两国的公共舆论都反对）。普京又一次企图迫使美国考虑俄罗斯的意见，却又一次没有成功。

克里姆林宫学说

普京对外日益强硬时正值国内不确定因素增加的时期。2007 年，普京总统第二任期的最后一年，我与克里姆林宫人员共事期间觉察到总统思谋自己的未来时，他的班子几乎陷于瘫痪。按照宪法，他不能第三次竞选连任，普京也几次三番地声明他不会为达到自己的目的而修改宪法。他的团队中许多人怂恿他修宪——民意调查结果也显示这是最受欢迎的办法，但普京想另找办法来继续发挥作用。

这位决心至少在形式上照章办事的专制者此时左右为难。他无意离开政治舞台：普京在多次谈话中都表明，他担心自己带领俄罗斯走上的道路仍然有可能被逆转；他不能充分信任任何人能像他自己那样坚决地捍卫这条道路；他也绝不信任老百姓通过民主选举一定能选择“正确的”道路——哪怕是只给他们两个“经批准的”候选人让他们二选一。他得想法子把一个他所信任的替身推上驾驶座——这个人既要延续他的政策，又不会对他在幕后大权独揽、做终极“国家领导人”的地位提出挑战。问题是，普京自己都不知道怎样才做得到。而且他花了好几个月的时间也没有选定合适的替身。

肯定不能用现任的总理。1999 年叶利钦任命普京做总理是为了培养他做总统，而普京最近任命米哈伊尔·弗拉德科夫做总理却是为了正好相反的原因——就是要一个毫无个性、没有野心、对他唯命是从的人做政府首脑。

有两个人最有可能入选：德米特里·梅德韦杰夫自从 2005 年 11 月起一直担任第一副总理，被视为“自由派”，与强人集团没有明显的关系；而曾做过情报主管和国防部长的谢尔盖·伊万诺夫在 2007 年 2 月 15 日也被提升为第一副总理，因此而引发人们猜测他是未来总统宝座的有力竞争者。这两人已经开始组建忠于自己的团队，包括新闻秘书，但最聪明的官员还是暂时不投靠任何一边。

结果，政府所有高级层面的人都缩手缩脚，不敢做长远决策，也拿不准支持哪个候选人。这种明显的犹豫踌躇从 2007 年年中一直延续到 12 月的议会大选，甚至到 2008 年 3 月 28 日总统大选之后。有将近 1 年的时间，强人的难题把国家弄得软弱无力、瞻前顾后。

有一点是清楚无误的：俄罗斯的老百姓——应该说任何不在最高权力圈内的人——对俄罗斯下一任总统由谁担任没有丝毫发言权。不过普京还是花了好几个月的时间才想出了办法。我可以相当肯定地说他在年初时一点儿主意也没有，其思路是在后来的几个月中产生并逐渐演变明朗起来的。我常常问克里姆林宫的熟人到底是怎么回事，他们说一点儿也不知道，我相信他们不是在撒谎，就连普京自己都不知道。

这种状况造成了早已消亡的“克里姆林宫学说”的重起。过去研究这一学说都是由像我这样的人仔细琢磨红场上政治局成员列队的照片，或计算《真理报》对那些崭露头角的苏联领导人的报道各有多少字。2007 年 1 月梅德韦杰夫在达沃斯世界经济论坛做了一篇相对开明的演讲，受到热烈欢迎，而谢尔盖 · 伊万诺夫在 2 月陪同普京参加慕尼黑会议回来 5 天后就被晋升到和梅德韦杰夫一样的级别，这些都受到外界的密切关注。

新的“克里姆林宫学家”，包括那些身在克里姆林宫内为自己的未来担心忧虑的人，热烈地辩论这两位候选人孰优孰劣。梅德韦杰夫可能太倾向自由主义，或者太软弱（虽然普京就是想要这样的人，好对国外显示温和的形象）。伊万诺夫属于强人集团，自然和普京关系更近，过去几年提拔了那么多情报人员和军人……但话又说回来，可能他太强了，太有自己的主张，因此是个威胁。普京会不会让他俩一个唱红脸，一个唱黑脸，代表政府的不同侧面呢？还是说普京最终会改变规则，竞选第三任？

看起来伊万诺夫是培养对象，他更常在电视上露面，和普京一起旅行比较多，慷慨激昂地痛斥西方也像普京。民意调查如果可信的话，直到 6 月之前都显示梅德韦杰夫稍稍领先，但在 6 月的民调中，伊万诺夫领先了 4 个百分点。

突然，9 月 12 日，普京导演了一场拙劣至极的政治剧。电视上，总理弗拉德科夫走进总统办公室，可以说他是要自废武功，且手法相当笨拙。“鉴于目前的政治进程，”弗拉德科夫嘟嘟囔囔地说，“我希望您能完全不受限制地做出决定和任命。所以我想主动空出总理的位置，以便您按照您认为合适的方式组阁。”话说白了就是：显然下一位总统不是我，所以我干脆辞职让你任命你想要的人。（这里的假设是，普京将和叶利钦一样，把他的接班人任命为总理。）

普京假装对此事无法置喙，说“我完全同意你的意见”，并立即任命了新总理。但普京任命的既不是梅德韦杰夫也不是伊万诺夫，而是他在圣彼得堡的老同事维克托·祖布科夫。他和弗拉德科夫一样沉闷乏味，但普京任总统期间，他几乎一直担任金融监管局这个权力巨大的反洗钱机构的领导，这使他得以掌握精英阶层的金融秘密。没有多少人听说过他，但几天后，66岁的他就宣布他也许要参加总统竞选。

对此大吃一惊的不只是国外观察家。那天我刚巧在莫斯科同瓦尔代俱乐部那群人在一起。我们和伊万诺夫有约，而两个小时前，他刚刚得知这个消息，这说明他并不是内定的接班人。他尽量表现得若无其事，但从他的行为举止中看得出来，他和别人一样深为震惊。他的事业本来如日中天，却忽然跌了个嘴啃泥。他说普京根本没有和他讨论过这件事。

那么祖布科夫会是下一位总统吗？只有在普京遵循叶利钦先例的情况下才有可能。但普京要另辟蹊径。他和叶利钦不同，他不想任命一个接班人，然后体贴地淡出政治。两天后，普京宣布“至少有5个”合格的候选人。“克里姆林宫学家们”猜想他指的是祖布科夫、伊万诺夫、梅德韦杰夫，还有两个别的人。我在克里姆林宫的一个消息来源告诉我，这不单纯是为了迷惑评论家而抛出的烟幕弹：普京自己还没拿定主意。

12月2日国家杜马选举后，普京才终于揭晓了他的选择。其实杜马选举的结果——他的统一俄罗斯党毫无悬念地获得了64%的选票——对他的决定没有任何影响。他选定的人既不是祖布科夫，也不是人们压宝的伊万诺夫，而是本来在最后冲刺中似已落败的德米特里·梅德韦杰夫。

那又是一场安排好的貌似民主的表演。刚选入国家杜马的4个政党的领导人来找普京，提出梅德韦杰夫的名字。普京故作惊讶地转向恰好在场的梅德韦杰夫：“德米特里·阿纳托利耶维奇，他们和你谈过吗？”

“是的，我们初步讨论过。”这位候选人答道。

“好吧，”普京只能同意，“既然代表俄罗斯社会4个不同阶层的4个政党都这么建议……我认识德米特里·阿纳托利耶维奇·梅德韦杰夫17年多了，这些年来我们一直密切合作，我举双手支持这个选择。”

第二天，梅德韦杰夫宣布如果他当选，他将任命普京为总理。经过了几个月的混乱和权谋，前面的道路忽然豁然开朗。普京将继续维持他的政治生涯，他将（不动宪法的一字一句）把总理这个职位从弗拉德科夫和祖布科夫在任时清静的闲职变为俄罗斯真正的权力中心。

梅德韦杰夫虽然和普京出生于同一座城市，毕业于同一所法学院，但他比普京年轻13岁，背景也截然不同。他1965年生于一个知识分子家庭，1987年大学毕业时正是戈尔巴乔夫力图实现共产主义制度民主化的高潮时期。那时的时代精神就是揭露批判普京选择作为自己职业的克格勃。在20世纪80年代末第一次真正的选举中，梅德韦杰夫效力于自由派改革者阿纳托利·索布恰克（他的法学教授之一）的竞选运动。索布恰克成为圣彼得堡市长后，梅德韦杰夫和普京都进入他的对外关系办公室工作——他俩就是在那里认识的。后来梅德韦杰夫追随普京到了莫斯科，1999年就任普京的办公厅副主任并负责他2000年的竞选运动。普京当选总统后，任命梅德韦杰夫为俄罗斯天然气工业股份公司的董事长，后来又任命他为总统办公厅主任。

普京之所以选中梅德韦杰夫而非他的主要竞争对手伊万诺夫，大概有几个原因：他没多少个人魅力，自己没有权力基础，比起和普京同属强人集团（可能会想要逐渐把普京挤开）的伊万诺夫来威胁更小，而且对一个矮个子来说相当重要的是——他比普京还要矮。总的来说，比起高大魁梧、仪表堂堂、不怒自威、曾把康多莉扎·赖斯一把抱起的伊万诺夫，他差得多了。还有一个好处是梅德韦杰夫有思想开明的名声，西方会愿意接受他，可能他可以起到避雷针的作用，暂时缓解普京的压力。今后4年普京要把梅德韦杰夫管紧，并至少保留他自己重返总统大位的可能性。

我们这些倒霉的克里姆林宫公关人员再一次眼看着给西方造成好印象的机

会白白失去。两个候选人都是制度内的，对于如何管理经济各有一套意见，在他们中间二选一，这和大部分西方民主国家的选举并无二致。然而俄罗斯人民却没有机会发表意见。普京的选择是唯一重要的选择。正如普京的朋友，不到一年前被任命为中央选举委员会主席的弗拉基米尔·丘洛夫所说，“丘洛夫的第一法则是普京永远正确”。

国家电视台对普京选中的候选人进行了密集报道，梅德韦杰夫在2008年3月2日的选举中理所当然地以70%的票数当选。共产党主席根纳季·久加诺夫赢得近18%的选票，民族主义者弗拉基米尔·日里诺夫斯基得了9.5%的选票。“民主”反对派的候选人，前总理米哈伊尔·卡西亚诺夫原已登记参选，但因后来受到指控说支持他参选的许多签名是伪造的而被取消参选资格。

选举结果宣布时，普京和梅德韦杰夫身穿皮夹克、牛仔裤，一起走到红场上，梅德韦杰夫竭力模仿着普京大踏步的行姿。他们打断了在圣巴塞尔教堂前举行的摇滚音乐会，梅德韦杰夫做了简短讲话，申明他将继续沿着过去8年的道路走下去。当普京接过话筒赞扬他的爱将时，支持者人群的欢呼淹没了他的声音，人们呼喊着“普京、普京、普京……”没人喊“梅德韦杰夫”。

选举结束了，梅德韦杰夫也于5月宣誓就职。但一个多月以后，依然一片混乱，官僚们都忙着争抢他们认为是最好的位子。我在克里姆林宫新闻部所目睹的可能是整个政府情况的缩影：官员们费尽心机揣测真正的权力所在——是梅德韦杰夫总统的克里姆林宫，还是距离10分钟以外，莫斯科河畔普京总理的政府所在地“白宫”？回想起来，那些去了“白宫”，希望从那里监管他们在克里姆林宫的同事的官员是聪明人。4月，佩斯科夫被普京任命为发言人后，带我们在克里姆林宫参观了一圈作为告别。

“离开这里有什么感想？”

佩斯科夫摸着唇髭说：“谁知道呢？谁知道呢？……”

普京为了保持对新总统的控制，做了一系列巧妙的人事安排，佩斯科夫的调动只是其中的一部分。佩斯科夫把他长期的副手阿列克谢 · 斯米尔诺夫带到了“白宫”做总理新闻办公室主任。在前几任总理手下，这个单位几乎没有事做。是佩斯科夫（而不是总统的新闻秘书）任命了由年轻新人组成的总统新闻团队，并说明他们要听他指挥。普京过去的发言人和盟友格罗莫夫留在了克里姆林宫，被晋升为梅德韦杰夫总统的办公厅副主任，这是公然企图维持对总统新闻工作的“意识形态方面的控制”。不过有一点美中不足，梅德韦杰夫把他竞选时的新闻顾问纳塔利娅 · 季马科娃留下来做了新闻发言人。她不是佩斯科夫提拔起来的人，而是他的对手，很快她就开始拉拢佩斯科夫在总统新闻办公室安插的队伍。她忠心耿耿的对象不是总理，而是总统。不到一年，裂痕便清晰可见：梅德韦杰夫的团队很快感到他们应该忠于总统，而不是任命他们的人，这原是意料之中的事。后来几年，我强烈感到这两个新闻办公室日益疏远，甚至彼此不知道对方的计划。

知情人士告诉我，其他部门也有同样的情形，所以，在 2010~2011 年间，有两套官僚机构互相竞争，双方都知道自己的未来取决于老板，因此都竭力确保自己老板的生存。这种情形是普京所始料未及的。

普京把他的总统办公厅主任谢尔盖 · 索比亚宁和影响力很大的经济学家伊戈尔 · 舒瓦洛夫从克里姆林宫带到了“白宫”，但他留下了一些他所信任的高级幕僚以确保在梅德韦杰夫治下的“延续性”。这些人里不仅有负责大众媒体的格罗莫夫，还有担任梅德韦杰夫办公厅第一副主任的弗拉季斯拉夫 · 苏尔科夫、外交事务顾问谢尔盖 · 普里霍季科和经济顾问阿尔卡季 · 德沃尔科维奇。普京是想把政府的这两个分支紧紧绑在一起，同时确保他安插在克里姆林宫的人掌握大权。但事与愿违，那些人融入了他们的团队，专心为新主人服务。就连“理论家”苏尔科夫也改变了立场，转而支持梅德韦杰夫的新举措，其中有些举措与他原来代表普京宣扬的观点截然相反。

普京总统的遗产

2008年2月8日，竞选正进行得如火如荼的时候，普京做了他作为总统的最后一次重要讲话——等于是他对自己成就的评价。在外交政策方面，他坚称“我们作为一个不容小觑的国家重新回到了世界舞台”。然而他详细的阐述听起来却更像是愤愤不平地承认失败：“我们关闭了在古巴和越南的基地。得到的是什么呢？罗马尼亚和保加利亚建立了新的美军基地。波兰成了新的第三个导弹防御区。”俄罗斯没能阻止美国“以它的导弹防御系统发起新一轮的军备竞赛”，因此被迫制造“和别的国家同样，甚至更加先进的新型武器”作为回应。他像是坏了的唱片，一遍又一遍地声明：“不负责任地蛊惑人心，企图分裂社会，凭借外国援助和干涉在俄罗斯进行政治斗争，这些行为不仅是不道德的，而且是非法的。”

不过国内的形势却是一片大好。他说俄罗斯现已成为世界上七大经济体之一。“我们的主要成就是实现了稳定。我们为今后生活的进一步改善打下了基础。叶利钦时期富饶的俄罗斯一度沦为人民的困苦之地。在这样的条件下，我们开始实施使国家摆脱危机的方案。我们不懈努力，创立了一套健全的政治制度。金融集团和媒体大亨左右国家决策的日子一去不复返了。”

经济增长是7年来最快的。俄罗斯的外债减少到只占国内生产总值的3%。过去的两年是俄罗斯“真正的投资繁荣”期，人口出生率也在上升。

普京暗示说某些政治上的限制是有理由的。他说：“政党必须认识到它们对俄罗斯的未来、对社会稳定肩负的巨大责任。把国家推到混乱的边缘无论如何是得不偿失的。”这是在微妙地提醒国人他向他们提出的——其实应该说是强加在他们头上的——似是而非、心照不宣的交易：为了不断增长的繁荣和稳定，必须限制政治自由。

反对派对他说的这两点一一予以驳斥：专制主义和经济增长没有必然的关

系，而且并没有真正取得经济成功，因为早期的自由化改革已经完结。

2008 年 2 月，普京的两个主要政敌——鲍里斯·涅姆佐夫和弗拉基米尔·米洛夫发表了一份严词批评普京的报告。他们承认有些官方数据看上去不错：在普京治下，俄罗斯的国内生产总值增长了 70%；收入翻了一番还多；贫困减少了，贫困线以下的人口数占总人口数的比例降至 16%（2000 年有 29%）；预算得到了平衡，黄金储备达到 4 800 亿美元，稳定基金则达到 1 570 亿美元。

但是……这些大部分都要归功于石油价格的飙升，叶利钦时代，石油每桶价格平均为 16.7 美元，而普京上台后涨到每桶 40 美元（现在则直逼 100 美元大关）。报告的作者写道，石油带来的大笔收入没有用来实现经济现代化，进行经济改革，“我们的军队、养老金体系、医疗保健和初级教育在普京任职期间都退步了”。[17] 与此同时，腐败猖獗，到了“俄罗斯历史上绝无仅有的严重程度”，那些没有被普京赶到国外或投入监狱的寡头，牺牲国家利益，自己大发横财。他们说，从苏联解体的崩溃中恢复不是始于普京时代，而是在那之前，在叶利钦任总统的最后几年。普京推行的不是“专制现代化”（若果如此，理论上人们也许还可以原谅他统治下的一些反民主倾向），而是“没有现代化的专制主义”。开明的改革只进行了短短一段时间即告夭折，取而代之的是“对财产贪婪的再分配，把俄罗斯变成了警察国家”。

就在同时，美国学者迈克尔·麦克福尔（后来被奥巴马总统任命为驻莫斯科大使）和凯瑟琳·斯通纳－魏斯在《外交》杂志上撰写的文章也得出同样的结论。他们写道，虽然在普京治下国家财政增收，得以及时支付养老金和政府工作人员的薪金并增加在道路和教育上的开支，但总的来说国家的表现不佳：“在公共安全、保健、反腐和保障财产权等方面，俄罗斯人民今天的处境其实比 10 年前更差。”[18] 安全这个“国家给人民提供的最基本的保障”恶化了：普京治下恐怖袭击更加频繁；在车臣，军队和平民的死亡人数比第一次战争高得多，而且北高加索地区的冲突还在扩大；谋杀案发案率在上升；俄罗斯每天大约有

40 人死于火灾——大约为西欧平均火灾死亡人数的 10 倍。医疗保健开支下降了，人口总数在减少，酒精消费大增，平均寿命也缩短了。“普京时代俄罗斯社会的安全和健康水平都出现了退步，”麦克福尔和斯通纳－魏斯写道，“同时俄罗斯在经济竞争力、经商环境、透明度和反腐败方面的国际排名也有所下降。”腐败日益加剧，财产权受到破坏：国家一手操纵把尤科斯的资产贱价卖给俄罗斯国家石油公司，壳牌石油公司也被迫把萨哈林 2 号项目的多数股权卖给俄罗斯天然气工业股份公司。

德米特里 · 梅德韦杰夫 2008 年 5 月 7 日就任时，俄罗斯就是这么一种情形。有迹象表明，他同意，或至少理解，对他前任执政记录的批评。他在竞选期间唯一一次讲话的经典语录是“自由比不自由好”，他在就职演讲中保证“真正实现对法律的尊重，克服法律虚无主义”。

在外交事务方面，梅德韦杰夫想迅速打开局面。他（和普京一样）就任后不久就匆匆赶往柏林发表演讲，希望这篇演讲能开辟新的天地。他慷慨激昂地呼吁缔结新的欧洲安全条约。显然（虽然他没有明说）这一新条约将取代所有现存的条约和结盟，使北约和欧安组织成为多余，当然，俄罗斯在新组织里将占据它应得的首席位置。他的建议基本上没人理睬，不仅仅是因为它过于草率，成事不足败事有余，而且主要是因为它与现实脱节：俄罗斯的行事方式仍然使许多人想起苏联。它与邻国打天然气战，对波利特科夫斯卡娅和利特维年科的谋杀案不予追究，欺凌格鲁吉亚和乌克兰……没人想听这么一个国家就欧洲安全说教。我们凯旋公关提交了备忘录，解释说像这样的外交政策倡议要想得到别国的重视，必须伴以在国内推行自由化，让它成为“一揽子”的一部分。我们指出戈尔巴乔夫成功的原因：他是共产党领导人，但他在军备控制方面做出的姿态得到了重视，因为他开启了开放进程，释放了政治犯。我们告诉克里姆林宫说，只要他们在国内民主上面开倒车，就没人会认真对待他们的安全建议。

也许——希望如此——梅德韦杰夫总统真想在国内进行变革。普京和后来的梅德韦杰夫费尽力气地证明他们的国家摆脱了苏联的过去，已经变成真正可信任的欧洲民主国家，但 2008 年俄罗斯出兵格鲁吉亚，一下子让他们所做的努力前功尽弃。这是俄罗斯自 1979 年入侵阿富汗以后第一次和邻国发生战争，让所有实现自由化的希望都归于破灭。关于“5 天战争”之前的事态发展以及最终责任应该由谁来负，各方众说纷纭，争执不下。激烈的公关战更是进一步扰乱了视听——公关战中格鲁吉亚比俄罗斯灵活得多。下一章我将试着说明当时发生的事——但不敢妄称能提供肯定的回答。

第十章

走向战争

从科索沃到布加勒斯特

2008年2月17日星期日，塞尔维亚阿尔巴尼亚族人口占多数的科索沃省宣布独立。第二天美国即予以承认。星期二,一个记者问布什总统：“这会不会激怒弗拉基米尔·普京和其他说你暗中赞成世界各地分裂运动的人呢？”

布什回答说：“其实，我们和俄方一直在密切合作……你知道就这个问题有不同的意见，但是我们和许多其他国家都相信，历史将证明这是在巴尔干实现和平的正确办法。”

普京担心的不是巴尔干地区。俄罗斯反对承认科索沃有它自己的理由——与塞尔维亚的“兄弟关系”只是其中最不重要的一个。现在潘多拉的盒子已经打开。无论美国及其盟国如何强调科索沃独立与众不同——它的情况特殊，不构成先例——世界其他要求分裂的民族仍然欢欣鼓舞。如果科索沃人因为“母国”塞尔维亚对他们犯下军事攻击、种族清洗等种种野蛮行为，所以投票赞成独立，从塞尔维亚分离出来，那么车臣人在俄罗斯的处境难道不是一样吗？格鲁吉亚的阿布哈兹人和南奥塞梯人不也是一样吗？

俄罗斯当然最不希望助长车臣分裂主义运动，但也谨防鼓励南奥塞梯和阿布哈兹独立——因为这可能成为前苏联的其他小国遵循的先例，特别是俄罗斯北高加索地区一连串躁动不宁的穆斯林共和国。在前苏联共和国组成的松散集团“独立国家联合体”的一次峰会上，普京总统对科索沃独立的后果发出了毫不含糊的警告：“科索沃的先例是可怕的。”他在座位上激动地扭转身子，厉声说道：“它实质上打破了运行了不是几十年，而是几个世纪的国际关系体系，这毫无疑问会带来一系列不可预见的后果。”

一个月前重新当选的格鲁吉亚总统萨卡什维利坐在听众中，听到普京说西方政府这次打错了算盘，紧张得气也喘不上来。普京说：“这个大棒有两头，总有一天另一头会反过来砸在他们的脑袋上。”在峰会期间的一次双边会见中，普京试图打消萨卡什维利的担心：“我们不会学美国人的样子，不会因为他们承认科索沃独立，我们就承认南奥塞梯和阿布哈兹独立。”但是萨卡什维利不相信他的话，而且他和普京一样，心里都明白科索沃已经创下了先例，他知道如果不立即行动，这两个要求独立的省可能会效法科索沃。2004 年他拿下南奥塞梯的企图以失败告终。自那以后，他在美国的帮助下大大提高了军力。不过如果要冒着同俄罗斯对抗的风险使用武力夺回阿布哈兹和南奥塞梯的话，他所需要的可远远不止美国的后勤支持。

科索沃独立 9 天之后，萨卡什维利在一次讲话中解释了格鲁吉亚更加迫切地想加入北约的理由。“我们为什么需要加入北约？”他问道，“因为格鲁吉亚所处的地区困难重重、危机四伏，因此需要战略保护，需要得到安全保障。”北约很快要于 4 月在布加勒斯特召开一次关键的峰会，会议将审议是否允许格鲁吉亚和乌克兰开始执行“成员行动计划”，这被普遍认为是加入北约的第一步具体行动。为争取支持，萨卡什维利 3 月飞往华盛顿，在国会大厦及白宫的走廊里和各委员会的会议室里大打民主牌。

他满口好话，在摄影机前对布什总统奉承道：“我们的目的是把自由事业进行到底。这是为了我们的人民，为了我们的价值观，为了美国对于我们所有国家的意义，因为美国向全世界输出的是理想主义。”

布什高兴得笑成一朵花，世界上没有人像这个家伙一样这么支持他。总统的欧洲事务顾问戴蒙·威尔逊回忆说：“他棒极了，说得正在点子上。他要总统知道他在任时要把格鲁吉亚建设成一个民主国家。这正是我们想听的话。”[1]

萨卡什维利也得到了他想要的答复。布什对记者说：“我相信加入北约对格鲁吉亚有好处。我已经告诉总统先生我会把这个意思带到布加勒斯特。”

然而，并非所有盟友都如此认为，特别是法国和德国。萨卡什维利刚抵达华盛顿还没到白宫，就接到德国总理安格拉·默克尔的电话。萨卡什维利说他见到布什说的第一件事就是：“我刚才接到咱们共同的朋友安格拉·默克尔的电话，她说，‘我知道你要去见布什谈马上要召开的北约峰会的事。我想亲口告诉你，我们德国的立场是你们还没有达到成员的资格，我们不会支持你们。’”[2]

据目击者说，布什微微一笑，对萨卡什维利说北约成员里有大有小：“你去对付卢森堡，把安格拉交给我。我来对付她。”

但说起来容易做起来难。法国人和德国人有两个理由认为格鲁吉亚不适合加入北约，而这两个理由都与“姑息俄罗斯”无关：第一，他们觉得吸纳一个国内有像南奥塞梯和阿布哈兹这样“冻结的”冲突的国家有危险；第二，萨卡什维利的个性和最近的表现令他们不放心，担心他远非乔治·布什眼中的民主主义者。

2007年11月，第比利斯的警察使用暴力驱散规模宏大的反政府示威，反对派电视台“伊梅季”对此做了全面报道。萨卡什维利随即关闭了这家电视台，宣布全国进入紧急状态，并指控俄罗斯策划政变，企图推翻他。就连白宫对他这种行为也大为惊骇，康多莉扎·赖斯立即派助理马修·布莱扎前往第比利斯对萨卡什维利提出严重警告。

不过华盛顿和柏林之间的默契是不公开表示不满。然而就在萨卡什维利3

月与布什见面的几天前，默克尔前往莫斯科，和普京并肩站在一起公开谴责格鲁吉亚（和乌克兰）的北约梦，气得美国人火冒三丈。

默克尔绝不能算普京的粉丝。一年前在索契开会时，普京明知道她怕狗，还把爱犬科尼带来，让它围着她的腿嗅来嗅去，把她吓得要死。（默克尔的一位高级助理告诉我，他们把这视为“克格勃典型的威吓手法”。）在民主德国长大的默克尔亲身经历过极权统治，也深深知道普京和民主德国秘密警察“斯塔西”密切合作的过去说明了普京是什么样的人。

不过默克尔确实同意普京的意见，即如果格鲁吉亚和乌克兰开启加入北约的进程，将造成和俄罗斯关系的急剧紧张。在莫斯科的联合记者招待会上，普京指出大多数乌克兰公民不想加入北约，还说：“归根结底应该由每个国家自己决定如何最好地确保安全，我们一定会接受乌克兰人民和格鲁吉亚人民做出的任何决定，但必须是人民，而不是政治统治阶层做的决定。”默克尔表示同意地说：“所有未来北约成员的民众都必须支持他们的国家加入北约。”并补充道：“成为北约成员国的条件之一是国内没有冲突。我们在讨论中必须考虑这一点，在布加勒斯特会议上也会讨论到。”

两天后默克尔在柏林对德国军队高级将领讲话时再次公开表示担心：“我非常严肃地说，我认为纠缠在区域或内部冲突中的国家不能加入北约。我们的联盟是为了保证集体安全，成员国不能连自己的安全也搞不好。”

布什的格鲁吉亚问题顾问戴蒙 · 威尔逊说，总统认识到必须“亲自私下”找默克尔谈，劝她回心转意。“他认定德国总理是关键，如果能把她争取过来，北约其他的成员就都能解决。”在布加勒斯特峰会之前，布什和默克尔开了好几次视频会议。威尔逊说：“值得注意的是，听她解释以后，我发现她和布什总统关注的问题没有多大的不同。对于乌克兰，我们担心它执政缺乏连贯性，民众不支持它加入北约。对于格鲁吉亚，我们两国深入关注的都是民主机构能否持久、根扎得能有多深。”分歧在于下一步如何做。布什说让格鲁吉亚执行北约的成员行动计划会激励他们“好好干”，而默克尔甚至不愿意开启这个进程。威尔逊说：“她不相信萨卡什维利是民主主义者。”

他们在最后一次视频会议上仍然争执不下。对布什来说，支持脆弱的民主是原则问题，他告诉默克尔他会去布加勒斯特实现这个目的。事后他对助理们说：“好吧。咱们去OK牧场，把枪准备好。”①

布什也给其他盟友打电话拉票。英国首相戈登 · 布朗表示支持美国的立场，但法国总统萨科齐却是另外一种态度。美国人从萨科齐的顾问那里得到的反馈使他们顿生警惕。布什联邦安全会议的一位成员说：“我们听他们很多人说他们对格鲁吉亚算不算欧洲国家都存疑，更不愿意开始讨论让它加入北约。”

布什和萨科齐亲自交谈后，觉得这个法国人“可以争取过来”，因为他说乌克兰和格鲁吉亚有“欧洲和大西洋的素质”。但萨科齐也希望布什考虑考虑俄罗斯。据法国总统的外交事务顾问让-大卫 · 莱维特说，萨科齐“试图对他说明，在这个问题上我们和德国一致，我们想给俄罗斯时间，让它慢慢明白它的未来其实是和欧洲绑在一起的，它的安全问题不应该把我们分开，而应该把我们连在一起。这就意味着我们不应在成员行动计划的问题上操之过急，虽然应该在布加勒斯特会议上向我们的伙伴乌克兰和格鲁吉亚发出积极的信号”。[3]

在和美国总统的谈话中，关于加入北约对乌克兰和格鲁吉亚的意义，萨科齐还提出了一个强有力的新观点。成员行动计划是“迈进门里的一只脚”，是不可逆转的一步，最终将使它们成为北约的正式成员——然后就不能不想到北约规章中关于共同防卫的第五条。萨科齐问：“如果我们的新成员受到攻击，我们愿意派多少部队去支援？”正是为此，法国才倾向于将与俄罗斯建立伙伴关系这一议题置于真正优先的地位，“使我们大陆上的所有国家对安全问题的看法一致起来”。

---

① 此言出自美国的西部枪战片《OK牧场大决斗》。——译者注

即使在美国政府内部也有疑虑。国防部长盖茨和国务卿赖斯同意欧洲人关于格鲁吉亚和乌克兰民主的一些关注。盖茨回忆说："我觉得说到改革的进展，这两个国家都还有相当长的路要走。"[4] 但最终"自由议程"占了上风。"如果美国在俄罗斯的压力下后退，不给它们成员行动计划，"国家安全事务助理哈德利说，"就会引发联想，等于向俄罗斯人表示他们可以让格鲁吉亚和乌克兰永远进不了北约。那不会给欧洲带来稳定，反而只会造成持续的紧张。"[5]

4 月 2 日到 4 日的布加勒斯特峰会在罗马尼亚前领导人齐奥塞斯库光怪陆离的宫殿里召开。那是北约历史上最具戏剧性的一次会议。美国和广泛支持乌克兰和格鲁吉亚的东欧国家为一边，对阵被它们称为"姑息"俄罗斯的法国和德国，两边互相指责攻讦，全然不顾外交礼仪。第一天晚上，外长们在晚餐会上讨论峰会要通过的文件，但各方立场南辕北辙。波兰外长拉多斯瓦夫 · 西科尔斯基说他觉得有些"盟友"（指德国人）向俄罗斯人做了承诺，不准格鲁吉亚和乌克兰执行成员行动计划。[6]

赖斯说她感到东欧的一些官员差不多就要对德国人说："这些国家就是因为德国在 20 世纪三四十年代的所作所为才遭到暴政压迫的，你们最不应该阻挡它们"。[7]

德国外长弗兰克 – 瓦尔特 · 施泰因迈尔感到受了侮辱。他争论说高加索地区存在着冲突，北约有被卷入的风险。但是，他说："有人把反对北约扩大比作 1938 年慕尼黑的绥靖，这种不实不当之词我再也不想听到。"[8]

北约领导人的全会定于第二天早上 9 点召开，但美国人决定清晨安排早餐会，争取把问题解决掉。参加的有美国、英国、德国和法国，再加上波兰和罗马尼亚。戴蒙 · 威尔逊承认他们是为了拉援军："我们认为需要邀请东道国罗马尼亚，邀请波兰人是因为他们是北约的重要成员。当然，这两个国家也都非常支持我们的立场。"

法国国家安全顾问莱维特记得："他们在凌晨 1 点和 3 点两次打电话给我，

确认我不会记错早餐会的时间和地点。”但他说早餐会的气氛一点儿也不融洽友好，“反而更像法庭”。他们勉强拼凑了一个案文，说今后一段时期北约会和格鲁吉亚及乌克兰保持“密切接触”，12 月将再做进展评估。

9 点开会之前，案文散发给了与会者，一些东欧领导人看后勃然大怒。立陶宛、波兰和罗马尼亚的总统都说他们认为案文“距我们希望的差得很远”。“他们大发雷霆，”哈德利说，“他们认为文件屈服于俄罗斯的压力和反对，一定要改。”北约做决定都是通过协商一致，但领导人们在巨大的圆形会议桌旁就座的时候，连一点儿协商一致的影子也没有。大家仍然在拼命努力达成妥协，但不是在主会场的会议桌旁，而是在会议厅四周厚重的墙幔后面，顾问们和外长们三三两两聚在一起交涉、谈判。

哈德利在一次采访中回忆起接下来令人印象深刻的一幕。“所有外长都起身到会场后面去，他们都是头发花白、西装革履的男人。然后身穿漂亮的青柠色上装的安格拉·默克尔也站起来，走到那些中欧和东欧国家灰白头发的外长们中间坐下。一会儿，打扮得光彩照人的赖斯也到他们后面去了。他们用什么语言交谈呢？当然是俄文！安格拉年轻时在民主德国学过俄文，赖斯做学者研究俄罗斯问题时学会了俄文。”

后来是默克尔拿起笔来在纸上写下了一句话，最终使协议得以达成：“今天我们同意格鲁吉亚和乌克兰有一天将加入北约。”这句话不提成员行动计划，只声明这两个国家将要加入北约。东欧人抗议说“有一天”等于是“永远不”，于是这个状语被删去了。赖斯离开了几分钟，回来一看既惊且喜：“那句话说格鲁吉亚和乌克兰将成为北约成员，我想，这结果相当不错，于是去找总统说‘接受吧’。”

旋风过后，文件得到通过，戈登·布朗凑近乔治·布什开玩笑地说：“我真拿不准我们刚才做了什么。我知道没有给它们成员行动计划，但不知道是不是已经接纳它们做成员了！”

这一妥协的后果人们到后来才完全意识到。布什和东欧国家满意，因为它保证乌克兰和格鲁吉亚将加入北约；默克尔满意，因为它只字未提它们什么时候加入；格鲁吉亚和乌克兰大体上也满意，但对它们加入北约之日遥遥无期却不太高兴；俄罗斯则暴怒不已。

我观察着事态的发展，不禁自忖：普京曾经询问过加入北约的事情，如果北约更加认真地对待他这个看似无意的询问，岂不是更好吗？如果北约的盟国们做决定时也让俄罗斯——加上格鲁吉亚与乌克兰——一起参加，而不是明显为了照顾俄罗斯的意见而草率达成妥协却又假装没有顾忌俄罗斯，岂不是更合理吗？

问题的根源

1991 年夏我在格鲁吉亚待过几个星期，目击了阿布哈兹和南奥塞梯第一波民族主义的躁动。格鲁吉亚刚刚宣布从苏联独立出来，它的领导人是老一辈民族主义者兹维阿德 · 加姆萨胡尔季阿。像 13 年后的米哈伊尔 · 萨卡什维利一样，加姆萨胡尔季阿要动手限制这两个想留在苏联内的地方的自治权。此举激起了狂暴的反击。

阿布哈兹黑海沿岸的沙滩一度有苏联的“蔚蓝海岸”之誉，现在却荒凉沉寂，因为俄罗斯人不再来了。首府苏呼米似乎做好了暴力来袭的准备，暴力事件也很快发生了。1992~1993 年的内战造成了 25 万格鲁吉亚人（几乎是阿布哈兹一半的人口）蜂拥逃离，剩下的 9.3 万阿布哈兹人原来仅占人口的 18%，现在成了以他们命名的这块土地上主要的群体。这个地区现在享受事实上的独立，由俄罗斯的维和部队和联合国的观察员监督。

小小的南奥塞梯约 10 万人口，其中奥塞梯人占 2/3，那里的内战已经开始。

奥塞梯人想要宣布独立，加姆萨胡尔季阿则派格鲁吉亚的国家卫队前去恢复秩序。那是我第一次经历战争。我记得进入首府茨欣瓦利的道路空无一人，两头堵着装甲车和用沙袋筑成的工事，工事后面有士兵把守着。那是我见过的最荒凉的地方。三两成群的格鲁吉亚难民站在那里，呆望着道路那边自己房屋被焚毁的废墟。有些人在等待军队护送他们经过奥塞梯的领土去格鲁吉亚的村庄。茨欣瓦利仍然到处可见格鲁吉亚其他地方已经清除掉的共产主义标语，那里的一位奥塞梯妇女告诉我的恐怖故事，我后来在前苏联许多其他被蹂躏的地方又多次听到过："格鲁吉亚人不给我们饭吃，他们只顾杀害我们。他们拔掉人的指甲、挖出眼睛、烧毁房子。"我也听格鲁吉亚人说奥塞梯人犯下了同样令人发指的暴行。在一个村子里，人们给我看一辆被烟熏黑的汽车。他们说 4 名格鲁吉亚人被浇上汽油，活活烧死。

我在茨欣瓦利的一所学校里看到一处新坟场，安葬着"格鲁吉亚法西斯恐怖受害者"。奥塞梯人的一切供应都经由罗基隧道从北奥塞梯运来。我当时写道"难以想象这两个族群能够再和平共处"。[9]

这以后的 17 年间，阿布哈兹和南奥塞梯作为单独的实体存在着，同格鲁吉亚的关系紧张而又脆弱，对俄罗斯的依赖则越来越强。在普京治下，它们的无国籍公民拿到了俄罗斯护照。南奥塞梯和阿布哈兹一样，也受俄罗斯领导的维和部队的巡逻监督。欧安组织的观察员努力控制着麻烦，使其不致爆发。

按照逻辑，普京和萨卡什维利对待这些"冻结的冲突"本应站在一起。俄罗斯支持这些地区运动，但多年来一直没有像它们要求的那样予以承认，普京一点也不想因承认它们而使科索沃的先例后有来者。那样的话他对车臣分裂主义运动可就无话可说了。普京希望的结果是通过谈判让这两个地区在自治有适当保证的情况下重回格鲁吉亚。但另一方面，他不愿，也不能允许用武力收回它们。

冲向战争

2008年1月，萨卡什维利在竞选连任时发誓要光复这两个地区。他称南奥塞梯首府茨欣瓦利为一颗“该拔掉的松动的牙”，并保证“最多数月内”把它夺回。[10]

科索沃的先例和布加勒斯特峰会模棱两可的决定似乎成了对他的鞭策。可能他决定必须尽快解决“冻结的冲突”，因为它们是加入北约的主要障碍。布加勒斯特峰会结束的第二天，瑞典外相卡尔·比尔特在第比利斯同萨卡什维利共进晚餐，听到他说可能采取军事行动夺回阿布哈兹和南奥塞梯，震惊之余打电话向他的美国同事发出警示。布什听了比尔特传来的消息后打电话给萨卡什维利说：“亲爱的朋友，我把话讲明了：我们绝不会支持你。是的，你是一个主权国家的领导人，我们尊重你。但如果你率先使用武力，你将得不到美国的支持。”

有人说萨卡什维利3月出访华盛顿时得到了错误的印象，以为布什总统对他收复叛乱的共和国开了绿灯。戴蒙·威尔逊坚决否认布什对军事行动给过任何鼓励。“总统的话不可能说得更清楚了，他强调军事行动完全不可行。他鼓励萨卡什维利走外交途径，还告诫他不要自作主张贸然行动。”[11]

可萨卡什维利对外交途径失去了信心。布加勒斯特峰会召开几周前，俄罗斯国家杜马宣布：“格鲁吉亚当局走向完全融入北约的道路，使格鲁吉亚丧失了整合它的领土以及生活在其领土上的人民的权力。”然后，俄罗斯于4月16日突然“升级”与这两块领土的外交关系。这两项举动俨如协同攻略，似乎意在防止格鲁吉亚整合这两块领土，甚至要吞并它们。一位分析俄罗斯军事形势的专家帕维尔·费尔根豪尔说，莫斯科就是在这时决定打仗的：“目标是摧毁格鲁吉亚的中央政府，防止格鲁吉亚加入北约。”[12]

第比利斯明显也是这么认为的，领导层中的一些人开始摩拳擦掌。一位美国高级官员 4 月份和格鲁吉亚负责安全的部长们谈过一次话，他们说："俄罗斯人已经要动手了。他们正在集结部队，准备进入我国。我们格鲁吉亚有自己的消息来源。我们觉得与其坐等他们打过来，不如先发制人。"

那位美国官员的反应是："你们知道那是自杀。"

格鲁吉亚人答道："如果他们越过红线，也许我们宁愿像真正的爱国者，像真正的格鲁吉亚男子汉那样死去。"

2008 年的整个春天，俄格双方都说对方即将发起进攻——爆发点似乎会是阿布哈兹而不是南奥塞梯。俄罗斯向那里派去了增援部队，格鲁吉亚也在它控制的上科多里河谷加强了兵力。格方的大黄蜂无人驾驶侦察机飞越阿布哈兹上空监督俄军的动向。阿布哈兹称格鲁吉亚为侵犯主权，俄罗斯的战斗机还击落了几架格方侦察机。4 月底，俄罗斯外交部声称格鲁吉亚计划对阿布哈兹进行军事干预，俄罗斯发誓要动用"一切"资源保护这两块有争议地区内的俄罗斯公民。5 月初，赖斯对阿布哈兹俄军力量的增加表示关切，一周后，格鲁吉亚公开了侦察机拍摄的录像，证实了俄罗斯部队和军事设备在阿布哈兹的行动和部署。

5 月底，俄罗斯宣布派遣 400 人"不带武器的"部队去阿布哈兹修复铁路线。格方认为这证明他们要准备入侵了，于是领导层开始激烈讨论何时发动先发制人的打击。他们中间的三个成员在后来的采访中回顾了他们当时的观点。副外长博凯里亚说："最主要的问题是，即使我们不能肯定是否会遭到大规模入侵，我们作为主权国家到什么时候才不得不出手？"[13] 国防部副部长巴图・库特利亚说："我们的国民需要知道格鲁吉亚可以保护他们，格鲁吉亚可以对人民的担心做出反应，国家将动用一切资源来消灭这一威胁。"[14] 格鲁吉亚议会议长布尔贾纳泽建议谨慎克制："有些人想说服总统和我，说俄罗斯的坦克都老旧生锈了，而我们有现代化的装备，格鲁吉亚一夜之间就能打败俄罗斯。联邦安全会议几乎所有成员都想对阿布哈兹发动军事行动。"[15]

萨卡什维利总统尽管热切希望收复“失地”，但决定最后再试一次外交途径。毕竟俄罗斯总统现在换成了梅德韦杰夫，就连普京总理发出的信号也并不是一成不变的。就在俄罗斯派军队进入阿布哈兹修铁路时，法国报纸《世界报》问普京，对萨卡什维利“给予阿布哈兹空前自治”并“把格鲁吉亚一个国家副总统的职位留给阿布哈兹人”的和平计划有何想法。“我非常希望米哈伊尔·萨卡什维利建议的计划能逐步得以执行，”普京回答说，“因为它总的来说是个好计划。”

几天后，在6月6日圣彼得堡的前苏联国家峰会上，萨卡什维利和梅德韦杰夫举行了第一次会谈。两人似乎都是抱着积极态度而来，好像真的要从头开始一样。梅德韦杰夫说：“我想我们能够解决当今面临的一切困难，找到长期的解决办法。你觉得呢？”

“我同意，”萨卡什维利答道，“没有不可解决的问题。有很多尚未解决的问题，但没有哪个是解决不了的。”

萨卡什维利后来回想那次会面说：“他的作风似乎和普京截然不同。他坦率开放，很有吸引力。”（萨卡什维利第一次见到普京时也是这个印象。）梅德韦杰夫解释说这些局势是他“继承的，不是他开始的”，并表示愿意“在格鲁吉亚领土完整的框架内”[16]解决奥塞梯和阿布哈兹的冲突，萨卡什维利听后深感鼓舞。这等于保证俄罗斯不打算吞并这两个地区，而且把它们视为格鲁吉亚的一部分。

萨卡什维利说那次会见使他“充满希望”，梅德韦杰夫还建议在索契见面“坐下来研究各种可能性”。但谢尔盖·拉夫罗夫指出，有一点萨卡什维利没有说，那就是俄罗斯提出，鉴于格鲁吉亚明确宣布打算收回这两块领土，所以如果想取得任何进展，前提是它应该签署一份不使用武力的保证书。梅德韦杰夫的外交事务顾问谢尔盖·普里霍季科接受采访时证实了这一点：“这里面的关键是我们建议起草一份不使用武力的文件，连签署的地点都提出来了，就在索契。我记得，萨卡什维利的反应相当积极。”[17]

但不使用武力协定成了后来几个月困扰两国关系的难题。萨卡什维利说俄罗斯人想让格鲁吉亚和阿布哈兹及南奥塞梯签署这样一份协定——由俄罗斯做担保。在他看来，这就像是“让狐狸守卫鸡窝”。他只同意和俄罗斯签署不使用武力协定，但俄方的回答是：我们为什么要签？我们又不是在那里作战，只是维持和平。

两人都认为，在他们的分歧缩小到能够产生实际结果之前，会面没有意义。6 月中旬，他们交换了秘密信件。我后来看到了这些信件的内容。萨卡什维利在给梅德韦杰夫的信中提出了几个他自以为有助于缓和阿布哈兹紧张局势的建议，但他的信和梅德韦杰夫的回信显示出双方存在根本性分歧。萨卡什维利建议俄罗斯维和部队撤出阿布哈兹离格鲁吉亚最近的地区（加利和奥恰姆奇拉），让格鲁吉亚难民回来，由格鲁吉亚和阿布哈兹共同管理这两个地区，在这之后（萨卡什维利估计要到 12 月份）才能就不使用武力和格鲁吉亚难民回到阿布哈兹的其他地方达成协议。作为甜头，萨卡什维利提出格鲁吉亚愿意帮助筹备将要在阿布哈兹以北的索契举行的 2014 年冬奥会。但与此同时，他要求俄罗斯“迅速撤回”军事增援，还要宣布普京 4 月 16 日发出的关于升级同这两个闹独立的地区关系的指令无效。梅德韦杰夫在回信中欢迎他帮助筹备索契冬奥会，但礼貌地拒绝了其他建议，认为它们形同画饼。他说，难以想象阿布哈兹的任何地方能让格鲁吉亚和阿布哈兹联合管理，谈论难民回归也为时太早。当务之急是格鲁吉亚应真正采取措施缓和紧张局势，最重要的是同阿布哈兹签署不使用武力协定，把格鲁吉亚军队撤出科多里河谷。梅德韦杰夫说如果萨卡什维利同意这样做，他们可以在 7 月或 8 月召开一次峰会签署相关文件。

俄罗斯还试图借力美国，让美国人向他们的盟友施压。拉夫罗夫打电话给赖斯说：“萨卡什维利在玩火，别让他冒险。说服他签署不使用武力协定。”

据拉夫罗夫说，赖斯的回答是：“谢尔盖，别担心。他想加入北约。他很清楚，如果他使用武力，加入北约的事就想也别想了。”赖斯也记得那次谈话。她说她甚至补充道：“如果他们使用武力，加入北约就得等到下一代了。”但她也告诉俄方，他们的威胁行动如果使萨卡什维利签署不使用武力协定，他们就难以向国内交代。

在开战已成定局之前，梅德韦杰夫和萨卡什维利又见了一次面。那是在哈萨克斯坦首都阿斯塔纳，一个暑气逼人的星期六晚上。第二天，7月6日，是纳扎尔巴耶夫总统的生日，他从许多国家请来贵宾到一家高级夜总会庆祝。梅德韦杰夫谢绝了萨卡什维利和他举行正式会谈的要求，但这个格鲁吉亚人几次找上他。事后梅德韦杰夫回忆说：“很难躲开他，因为如果他想抓住你，他会黏住不放！我们在大巴上谈，在公园散步时谈，晚上出去喝茶喝酒……坐在沙发上不停地谈以后开会的事情。”

当事二人对那次谈话的回忆各不相同，甚至相互矛盾。既然那似乎是一个关键时刻，标志着双方沟通破裂，一个月之后战争即告爆发，所以我应该把他们二人的两种说法都写下来。

萨卡什维利说他催促俄方按在圣彼得堡商量好的安排在索契召开后续峰会，但梅德韦杰夫闪烁其词，暗示他做不了主：“他说，‘你知道，我在这里见到你非常高兴，我们听同样的音乐，喜欢同样的社交环境，彼此相处很自在。在许多方面，咱俩的背景是一样的，但莫斯科另有一套游戏规则，如果我现在急着和你开会，会遭到误解。’”

“我说，‘开会总比不开强，我们应当作成点儿事。’但他说，‘现在开会你会失望的，因为我们达不成任何结果，可能还不如以前。’我对他说，‘德米特里，你得了吧，还有什么能比我们现在的情形更坏呢？我们每天都受到挑衅，局势真的要失控了，各种事件不断发生，情况不可能再糟了。’听到这儿他打断了我的话，‘你错了。你很快就会看到事情可能会糟糕得多。’说完他就转身离开了。”

必须强调，萨卡什维利说这些话是事后诸葛——是在时隔一个月战争已然爆发后说的。也必须记住，他要按对他有利的方式描述过去发生的事情。他这番话包含了两个有意思的内容：第一，梅德韦杰夫表示他并不完全掌控政策（鉴于梅德韦杰夫刚刚上任两个月，这点是可信的）；第二，梅德韦杰夫阴沉地暗示俄罗斯在计划军事行动（虽然他的话也可以简单地解读为局势正在失控）。把战争爆发前这段时间发生的各种事件拼凑在一起时，重要的一点是萨卡什维利把梅德韦杰夫的话理解为威胁——也许这促使他先发制人予以阻止。

萨卡什维利所述在夜总会和梅德韦杰夫见面的故事结尾处相当夸张。“我显然看上去很紧张。纳扎尔巴耶夫走过来说，‘米沙，你怎么啦？我从来没见过你的脸色这么苍白——他跟你说什么啦？’我说，‘没什么。’然后他说，‘别担心，事情会解决的，你得给他点儿时间，我相信你能找到办法。’”[18]

战争过去三年后，萨卡什维利在接受莫斯科回声广播电台采访时说，阿斯塔纳之行后他多次给梅德韦杰夫打电话，得到的回答总是：“等着吧，到时候我们会给你打电话的。”萨卡什维利认为梅德韦杰夫避而不见就证明了“他不想再进行认真的谈话”，因为“他知道（将要）发生什么事”。[19]

梅德韦杰夫的说法则完全不同。他说他们二人确实同意在索契再次会面“认真讨论问题”，但此后萨卡什维利却奇异地沉默了。“我可以认真地告诉你，后来的一个月中我经常查问我们的格鲁吉亚同事有什么反馈，结果什么也没有。”梅德韦杰夫和其他三位俄罗斯高官在采访中特别指出（显然这是他们后来内部讨论后得出的结论）：4 天后康多莉扎 · 赖斯访问了第比利斯，之后萨卡什维利不知为何陷入了沉默。梅德韦杰夫说：“那次访问后，萨卡什维利干脆停止了和我们的一切沟通。他不再理睬我们，不写信，也不打电话。显然他有了新的计划。”[20]

无可否认，赖斯在访问期间发出的信号互相矛盾——她自己也是这么说的。她 7 月 9 日飞到格鲁吉亚。前一天，俄罗斯又进行了武力恫吓。他们的战斗机飞越南奥塞梯，用外交部的话说，为了“让第比利斯头脑发热的人冷静一下”。

赖斯和萨卡什维利在科帕拉餐馆俯瞰姆特科瓦里河的阳台上用餐时，再次坚持要求他放弃使用武力。

“我为什么要那么做？”他说，“我一点儿好处也得不到。”

赖斯答道：“你只能那么做，别无选择……如果你们和俄罗斯军队打起来，没人会帮助你们，你们会打败。”[21] 然而，虽然她私下里谈话强硬，她的公开讲话却可能使萨卡什维利认为是对他计划的鼓励。离开第比利斯前，在一次记者招待会上，赖斯强烈支持格鲁吉亚的领土完整并批评俄罗斯，还说：“我们非常、非常认真地对待我们帮助盟国自卫的义务，这一点所有人都要明白。”赖斯接受采访时说那不是随随便便的保证：“一定要让格鲁吉亚人知道，他们若是遇到了困难，如果俄罗斯人不履行他们自己的义务，美国会站在他们一边。我有意在媒体前说美国将站在格鲁吉亚一边。”

看来俄罗斯相信萨卡什维利从中听到了他需要的鼓励。梅德韦杰夫说：“我不相信美国人真的怂恿格鲁吉亚总统入侵，但我相信有一些微妙的暗示……满足了萨卡什维利希望美国在任何冲突中都支持他的心愿。在政治中，隐含的暗示和微妙的含义非常重要。”

简言之，梅德韦杰夫相信萨卡什维利听了赖斯的话大受鼓舞，决定出兵南奥塞梯，这才停止了和俄罗斯的沟通。萨卡什维利则相信梅德韦杰夫停止沟通是因为普京已经决定出兵格鲁吉亚，所以要他闭嘴。无论真相如何，双方一旦陷入沉默，通过外交避免战争也就希望渺茫了。

几天后，俄军第58军开始在整个北高加索地区进行大规模军事演习，有8 000名士兵、700辆军车和30架飞机参加。与此同时，1 630名美国和格鲁吉亚军人在格鲁吉亚举行了代号为“立即反应2008”的联合军演。令人吃惊的是，尽管南奥塞梯局势紧张，小冲突不断，但格鲁吉亚和俄罗斯的领导人似乎都觉得，形势还没有紧张到让他们放弃休假的程度。一位7月份出访第比利斯的美国高级官员回忆起和格鲁吉亚领导人一起进餐的情形，他们都马上要去度假，萨卡什维利要去意大利的一个保健疗养中心，副外长博凯里亚要去西班牙。“他们都很开心，完全放松，一边互相拥抱一边说‘一个月或3周后再见，可别想工作的事！’”

8月的第一周，俄罗斯领导层也几乎全体去度假了。就在此时，南奥塞梯爆发了格鲁吉亚和奥塞梯人之间4年来最激烈的冲突。几天内，上千的奥塞梯人拖家带口逃到北奥塞梯寻求安全。8月5日星期三，一位俄罗斯政府官员阴郁地告诉我，不是战争“会不会”发生的问题，而是“战争一定会发生”。战争最后爆发是在8月7日到8日的夜间。格鲁吉亚对南奥塞梯首府茨欣瓦利发动大规模攻击，接着是俄罗斯军队直插格鲁吉亚腹地，远远越过有争议地区的界限。俄格战争至少刚开始时外界几乎普遍认为责任在俄罗斯，这场战争被比作苏联入侵匈牙利和捷克斯洛伐克。俄罗斯的名声因此而遭到重大打击。然而调查这场战争的欧盟委员会在确定责任方面更为公允，它得出的结论是格鲁吉亚是先发动侵略的一方，使用了“按照国际法无可辩解的”武力。报告也说双方事先都加剧了紧张的局面，俄罗斯反应过度，“超过了自卫的合理界限”。

战争及其后果

8月7日晚19点，萨卡什维利总统宣布停火，但接着又命令军队于23点35分进攻茨欣瓦利。格鲁吉亚军队使用坦克、榴弹炮和冰雹多管火箭炮发动大规模炮轰，把茨欣瓦利的大片城区夷为平地，造成许多平民伤亡。格鲁吉亚地面部队随之开进。许多因普京的“护照化”政策而成了俄罗斯公民的奥塞梯人被杀死，有些俄罗斯维和部队士兵也死于炮火。俄罗斯声称这是“种族灭绝”，说格鲁吉亚的进攻杀死了2 000名平民，这一数字后来证明被严重夸大。第二天，几百辆俄军坦克经罗基隧道拥入南奥塞梯，伴以强力空中支持。后来5天内 4 万俄罗斯军队进入格鲁吉亚，一半经由南奥塞梯，另一半经由阿布哈兹。俄军很快把格鲁吉亚军队赶出了茨欣瓦利，随即挥师进入格鲁吉亚本土，炮轰哥里市，攻击各地的机场和军事基地，甚至摧毁了在争议地区许多英里以外的波季港。随着俄军向南面的首都第比利斯挺进，几十万格鲁吉亚人逃离家园。在已成空城的哥里，南奥塞梯的民兵横冲直撞，俄罗斯部队则听之任之。最后，国际外交活动促成了敌对行动的中止，俄军也停止了前进。5 天的战争造成 850 人死亡，3.5 万人流离失所。

这些是基本事实，但这一切是如何以及为何发生的一直是，现在仍然是一个引起激烈争议的问题。对茨欣瓦利先行发动攻击后不久，格鲁吉亚军队的指挥官马姆卡 · 库拉什维利对记者说，格鲁吉亚“决定在整个地区恢复宪政秩序”，这似乎证实萨卡什维利总统决心一偿他重新征服南奥塞梯的夙愿。后来据称这项声明未经授权，虽然萨卡什维利亲口宣布“茨欣瓦利的一大部分现在解放了”。事后，格方为自己的行为辩解，说他们诉诸武力只是为了对抗已经开始大规模入侵的俄罗斯军队，但多数观察员（包括欧盟委员会）都说没有证据表明格鲁吉亚攻击前那几个小时有任何大规模的入侵。事实上，萨卡什维利本人当时也没有做这样的指控，8 月 8 日，格鲁吉亚政府在联合国安理会的会议上说：“那天 5 点 30 分，第一批俄罗斯军队通过罗基隧道进入南奥塞梯。”两年后，格鲁吉亚政府的几位官员在采访中被问到事态发展的时间时好像都糊里糊涂，说不明白。

格鲁吉亚先发动攻击，目的是夺回南奥塞梯而不是打退俄罗斯的进攻，这一点可由波兰外长拉多斯瓦夫 · 西科尔斯基和格鲁吉亚外长艾卡 · 特克舍拉什维利在进攻茨欣瓦利前一天的谈话来证明。“艾卡打电话给我说，他们要在整个南奥塞梯建立宪政权威。我的理解是他们要打进去。我警告她不要过高估计自己的力量，要特别小心，因为失去冷静会带来可怕的后果。”[22]

当时，梅德韦杰夫总统正在伏尔加河的游艇上度假，普京总理在北京参加奥运会开幕式，拉夫罗夫外长在俄罗斯中部地区（离莫斯科4个半小时的飞行距离）。他们都不得不赶回莫斯科去应对这场危机，这也说明俄罗斯猝不及防，攻击不是它挑起的——尽管它的军队显然准备充分，来之能战。

那么这场战争为什么在那个时候打响呢？就在大约一周前，格鲁吉亚的领导人们还在度假。他们最精良的部队派驻在伊拉克。虽然萨卡什维利想收回失去的领土，但他似乎还是想给外交手段最后一次机会。就在8月7日，格鲁吉亚方面的谈判代表雅科巴什维利还去茨欣瓦利参加计划好的会谈，但会谈没有举行（因为南奥塞梯方面拒绝参加，俄罗斯的特使也没有到场，说他的汽车轮胎爆了）。俄罗斯确实一直在进行武力恫吓，但目的主要是吓阻格鲁吉亚的进攻，不是自己想发起进攻。事实上，莫斯科进攻格鲁吉亚对自己没有任何好处，而且（虽然有相反的说法）它从来没有表示出任何想吞并，或者哪怕承认这两个地区的意愿。它重创格鲁吉亚，后来又承认南奥塞梯和阿布哈兹为“独立国家”，这些是后来的事，不应当用它们作为证据追溯为俄罗斯的一贯意图。

在我看来，直到战斗打响的前夜，双方还都没有认真计划打仗（尽管它们都在备战）。那就是说，致命的决定是萨卡什维利和他几个最紧密的顾问在最后一刻做出的。可能他们觉得全世界都在聚焦北京奥运会，无暇他顾；可能他们仔细权衡了最近美国人说的话后认为，基本上美国是支持他们的；可能他们真的接到情报（哪怕是假情报）说俄军已经从罗基隧道蜂拥而入；可能他们认为俄方和南奥塞梯方没有和他们的谈判代表会谈是凶兆，梅德韦杰夫的回避推托和关于“事情会更糟”的暗示是威胁；可能他们迫不及待地要抓住他们心目中夺回南奥塞梯的天赐良机。不管原因为何，开战的决定都证实了萨卡什维利的美国同僚和其他西方同僚最大的担心——他们喜欢他，尊重他，对他在民主方面的表现赞赏有加，但也清楚地意识到他的反复无常、任性冲动，甚至他精神上的不稳定。关于那场战争，一幕长久留在人们脑海中的图景是英国广播公司摄影机前的萨卡什维利，电视上，正在等待接受现场直播采访的他紧张得把领带的一头直往嘴里塞。俄罗斯马上抓住此事，说这证明他“精神失常”。萨卡什维利的许多西方同僚也有同样的担心。在安格拉 · 默克尔和他讨论和平解决的会谈中，他极度狂躁激动，拿着空杯子喝水，还把一瓶水打翻在桌子上。

战争打响几周前的一个深夜，一位和萨卡什维利极为亲密的美国高级官员在第比利斯目睹了一次高层聚会。“我当时觉得，怎么能用如此闹闹哄哄、毫无章法的方式做出重要的决定。但那是格鲁吉亚人做事的方式，至少是那群人的做事方式。他们没有喝醉，也不是幼稚或者愚蠢，就是东拉西扯地闲聊。我进去时他们说：‘你们说我们没有机构间协调进程，这就是我们的进程。要喝点儿酒吗？’”

虽然是格鲁吉亚点燃了导火索，但在熊熊战火中俄罗斯却被千夫所指，部分的原因是舆论受到最初国际电视媒体对战争报道的影响。电视上几乎看不到格鲁吉亚对茨欣瓦利的轰炸和破坏的画面，却有大量的图像显示俄罗斯后来对哥里的轰炸。发生这种情况是因为俄罗斯不准记者进入南奥塞梯，而格鲁吉亚则积极鼓励媒体去哥里。英国广播公司的外国新闻编辑约翰 · 威廉斯在博客中写道：“安全情况不允许我们从第比利斯前往南奥塞梯的茨欣瓦利这个据俄罗斯说被格鲁吉亚人摧毁的城市。直到星期三——第一枪打响 6 天后——英国广播公司的采访组才能去亲眼看看发生了什么事情，那也是在俄罗斯官员的陪同下。”

战争中公关顾问的作用在很多文章中得到大肆渲染。其实，格鲁吉亚的主要法宝是萨卡什维利总统本人，他操着流利的英文和法文不停地接受采访——我猜想这一定不需要他的西方公关团队催促。而另一方面，莫斯科却坚决拒绝公关顾问关于允许记者去南奥塞梯的请求，后来很晚的时候才派会讲英文的人接受像英国广播公司和美国有线电视新闻网这样的电视台的采访。

但俄罗斯而非格鲁吉亚遭到诟病的主要原因是：无论怎样，它入侵了一个独立的邻国，目的是阻止那个国家做一件完全符合国际法的事情，即（尽管是以残暴的方式）恢复自己的领土完整，正如俄罗斯恢复了它对车臣的管辖一样。俄罗斯领导人看不到两者的相同之处。他们指责西方容忍格鲁吉亚的侵略，却忘记了西方总的来说也容忍了俄罗斯对车臣残暴得多的攻击。两者在西方看来都是内部事务，攻击外国可就是另外一回事了。正如俄罗斯《新报》记者安德烈·克列斯尼科夫所说："俄罗斯好像把自己当成母国，把格鲁吉亚当成是叛乱的偏远省份。"

结果是格鲁吉亚这个主权国家被肢解，几十万人，主要是格鲁吉亚人，被迫离开几世纪来祖祖辈辈居住的土地。在阿布哈兹，俄罗斯等于把这块经过种族清洗不再有格鲁吉亚人居住的土地交给了一个1991年前只占人口1/5的民族。[23] 格鲁吉亚领土的1/6现处于俄军控制之下。

格鲁吉亚发起进攻仅仅几个小时之后，普京在北京会见了布什总统和萨科齐总统。他们二人都劝俄罗斯在反应时保持克制，但都遭到断然拒绝。普京已经不再是三军总司令了，但他表现得好像他还在那个位子上。萨科齐把儿子路易介绍给普京，普京热情拥抱了他——但那是普京最后的友好表示。萨科齐的助理让–大卫·莱维特记得他的老板竭力劝和。"他对普京说，'听我说，我现在是欧盟主席，我可以让欧盟尽全力阻止这场战争，它对俄罗斯、对欧洲、对俄罗斯和欧洲的合作都是灾难性的。可是弗拉基米尔，我需要48小时才能做到。'回答是什么呢？'不行。'于是萨科齐总统说，'等一下，弗拉基米尔，你想过这会有什么影响吗？至少给我24小时。''不行，不可能。'总统说，'那么，到晚上8点吧。''不行。'"[24]

不过俄罗斯出兵是梅德韦杰夫决定的。他说他在头24小时内甚至没有和普京讨论过这件事，因为没有通往北京的安全的电话线，这话有些让人难以置信。梅德韦杰夫说他被国防部长叫醒，听他报告说茨欣瓦利受到攻击，但希望那只是挑衅而已。他是听说一座住满俄罗斯维和士兵的帐篷被击中，里面的人全部死亡后，才下令反击的。如果有谁以为比起硬汉普京，梅德韦杰夫是个"软柿子"，那可是大错特错。是总统（据他自己说）下令出兵的——他甚至没有和联邦安全会议商量。最终联邦安全会议开了会，支持了他的决定，但这时普京还没有从中国回来。普京终于回来后，先是飞往北奥塞梯的弗拉季卡夫卡兹视察当地形势，然后才去索契见梅德韦杰夫，和他进行商讨。[25]

开战第二天，俄军出动120架轰炸机去摧毁格鲁吉亚的基础防御设施，包括从美国、以色列和乌克兰那里买来的崭新装备。

一天后，和姨妈及妹妹刚开始在西弗吉尼亚州的绿蔷薇豪华度假村度假的赖斯打电话给拉夫罗夫，要求停止入侵。那次对话引起了双方的一次大争执。拉夫罗夫说俄罗斯有三个条件：

“第一，格鲁吉亚军队必须回到营房中去。”

赖斯说，“行。”

“第二，他们必须签署不使用武力的保证书。”

“行。”

“第三，就我们两个人知道，萨卡什维利必须下台。”

赖斯不敢相信自己的耳朵：“谢尔盖，美国国务卿和俄罗斯外交部长不能私下谈论推翻一个民选总统。”[26]

她认为这是俄罗斯威胁要在格鲁吉亚实现政权更迭，决定把此事公之于众。8月10日，美国驻联合国代表卡里扎德宣布：“拉夫罗夫外长对国务卿说格鲁吉亚民主选举的总统——我引证——‘萨卡什维利必须下台。’——引证完。这是完全不可接受的出格言辞。”

拉夫罗夫非常生气。他在采访中说：“把和伙伴讨论的事情向全世界公布，这不是我们的外交做法。”不过他并未完全否认他说了那样的话，只是坚持说他的意思不过是“我们再也不和他打交道了”。[27]

到8月11日，格鲁吉亚人看到哥里受到轰炸，城里的民众被全部赶出，相信俄罗斯军队准备向首都第比利斯进发。总统办公楼里一片惊慌：油画从墙上摘了下来，文件塞进箱子准备快速撤退。卡尔·比尔特和美国特使布莱扎当时在场，他们估计再有半个小时俄军就要进城了。

萨卡什维利请求布什总统施以援手，认为那是布什答应过的。“我对他说，‘你看，就在你的总统任内，苏联可能会死灰复燃，可能会在我的国家东山再起。那将是历史上非常令人悲伤的事情——对我们来说当然如此，因为我们就要完了——但对美国和世界来说也是一样。’”[28]

他说俄罗斯即将进入他的首都，把格鲁吉亚并入某种新形式的苏联。这可以视为他偏执妄想，为达目的危言耸听，或狡猾地企图掩盖他自己做出的灾难性的开战决定。但晚些时候梅德韦杰夫间接地证实了他的话，说虽然“我们当时的任务是摧毁格鲁吉亚的战争机器”，但也考虑过更彻底的办法：“萨卡什维利应该感激我命令我们的部队停止前进。如果他们开进第比利斯，现在格鲁吉亚很可能就是另一个总统了。”

华盛顿对这个威胁相当认真，尤其是鉴于拉夫罗夫此前对赖斯说过的那番话。布什召集了他的国家安全团队。国防部长罗伯特 · 盖茨回忆说：“情报室里几乎所有人都明确认为俄罗斯公然侵略了一个独立的国家，并要着手肢解它。”[29]

美国人甚至考虑亲自进行军事干预。据国务卿赖斯说：“大家有些慷慨激昂，讨论了我们该怎么做，如何用军事手段向俄罗斯发出信号，让他们知道他们在干蠢事。”

国家安全事务助理哈德利说：“问题是，我们要不要投入作战部队？如果要拯救第比利斯就需要地面部队。”[30]

但那就要冒世界上两个最大的核国家发生冲突的风险，对此盖茨力促谨慎：“我非常坚定地主张不给萨卡什维利武器援助。我当时的看法是俄罗斯人在陷阱里放了诱饵，萨卡什维利直接跳进去了，所以双方都有责任。”

最终，俄军停战回师，美国不再需要考虑军事回应。美国派海军运输机飞到第比利斯机场，并派战舰通过黑海驶到巴图米港运送人道主义救援物资（就连这也引起了俄罗斯的愤怒），但决定借助外交手段解决问题。尽管他们对萨科齐总统的能力颇感怀疑，但还是决定让时任欧盟轮值主席的法国领导做外交努力。

虽然俄罗斯人当时坚持只有梅德韦杰夫一人同萨科齐会谈，但普京也在，不用说是唱黑脸的。在一次会谈中他宣称要揪掉萨卡什维利的鸟毛。（俄方否认此事，但后来普京本人间接承认他说了这话。）[31]

萨科齐来会谈时带了一份协议草案，拉夫罗夫说："我们改了一点。"事实上，这份包括6点内容的文件被改得面目全非，比如第一句成了"格鲁吉亚和俄罗斯部队将完全撤离"。

萨科齐的助理让–大卫·莱维特回忆说："他们把逻辑全部改过，不再是停火，不再是撤军，而基本上成了对格鲁吉亚的勒令。"

用梅德韦杰夫的助理谢尔盖·普里霍季科的话说，萨科齐"难对付，非常难对付"。他最后对俄罗斯人的谈判手法失去了耐性，说："好了，我们对这份草案一直在来来回回说同样的话，我现在拿起笔来写一个新案文。好，首先冲突各方同意不使用武力。同意不同意？同意。"

下面还有5点：停止敌对行动，允许人道主义援助自由通行，格鲁吉亚部队撤回原来的基地，俄罗斯部队撤回战事爆发前的阵地，就阿布哈兹和南奥塞梯的未来地位举行国际谈判。

第五点包括一条额外条款，不久后就引起了麻烦。"在建立国际机制之前"，俄罗斯"维和人员"将采取"更多的安全措施"。这条规定伸缩空间很大，俄罗斯在和平协议生效后很长一段时间内都以它为依据在大片的安全区内，甚至在格鲁吉亚本土的某些部分维持驻军。

萨科齐带着文件飞往第比利斯。萨卡什维利拒绝接受的却是第六点，因为"未来地位谈判"似乎把格鲁吉亚的领土完整作为未定问题。拉夫罗夫接受采访时说，放入"就这两个地区的地位举行国际谈判"这一条款的目的就在于表明俄罗斯无意单方面承认它们。但萨卡什维利坚持他的意见。萨科齐半夜给莫斯科的梅德韦杰夫打了电话后，把这点改为：就这两个地区的"安全和稳定举行谈判"。从那以后，这样的谈判在日内瓦时断时续，未见任何成果。

但萨卡什维利大头已经输掉了。8月26日，梅德韦杰夫总统突然宣布俄罗斯承认南奥塞梯和阿布哈兹的独立。这两个新生的国家后来只得到了委内瑞拉、尼加拉瓜和太平洋岛国瑙鲁的承认，就连俄罗斯的前苏联盟国都不愿意承认。俄罗斯终于接受了科索沃的先例（当然不是接受科索沃本身）。这使全世界以为它下一步就要吞并这两个国家，而且一直就是这么打算的。

我还没有遇到过一个对现在的状况感到高兴的俄罗斯人。确实，格鲁吉亚加入北约的梦想彻底破灭了。确实，俄罗斯可以说“增强了安全”，现正在阿布哈兹修建新的海军基地。但毋庸置疑，如果和格鲁吉亚建立和平的关系，对俄罗斯的安全会更有利。

归根结底，格鲁吉亚的悲剧和它与俄罗斯的战争可能都源于一个反复无常、自欺妄想的人的个人悲剧。曾是萨卡什维利紧密同盟的尼诺·布尔贾纳泽说他“贸然宣战，坚信他能打败俄罗斯军队”。“我最后一次和他说话是战争开始5天前，我对他说：‘如果你挑起战争，我的国家就完了，我永远不会原谅你。’”可是，另一个问题是为什么萨卡什维利在西方的支持者，特别是美国，一边告诫他不要发动战争，一边又任凭他幻想他能够全身而退。安格拉·默克尔和别人知道他狂躁冲动，但北约却鲁莽地坚持答应让他的国家（和乌克兰）加入——即使这样做使俄罗斯感到不安全。直至今日，也没人认真地设想过未来欧洲和北美所有国家可以共同努力确保安全，只想着把有些国家的安全建立在牺牲其他国家安全的基础上。

本章描述的事件比过去12年间的任何事件都更清楚地表明，俄罗斯和西方彼此互不理解，不考虑对方的关切和担心。布什说三道四、指手画脚，普京暴跳如雷、威胁恫吓。美国说俄罗斯必须放弃它“周边”的“势力范围”，俄罗斯说美国别以为自己是世界霸主。布什指责普京是专制主义，普京指责布什是冷战思维。两人都没说错，结果自然也就不可避免了。

THE STRONGMAN

第十一章

重新设定与西方的关系

Vladimir Putin and the Struggle for Russia

高加索战争的余波

战争原是格鲁吉亚挑起，西方却站在格方一边，这使俄罗斯人怒不可遏。他们像是失去了理智，对所有的人都恶语相向。格鲁吉亚对茨欣瓦利的攻击被比作美国的“9 · 11”。普京按典型的俄罗斯阴谋论的思路，说是美国一手挑起了这一冲突，目的是要支持同奥巴马竞争总统宝座的约翰 · 麦凯恩参议员。

拉夫罗夫外长声称，某些国家用萨卡什维利来“试探俄罗斯政府的力量”并“迫使我们放弃现代化，走上军事化的道路”。他坚称俄罗斯只是打掉了格鲁吉亚用来攻击他们的那些阵地。拉夫罗夫和英国外交大臣米利班德用手机通话时，把萨卡什维利叫作“疯子”。

俄罗斯人似乎浑然不觉，他们因为出兵并控制了一个邻国的大片土地，目前在国际上极不得人心。8 月底，梅德韦杰夫总统首次提出从这场战争中总结的重要结论，后来他又数次提到。他阐述了俄罗斯外交政策的 5 项新“原则”，其中有些原则的含义令人心惊。第四项原则宣布，俄罗斯的要务是保卫俄罗斯人的生命和尊严，无论他们在何处。这包括“保护我们在国外工商社团的利益”。梅德韦杰夫矢言，任何对他们的侵犯行为都将受到坚决回击。第五项原则宣布俄罗斯在一些地区有“特权利益”。这似乎包括与它相邻的所有有俄罗斯族居民的前苏联国家。梅德韦杰夫有意没有用“势力范围”这个词，但其实就是这个意思。这意味着，爱沙尼亚和拉脱维亚这些新近加入欧盟和北约的前苏联共和国由于有人数众多的俄罗斯少数民族，因此也被俄罗斯正式划归它的势力范围。人们原以为俄罗斯在格鲁吉亚危机后能幡然悔悟，但它宣布的新政策证明事实恰恰相反。

俄罗斯没有谦卑地放低身段，反而借着这场战争的由头再次提出过去已经遭到过拒绝的倡议。10 月，梅德韦杰夫总统跑去参加在法国埃维昂召开的会议，再次呼吁缔结一项新的欧洲安全条约，说高加索地区的事件“表明”他的主意“多么正确”，而且“证明单极国际安全体系已不再有效”。他在说什么呀？难道他忘了他的国家刚刚侵犯了一个邻国的安全和领土完整吗？他喋喋不休地呼吁缔结新条约，但无人理睬。真让萨卡什维利说着了，狐狸要求当鸡窝的主人。

至于普京，他的总理职位意味着他主要负责经济，而不是外交政策。这也为他插手“特权利益”地区提供了工具。他的主要工具是俄罗斯天然气工业股份公司。2002 年他不准各部门瓜分这个庞大的国家垄断企业，现在它成了有用的外交政策工具。能源就像手中的鞭子，随时可以用来惩罚邻国。2006 年，俄罗斯同乌克兰发生天然气纠纷几个月之后，又中断了对立陶宛的石油供应，因为立陶宛没有把马泽伊基艾炼油厂卖给俄罗斯国家石油公司，而是卖给了一家波兰公司。同年，通往格鲁吉亚的输油管神秘地发生爆炸，俄罗斯却拒绝让格鲁吉亚调查人员查找证据或帮助修复输油管。2007 年，俄罗斯与爱沙尼亚因拆除一座苏联战争纪念碑发生争执，随即中断向爱沙尼亚输送石油。

2008 年年底，俄乌之间的另一场天然气冲突山雨欲来。俄罗斯再次坚持把天然气价格提高到世界水平，而乌克兰拒绝付款。这次，克里姆林宫有西方公关公司的帮助，事先采取行动以防舆论对它不利。他们警告乌克兰（以及更靠西的客户）冲突即将发生，俄罗斯天然气工业股份公司派遣高层主管去各个欧洲国家首都说明情况，以确保如果天然气供应像三年前一样中断的话，人们都知道责任在乌克兰，不在俄罗斯。但是没人想到普京居然会故意切断不是对乌克兰，而是对西欧的天然气供应。

乌克兰拖欠俄罗斯天然气工业股份公司的天然气费用已达24亿美元。现在俄方想把2009年的价格涨至每千立方米250美元（几天后又涨至450美元）——乌克兰付不起这个价格。2009年1月1日，俄罗斯天然气工业股份公司像2006年一样，切断了对乌的天然气供应。乌克兰为了弥补短缺，也像2006年一样开始从出口管线分气。很快，匈牙利、奥地利、保加利亚、罗马尼亚和其他国家的客户就注意到天然气气压大大降低。找不到解决办法，欧洲国家开始惊慌起来。斯洛伐克甚至考虑重启一座尘封的核电站。

1月5日，普京做出了一项惊人的决定。他召见俄罗斯天然气工业股份公司的领导阿列克谢·米勒，还叫来了摄影师。二人在摄影机前进行了一次装模作样的谈话，借此宣布，有史以来俄罗斯第一次要在天寒地冻的严冬切断对西欧客户——俄乌争端的无辜旁观者——的天然气供应。他们的交谈如下：

> 乌克兰还欠2008年天然气费用6亿多美元。如果情况继续这样下去，乌克兰继续偷用俄罗斯的天然气，欠款很快就会达到几十亿美元。
>
> 你有什么建议？
>
> 有人建议要按乌克兰偷取的数量6 530万立方米减少输送到俄乌边境的天然气，将来的供气也要减去被偷走的气量。
>
> 按天算吗？
>
> 是的，按天算。
>
> 但是那样的话，我们的西欧伙伴就得不到合同规定的全部供气了。
>
> 是的，如果是那样，我们的西欧伙伴就得不到被乌克兰偷走的那部分天然气，但我们公司会尽全力用其他办法补上那一部分。我们可以增加

俄罗斯经由白俄罗斯和波兰的供气，增加通过蓝流管道输往土耳其的供气。

乌克兰的用户呢？对他们的供气也会不足。那可不是小数目：我记得乌克兰每天消费1.1亿到1.25亿立方米天然气。乌克兰消费者要受苦了，我同情的是老百姓。

据我们得到的可靠消息，乌克兰总统维克托·尤先科亲自命令单方面中止就今年对乌克兰的供气与俄罗斯天然气工业股份公司的谈判，显然他并不同情老百姓。

他不同情，但我们同情；大家都应该同情他们，我们和那里的人民是血肉相连的亲戚啊。

我们还知道乌克兰的天然气年产量是200亿立方米，目前乌克兰的天然气储量超过了它的年产量。如果乌克兰领导人发善心，老百姓就不会受苦。

我同意。从今天开始减少供气。

就这样，普京假装同情可怜的乌克兰人民，“同意提出的建议”，减少经过乌克兰输往中欧和西欧的天然气供应。这是俄罗斯——包括苏联时期——第一次减少对其西方客户的天然气供应。俄罗斯一贯坚持说它一直是，并将永远是可靠的能源供应者，此举却将这一立论完全推翻。

普京的决定对欧盟来说是压垮骆驼的最后一根稻草。美国一直力劝它的欧洲伙伴从多个来源获取能源，以免被俄罗斯掐住脖子。现在这成了紧迫需要。欧盟开始探索所有可能的替代能源供应方，从阿尔及利亚到伊朗到土库曼斯坦。普京的决定也给名为纳布科的项目提供了新的动力。这个项目计划铺设一条绕过俄罗斯、从土库曼斯坦或阿塞拜疆经土耳其向中欧输送天然气的管道。

纳布科项目的竞争对手是俄罗斯自己的“替代”管道——经过黑海、保加利亚和塞尔维亚的南流天然气管线。另一条替代乌克兰向欧洲供气的管道——穿越波罗的海海底的北溪管线的设计也已进行到相当的程度。俄罗斯没有听明白（或者是假装没明白）西方的意思，即他们已经不信任俄罗斯是可靠的能源供应者了。俄罗斯把责任完全推到过境国乌克兰头上，提出把南流和北溪作为两条对欧洲的供气管线，以防将来乌克兰线路可能中断。欧盟担心这不仅使乌克兰，而且使波兰（另一个过境国）在将来也可能遭到讹诈：俄罗斯如果同波兰或乌克兰发生争端，可以切断对这两个国家的供气，使用新管线继续向它们西边的国家供气。对欧洲人来说，纳布科完全绕开了俄罗斯，似乎更加安全。但事实是纳布科能提供的天然气量很小（俄罗斯已经提前买断了土库曼斯坦多年的天然气生产）。无论如何，坐拥巨大能源储藏的俄罗斯在可见的未来注定是一个主要的能源供应者。普京 2009 年 1 月 5 日做出决定后，人们再也不能完全信任它了。

直到 1 月 20 日深夜普京和乌克兰总理尤利娅 · 季莫申科达成协议之后，对欧洲的供气才得到恢复。乌克兰将按欧洲的价格付款，但 2009 年给它打折。作为回报，乌克兰维持它收取的天然气过境费数额不变。双方同意不再用俄乌能源公司做中间商——这家名声欠佳的公司和季莫申科从前的同事、现在的对头尤先科总统关系密切。

一年后，故事又有了续篇。2010 年 2 月，2004 年受普京支持但被橙色革命推翻的亚努科维奇终于当选为乌克兰总统。尤先科任总统期间，国事一塌糊涂，内斗不休、腐败猖獗、经济政策无能。有人把这视为橙色革命的失败，但这是短视的看法。亚努科维奇在公平的选举中打败了主要的竞争对手季莫申科，所以民主本身并不是问题。而且，事实证明亚努科维奇掌权后并不完全是俄罗斯的哈巴狗。他的确很快与梅德韦杰夫总统签署了协议，把俄罗斯黑海舰队在克里米亚基地的租约延长近 30 年，以此换来乌克兰多年廉价获得俄罗斯天然气供应的合同。但他在俄罗斯使用克里米亚基地的费用问题上狮子大开口。普京说："给我们开的简直是天价。竟敢要这个价，我真想把亚努科维奇和他的总理活吞了。世界上没有哪个军事基地要这么多钱，没有这样的价格！要是按这个合同付款，我们10年得付400亿到500亿美元。”

后来，亚努科维奇也开始质疑乌克兰购买俄罗斯天然气的价格。（季莫申科在2009年和普京达成的交易被认为使乌克兰吃了大亏，她因此被判滥用职权罪而锒铛入狱。）2011年夏，亚努科维奇要求俄罗斯把价格砍掉一半，降到200美元以下。至于乌克兰的西进，虽然它放弃了加入北约的计划，但亚努科维奇继续朝着进一步融入欧盟努力——普京企图拉他和俄罗斯达成自由贸易协定，却被他拒绝了。

奥巴马效应

2008年夏秋之交，俄罗斯只顾纠缠格鲁吉亚问题，没有注意到在世界的另一边正在发生的大事。普京过去8年的死对头乔治·W·布什马上要卸任了，11月美国总统大选的获胜者很有可能是一个迷住了全世界的自由派年轻黑人。俄罗斯人首先不相信一个黑人能打败约翰·麦凯恩参议员，而且他们也不肯相信如果巴拉克·奥巴马获胜会有什么不同。我记得曾坐在克里姆林宫的一间办公室里向俄罗斯官员解释奥巴马很有可能获胜，那将是改善俄美关系的好机会，他们应该开始考虑如何和他建立联系。他们的反应是耸耸肩冷笑一声：“什么都不会变的，还是同一伙人。”

俄罗斯真的是卡在了凝固的时间里。西方的确仍把俄罗斯视为骨子里的社会主义国家，只不过少了些形式上的东西而已。而俄罗斯的世界观也还停留在冷战时期《真理报》刊登的一幅漫画上：山姆大叔一手给“军工大企业”喂食，一手向苏联发射导弹。在他们看来，奥巴马只是制度的一个产物，不会有任何改变。

11月4日，奥巴马当选。几乎各地都以欣喜若狂的大标题予以报道。别的姑且不论，奥巴马起码不是乔治 · W · 布什。在许多人眼里，他的当选标志着一个新时代的到来。梅德韦杰夫总统那几周一直在准备他的第一份国情咨文讲话——原来宣布 10 月底讲，后来改到 11 月 5 日。奥巴马胜选的消息传来后，克里姆林宫的公关公司凯旋公关赶快提交了一份建议书，说这是向美国新总统示好的理想时机，建议国情咨文就两国未来的合作说些热情的话。但是，克里姆林宫不仅没有理睬凯旋公关的建议，甚至好像不知道奥巴马胜选的消息。

梅德韦杰夫在克里姆林宫大宫殿炫目的白色大厅里讲了一个半小时，但连奥巴马的名字也没提，更别说祝贺他了。他倒是提到了美国的外交政策，说它是造成格鲁吉亚战争的元凶。他还宣称俄罗斯有可能在靠近波兰边境的加里宁格勒部署伊斯坎德尔导弹，以对抗布什的导弹防御系统。

第二天的媒体头条记录下了这次失去的机会。伦敦《泰晤士报》的标题是“世界欢呼奥巴马之际，俄罗斯总统德米特里 · 梅德韦杰夫命令在欧洲部署导弹”。《华盛顿邮报》的标题则是“俄罗斯尖刻警告奥巴马”。

人们经常指出，俄罗斯的外交政策主要是反应性的，普京时代也确实基本如此，他很少主动出击。我们看到，他期望北约“邀请”俄罗斯加入，他以合作的姿态回应“9 · 11”事件，以对抗的姿态回应北约东扩和导弹防御计划，但他很少自己采取主动，让别人反应。这一次还是一样，俄罗斯的外交政策可能会变，但美国人必须先有动作。

奥巴马任命斯坦福大学教授迈克尔 · 麦克福尔做他的俄罗斯问题首席顾问。新班子马上提出了一个务实的新思路，称为“双轨接触”，即美国政府不会将国与国关系与俄罗斯在人权或民主方面的表现挂钩。它将继续就俄罗斯的人权记录和它对格鲁吉亚的占领强烈质疑克里姆林宫，但不会因此影响在其他领域（如伊朗或导弹防御）的外交和军事合作。两者将在各自的轨道上分别运作。麦克福尔说：“意思很简单，我们将在两国有共同利益的问题上同俄罗斯政府合作。我们也会就我们认为重要的问题直接和俄罗斯的公民社会，包括俄罗斯政治反对派人士打交道。”[1]

2009年2月，美国副总统拜登在慕尼黑安全会议上讲话时第一次公开提出关于这一新思路的暗示。两年前就在这里，普京等于宣布了和美国决裂。“过去几年中，俄罗斯和我们联盟成员的关系出现了危险的发展。”拜登说，现在美国想“按下重启键”。此言一出，很快成为奥巴马对俄新政策的简称。一个月后，美国国务卿希拉里·克林顿在电视上把它形象地表现出来，她向她的俄罗斯同人谢尔盖·拉夫罗夫赠送了一枚硕大的红色别针，上面印着“重启”。不巧，这个词的俄文却被译成了“超载”或“超负荷”。在这项政策正式启动时，这个误译引起了一些微笑。

更加重要的重启行动也同时在幕后紧锣密鼓地进行着。拜登讲话一周后，麦克福尔前往莫斯科，亲手送交奥巴马写给梅德韦杰夫的私信。这封信是要当作诱饵，放在山洞口引诱张牙舞爪的俄罗斯熊出洞。信中说他们正在仔细研究导弹防御方案，暗示在这个问题上两国应该合作，而不是对抗。信中对美俄关系做了概括性的展望，指出美国的利益其实基本上也是俄罗斯的利益。两国应寻求“双赢”的局面，而不是像过去那样顽固坚持“零和”的态度。

俄罗斯熊嗅嗅诱饵，似乎挺喜欢。梅德韦杰夫参加为应对全球金融危机在伦敦召开的二十国集团峰会时，于4月1日第一次同奥巴马见了面。两人先客气寒暄一番——真巧咱们两人都年轻，都是律师，又都新上任。然后，奥巴马决定试试他的新“双赢”办法，看能不能解决最近发生的一件麻烦事。几个月前，吉尔吉斯斯坦总统巴基耶夫在俄罗斯的威逼利诱下，突然宣布要美国离开玛纳斯空军基地这个阿富汗战争中重要的中转站。巴基耶夫做出这一决定的当天，俄罗斯向吉尔吉斯斯坦提供了20亿美元的贷款。在美国大使位于摄政公园的官邸内，奥巴马和梅德韦杰夫坐在一起，以稍带点儿傲慢的态度向他解释让美国人留在玛纳斯为什么符合俄罗斯的利益：“我需要你明白我们为什么在这里有基地，它支持我们在阿富汗的行动，我们的部队从这里进出阿富汗。他们在这里洗澡，吃上一顿热饭，在这里准备好去阿富汗作战，去对付我们的敌人，那也是你们的敌人。如果我们不打他们，你们也得打他们。所以你说，梅德韦杰夫总统，为什么我们有这么个基地帮助我们在阿富汗的行动会不符合你们的国家利益呢？”梅德韦杰夫没有马上作答。但三个月后，美国人签署了一项允许他们留在玛纳斯的协定。

麦克福尔记得梅德韦杰夫在伦敦会议上还做出了一个令人吃惊的姿态，提出扩大所谓的阿富汗“北方分配网”，第一次允许美国经过俄罗斯领空运输武器弹药。

这成了奥巴马2009年7月首次正式访问莫斯科时宣布的一项关键协议，另外还有一项关于开始谈判新裁军条约的框架协议。新的裁军条约将取代12月到期的削减战略核武器条约。被称为新起点的新条约将成为重启美俄关系的重头戏，但双方在条约是否也应对导弹防御加以限制这个问题上意见截然相反。为了兼顾双方的观点，光是商定框架协议的措辞就需要高度的外交技巧。

奥巴马总统保证要“重审”乔治·W·布什的导弹防御计划，9月份，俄罗斯人欣喜地听到他宣布取消在捷克共和国设立雷达和在波兰部署拦截武器的计划。但他仍然打算在这两个地方建点儿东西，而且美国人坚决不肯在新起点条约中放入任何妨碍他们发展导弹防御的内容。俄罗斯人则同样坚决地要把两者挂起钩来。他们坚持说，对进攻性核导弹建立防御打破了总体战略平衡，使没有防御的一方难以抵御第一次打击。

“我们明确表示不能把这两个问题放在一起谈，”麦克福尔说，“我们可以另外谈导弹防御，但在这里要谈的是削减进攻性战略武器，谈判只能谈这个问题。俄罗斯人想一起谈，我们说不行。”

俄罗斯副外长谢尔盖·雅博科夫回忆说：“从一开始就很清楚——至少对我们来说是这样，我想对我们的美国朋友也是一样——导弹防御问题会成为绊脚石。”[2]

双方最终达成了妥协，但意思模糊、语焉不详。签署的谅解备忘录包括一条“关于战略进攻性和战略防御性武器相互关系的条款”。两国总统对此条的解释大不相同。在二人共同举行的记者招待会上，梅德韦杰夫说："我们同意两国的进攻性和防御性系统应算一个整体。"奥巴马说："我们的讨论不仅谈进攻性武器系统，而且也谈防御性武器系统，这是完全合理的。"他没有说它们应该"算一个整体"，他甚至明确指出，美国计划的导弹防御完全是为了应对来自伊朗或朝鲜的打击，和俄罗斯的战略武器没关系。奥巴马还补充道："所以，从这个意义上，我们认为，在讨论中联系上旨在对付和俄罗斯强大的能力无关的另一类威胁的导弹防御系统是不合适的。"那么到底有没有联系呢？意思的模糊使谈判得以开始……但基础存在着致命的缺陷。

7 月的莫斯科峰会是按新的"双轨"思路安排的，不仅和俄罗斯国家最高领导进行会谈，而且还和"公民社会"接触——在独立的新经济学院讲话，会见反对派，包括麦克福尔所说"我们能找到的批评俄罗斯政府最严厉的人士"。

第一天奥巴马全天都在和梅德韦杰夫总统会谈，但他也非常想见到过去 10 年来在俄罗斯举足轻重的人物。于是第二天的活动以在普京的别墅阳台上吃早餐开始。菜式丰盛，包括三种不同的鱼子酱（美方的一个人说，"至少有一种肯定是违禁的"）。会见原定一个小时，实际用了两个半小时。奥巴马开门见山地问普京："我们是怎么搞的——过去几年美俄关系怎么会如此低迷？"还好奥巴马善于倾听，普京的回答花了整整一个小时。

他从头叙说两国关系的历史，老调重弹，说到西方对塞尔维亚的轰炸，历数在那之后他感到俄罗斯受到的侮慢：反弹道导弹条约、伊拉克、世贸组织、北约东扩、导弹防御、科索沃……这一系列都是普京认为他的善意没有得到回报的事例。麦克福尔感到，虽然对普京所说的实质内容有争辩的余地，但"总理说的话我想其实奥巴马总统也同意——如果我们集中注意两国的共同利益，对同意和有异议的问题进行非常务实的讨论，那么我们是能够合作的"。对奥巴马来说，普京大讲历史反而是好事，因为他能够趁机向普京强调：我不一样，我是新人，我不想让未来永远笼罩在过去的阴影下。我真的想重新设定和俄罗斯的关系。

峰会达到了目的，却令人惊讶的低调。没有冷战期间东西方首脑级会见引起的狂喜（或紧张）。奥巴马热没有蔓延到俄罗斯，听他做公开讲演的学生显得相当无聊。

然而，重设关系的努力逐渐开始生效。效果之一是俄罗斯对伊朗的立场出现了显著的变化。俄罗斯自从 2005 年加入伊朗问题六国对话以来，一贯说它反对核武器扩散，但它不认为伊朗在试图制造或近期内有能力制造核武器。它辩称有权帮助伊朗发展民用核计划，不愿意支持制裁。但是他们 2009 年 4 月在伦敦首次见面时，奥巴马惊讶地听梅德韦杰夫承认，在评估伊朗的弹道导弹威胁方面，美国人比俄罗斯人“可能估计得更准”。

9 月，美国人得到了一个难得的机会，来证明他们关于伊朗有核武器野心的意见也是正确的。两国总统定于联合国大会期间在纽约会面。就在会见之前，奥巴马的国家安全事务助理詹姆斯 · 琼斯将军打电话紧急约见他的俄罗斯同人谢尔盖 · 普里霍季科。在华尔道夫大酒店的房间里，琼斯给普里霍季科看了一些间谍照片，显示伊朗正在圣城库姆附近建造一座秘密浓缩铀工厂。普里霍季科接受采访时承认：“这可不是让人特别高兴的意外。”[3] 琼斯说他惊愕之极，不断摇着头说，“糟糕，真糟糕……”[4]

拉夫罗夫外长不能相信自己的眼睛。他把迈克尔 · 麦克福尔拉到一旁说：“迈克尔，你们怎么不早告诉我们？”

麦克福尔答道：“嗯……我们以为你们知道。我是说，他们是你们的人，不是我们的人！”

接下来，奥巴马和梅德韦杰夫见面讨论了这个消息。梅德韦杰夫在记者招待会上的反应在西方国家报纸的头条报道中受到好评，因为他第一次说“制裁很难产生积极的结果。但在一些情况下，制裁是不可避免的”。两天后，在匹兹堡召开的二十国峰会向世界披露了库姆浓缩铀设施的消息，人们这才明白梅德韦杰夫为什么改变了态度。俄罗斯和西方终于在伊朗问题上开始了一定的合作。第二年 6 月，俄罗斯对联合国的新制裁给予了支持，9 月时甚至取消向伊朗出售

S–300防空系统，损失了一单10亿美元的合同。

与此同时，关于新起点条约的谈判在日内瓦正式开始。很快，两个棘手的问题浮出水面。第一个是“遥测信息”的交流——分享有关导弹测试和发射的数据。第二个是“特有标志”——给每枚导弹都标上条形码以便查点追踪。

奥巴马和梅德韦杰夫都亲自深入参与这个进程，通过电话和面对面的交谈敲定所有最重要的细节。梅德韦杰夫后来开玩笑说“遥测技术”成了他最喜爱的英文词。

12月，他们二人在哥本哈根气候变化大会期间见了一次面。当时哥本哈根的每一处地方都被讨论全球变暖问题的人们占据了，结果奥巴马和梅德韦杰夫最后只能在一家女装店用帘子隔出一间临时会议室，帘子外到处散落着裸体木头模特。这样的气氛倒是很有助于谈话取得成果。奥巴马解释了特有标志的概念：“你看，我们就是把条形码印在导弹上好便于计数。条约不就是这个目的嘛。”

俄方谈判代表一直不同意这一点，坚持说“我们签了条约自然就会遵守”，说不能假设俄方会作弊。不过梅德韦杰夫觉得这主意有道理。“好吧，”他说，“只要公平就行。你们和我们都做，互相对等。”

这个问题上取得了突破后，遥测信息分享也解决了，似乎离协议只差一步之遥。1月，琼斯将军从莫斯科机场打电话给奥巴马，他刚刚和俄罗斯人谈完，看来大功告成了。

但事情至此忽然横生枝节。美国人一直假定俄罗斯人同意把这项战略武器条约作为单独的文件，和导弹防御没有关系。可现在奥巴马取代布什的导弹防御系统的做法渐具雏形，俄罗斯人看了很不高兴。与其在捷克共和国建雷达站和在波兰部署拦截武器，奥巴马采取的是他所谓的“分阶段适用做法”。这个做法在许多方面对俄罗斯构成的潜在威胁可能更大，包括布置高度机动的海基导弹和雷达，还有部署在东欧的短程导弹。2010年2月4日，美国宣布这些导弹将部署在罗马尼亚。莫斯科的态度因此而强硬起来，因为他们看到就在他们即将同意一项大幅削减俄罗斯战略武库的条约时，美国人却在他们的家门口修建起一道围墙。

2月24日，克里姆林宫和白宫之间的热线忙了大约一个半小时。梅德韦杰夫再次要求在削减武器条约里加入限制导弹防御的法律规定。奥巴马生气了。“德米特里，我们就此已经有过协议了！如果这是达成条约的条件，那么就不会有条约。”奥巴马也生他手下工作人员的气，本来听他们说的情形好像马上就要成功了。他的谈判代表让俄罗斯人以为可以在条约中加入一个条件，冻结现有的导弹防御系统。这给奥巴马帮了倒忙。

在日内瓦和莫斯科又进行了三周的紧张谈判后，3月13日梅德韦杰夫和奥巴马通了一次电话，这才最终达成协议。“新起点条约”于4月8日在布拉格正式签署。如美国所愿，它只涉及武器削减。此外，双方都附上了关于导弹防御的单方面声明。美国人说美国的导弹防御系统不是为了改变与俄罗斯的战略平衡。俄罗斯的声明却宣称，如果它认为将来美国导弹防御能力的加强会威胁到它的战略核能力，它有权退出条约。俄罗斯人以此确定了他们想要的某种联系：如果他们觉得美国的导弹防御过于强大，他们随时可退出条约，加强自己的核力量。

梅德韦杰夫

迄今为止，梅德韦杰夫总统在国际事务上的行为和普京基本同出一辙。人们注意到，普京作为总理仍在就外交事务发表意见，甚至出访外国。比如，是他公开声称导弹防御事实上是阻挡达成战略武器协议的障碍。几周后，梅德韦杰夫表达了同样的意思，结果激怒了奥巴马。

梅德韦杰夫捍卫俄罗斯的利益，要求被当作平等伙伴，这样的立场和他的恩师并无二致。尽管在伊朗问题上与西方和解，但那不代表任何战略上的变动，因为出于商业、政治和战略等种种原因，俄罗斯绝不会冒与伊朗为敌的风险。

我们在下一章将看到，梅德韦杰夫在慢慢地改变国内的议程，但费尽力气却成效不彰。他早期的外交活动也是一样。他在柏林和埃维昂的基调演说是彻底的失败。但现在和奥巴马总统的关系开了头，他看到了一个可能会提高他在国内外形象的办法。既然“现代化”是他的标语，那么就应当让人们看到他和一位现代的美国总统亲密往来。光是使用苹果平板电脑和拍摄视频博客还不够，他需要去西方，去参观硅谷。普京度假时做的那些男子汉气概十足的运动他干不来，但他可以试着和奥巴马及施瓦辛格在一起谈笑风生，挥洒自如。还是说他怎么看都只是个小不点儿？这正是问题所在。

“新起点条约”签署两个月后，梅德韦杰夫动身对美国进行第一次国事访问。一个立志现代化的总统该做的事他全都做了。他开通了推特（Twitter），参观了思科公司和苹果公司以及斯坦福大学，接见了在硅谷工作的俄罗斯侨民，然后又飞往华盛顿和国会议员举行会谈，还和奥巴马一起即兴去雷氏地狱汉堡店吃午餐。用餐时两人都没穿西装外衣，只穿着衬衫，边吃边讨论是墨西哥辣椒好还是酸黄瓜好。可是奥巴马没有告诉梅德韦杰夫美国联邦调查局刚刚抓获了一窝俄罗斯间谍，这消息等梅德韦杰夫回到莫斯科后才披露出来。7 月 9 日，双方在维也纳机场按原汁原味的冷战方式进行了大规模的间谍交换。10 名俄罗斯“潜伏”特工，包括艳光四射、一夜成名的安娜 · 查普曼，换回了 4 名押在俄罗斯监狱里、被控进行间谍活动的美国人。

这一事件不只使所有人再次意识到间谍活动仍然非常活跃，还令人不禁想到曾是梅德韦杰夫的恩师，现任俄罗斯总理的老牌特工。普京像欢迎英雄一样欢迎归来的间谍——尽管他们作为“潜伏者”以假身份在美国工作生活多年，却几乎一事无成。他们没能渗透进任何有价值的机构，刚进行了一些最基本的间谍活动就被抓了。不过普京对他老本行的忠诚度是毫不含糊的，他自然而然地成了这些俄罗斯特工的教父。特工们归来大约一周后，普京给他们开了个加油会。会上大家高唱前苏联爱国歌曲，他保证他们会在“重要的地方”工作，一定会有“有意义的光明未来”。他还信誓旦旦地要惩罚那个向美国人揭发了他们的叛徒：“这就是叛变的结果，叛徒都没有好下场。他们通常都死在路边，死于酗酒或吸毒。”

他们合唱的歌曲中有一首为《从哪里认识祖国》。这是一首电影插曲，出自 1968 年拍摄的电影《剑与盾》，讲的是一个苏联特工在纳粹德国活动的故事。普京在 12 月的一次慈善活动中还在钢琴上用两个指头弹奏过这支曲子，显然他很喜欢这首深情的爱国歌曲……

从哪里认识祖国？
从妈妈教我的歌唱，
从忠诚的战友身上，
从亲如家人的邻居，
从轻风吹拂的田野上的白桦树，
从马车辘辘的车轮声，
从望不到头的乡间小路，
从远处茅棚灯光点亮的窗户……
从哪里认识祖国？
从你心中的誓言。

THE STRONGMAN

第十二章

强人和他的朋友

Vladimir Putin and the Struggle for Russia

度过全球金融危机

普京曾说他“厌倦了外交政策”，比起做总统来更喜欢做总理。但 2008 年 9 月，他就任新职仅 4 个月后就碰上了让他焦头烂额的金融危机。8 年前，普京曾向手下年轻有为的改革者讨教，恶补经济学。但在金融危机的急风暴雨面前，他仍然准备不足，只能仓促上阵。

就在全球的金融崩溃之前，形势看起来还是一片大好。石油价格达到创纪录的高水平，推动俄罗斯经济从 1999 年到 2008 年间以 7%的平均增长率高速前进。为缓解石油价格回落的冲击而建立起来的稳定基金聚集了巨额资金，并被一分为二：一个是 1 400 亿美元的储备基金，另一个是 300 亿美元的国家福利基金，后者主要用于应对隐然可见的养老金危机。就在 2008 年 2 月，普京还夸口说“我们的主要成就是实现了稳定”。但俄罗斯的公司从西方银行大量举债，而那些银行马上就要破产了。

所幸普京的专家团队还在，他们一直在关注着美国次贷危机越滚越大，也清楚地知道金融海啸很快将淹没俄罗斯。美国雷曼兄弟公司 9 月 15 日破产后第二天，普京的经济团队齐聚副总理舒瓦洛夫的办公室。团队里有梅德韦杰夫总统的经济顾问阿尔卡季 · 德沃尔科维奇和财政部长阿列克谢 · 库德林，此人后来被《欧洲货币》杂志评为“年度财政部长”。“当我们意识到市场上每个人都可能一夜之间破产的时候，我们知道得赶快采取行动，”他这样回忆当时的情景，“我们制订了计划，给 295 个企业提供最高限额的贷款，让他们享有从银行获得信贷的特别权力。”[1] 这里说的 295 个企业占俄罗斯全国收入的 80%。

计划准备通过两家国有银行——俄罗斯国家开发银行和俄罗斯联邦储蓄银行——提供贷款。时任俄罗斯联邦储蓄银行行长、普京早期改革的设计师格尔曼 · 格列夫有些犹豫：“我说我愿意放款，但必须有国家担保，因为我掌握的是股东的钱。如果风险太大，我得对他们负责。”[2]

会议确定了一个让中央银行为贷款担保的办法。格列夫说：“我们在联邦储蓄银行里待了两天两夜，把谁欠谁、欠多少的文件全部理了一遍。我手下的工作人员两天没合眼。”

最后，中央银行为救经济用去了 2 000 亿美元，等于它现金储备的 1/3 左右。大部分资金用在了给银行重新融资、买进股票提振股市和支撑走软的卢布上。中央银行向 295 家企业提供了 500 亿美元，让它们用来归还外国债权方的硬通货贷款。受益者有私人寡头，像奥列格 · 德里帕斯卡（45 亿美元）和罗曼 · 阿布拉莫维奇（18 亿美元），但也包括国有公司，如俄罗斯国家石油公司（46 亿美元）和俄罗斯技术公司（70 亿美元）。这个一揽子救市方案所耗资金为俄罗斯国内生产总值的 13%，是八国集团中力度最大的。就连美国数额巨大的救市方案也难与之相比，因为它 7 870 亿美元的救市资金只占美国国内生产总值的 5.5%。

战略奏效了。两年内，银行和企业几乎所有的贷款全部还清，俄罗斯走出衰退时的状况比一些西方国家还要好。危机期间俄罗斯的国内生产总值下降了 8%，是二十国集团成员国中下降得最多的，但一年之内，经济增长率就回升到 5% 以上。

谢尔盖 · 古里耶夫是一位受人尊敬的经济学家。奥巴马总统初次访俄时曾会见过他。他说政府应对危机的措施是“坚决而有效的”。“严重的金融危机过后，俄罗斯金融系统可以说是毫发无损，失业仍然在控制之中。政府防止了银行系统的崩溃。而且，危机并未导致对私人公司的大规模国有化。在金融困难的情况下，政府完全可以打着应对危机的旗号把所有银行和公司都收归国有，但它没有这样做。”[3]

尽管如此，衰退的那几年里还是有成千家俄罗斯银行和企业倒闭。外国投资者开始逃离，俄罗斯股票市场的损失高达 1 万亿美元。

普京拒不承认危机暴露了俄罗斯经济结构性的缺陷。他把问题全部归咎于美国的草率鲁莽，认为这再一次证明了美国霸权的罪恶。“经济和金融领域中发生的一切都是在美国开始的。这是一场我们大家都面临的真正危机。令人悲哀的是，我们看到有关方面根本没有能力做出妥善的决定。这已经不再是某些个人的不负责任，而是整个制度的不负责任。大家都知道这一制度还自称是（全球）领导。”

他是在 1 月的达沃斯世界经济论坛上说的这番话，但就像对梅德韦杰夫在出兵格鲁吉亚后关于世界安全的说教一样，没有人对普京为世界经济开出的药方感兴趣。毕竟就在几天前，俄罗斯还拒绝向欧洲人供应天然气，害得他们在家中冻得瑟瑟发抖。

危机对俄罗斯的影响和对基础更加稳固的西方经济的影响不太一样。随着石油价格从每桶 145 美元暴跌到 35 美元，这个国家对石油出口的依赖变得明显可见。俄罗斯几乎没有制造业出口——既没有电子产品、成衣，也没有机械制造业——来为它提供较为稳定的收入。危机还暴露出苏联计划经济时期遗留下来的大部分工业基地的凄惨现状。苏联时期建立了一些工业区，其规模之大为西方所未见。它们被称为“工厂城”，以一家巨大的工厂为中心，城中的一切都围绕着并依赖于这家工厂。居民不是在工厂里或在它的某个附属单位或供应单位工作，就是受雇于地方政府、学校、医疗系统或为工人服务的商店。如果中心工厂——无论是汽车厂、铝厂还是炼钢厂——停工，那么围绕着它的整个网络也就随之崩溃。苏联的计划者从未设想过经济有下滑的一天。现在，他们建造的工厂城转入了私人手中，但仍然是无可救药的脆弱，受制于华尔街每一个莫测的变化。

圣彼得堡附近的皮卡廖沃就有这样一个工厂城。它原来是一座水泥厂，现在发展成由3家互相紧密联系的工厂组成的工业中心。其中一家工厂的主人是俄罗斯首富之一奥列格·德里帕斯卡。2009年年初，经济危机造成几千名工人没有拿到工资就遭到解雇。当工厂没钱支付当地供暖和供电公司的账单时，整个镇子的热水和暖气供应被切断。面对巨大的社会危机，民众行动了起来。就在普京访问他的故乡并要为一处崭新的日产汽车组装厂剪彩时，抗议的人群拦住通往圣彼得堡的主要高速公路，造成400公里大塞车。这下事情演变成了全面的危机。6月4日，普京在皮卡廖沃对工厂主和政府部长发出严重警告，命人当天就把4 100多万卢布的欠薪发还给工人们，并教训那些厂主："你们使几千名工人沦为你们的野心、无能和贪婪的牺牲品。这是绝对不能接受的！"普京威胁说国家要接管，似乎一下子把市场经济的那些神圣概念抛在了脑后："不管厂主之间能不能达成协议，这个工业中心无论如何都必须开始运行。如果你们达不成协议，我们就撇开你们自己干。"

在令电视观众错愕的一幕中，普京要求被他比作蟑螂的工厂主签署一份让工厂重新开张的保证书。"大家都签字了吗？你呢？德里帕斯卡，你签了吗？我看不到你的签字……过来！"那位亿万富翁一步一蹭地走过去，乖乖地在文件上签名，然后普京厉声对他说："把笔还给我！"

这就仿佛勃列日涅夫的魅影又回来了。可这是2009年，俄罗斯皈依资本主义已经近20年了。普京的办法只能解燃眉之急。从长远来说，俄罗斯必须想办法使工厂城按照市场规律运行。

莫斯科东南800公里处，坐落在伏尔加河畔的陶里亚蒂是俄罗斯最大的工厂城。它有70万人口，每4个成年人中就有1人在生产拉达牌小汽车的俄罗斯伏尔加汽车公司工作。衰退开始前不久，法国雷诺汽车公司在2008年2月花10亿美元买下了俄罗斯伏尔加汽车公司25%的股权。但是，雷诺和世界上所有的汽车制造商一样，在危机中大伤元气。雷诺公司没能精简流程或解决人浮于事的问题，积压了10万辆汽车卖不出去。普京总理还是本能地把工人的福利放在首位，工厂不能垮。对陶里亚蒂这样的城市来说，龙头工业的垮台将给几十万人带来灾难性的后果，将对国家稳定构成威胁。2009年3月30日，普京参观了伏尔加汽车厂，赞扬工厂管理方没有大批解雇工人（与皮卡廖沃截然不同），并保证政府将提供贷款、现金和担保等价值250亿卢布（8.3亿美元）的援助。谢尔盖·古里耶夫说解救“这个效率低下的庞然大物”是政府在危机期间犯下的少数错误之一。

普京同时也诉诸强硬的外交手段以确保该公司的长期生存。10月，他向雷诺公司发出最后通牒，要求它帮助拯救伏尔加汽车厂，否则它所持的25%的股权就要减少。“他们要么参与给公司进一步供资，要么我们就得和他们谈判我们持有的相对股权。”11月27日，他赶往巴黎，得到了他想要的。雷诺答应为工厂提供新技术，俄罗斯政府这边则再注入500亿卢布的资金。

普京在巴黎的那两天顺风顺水。除了和雷诺公司达成交易之外，他还出席了俄罗斯天然气工业股份公司和法国能源巨头法国电力集团的协议签字仪式。协议内容是法国电力集团要参加具有争议的“南流项目”——绕过乌克兰和白俄罗斯等“不可靠”的过境国为欧洲输送俄罗斯天然气的管道的建设。另外，法国另一家能源巨头法国天然气苏伊士集团与普京举行了会谈，希望购买另一条绕道管线“北溪管线”9%的股份。这两条管线现在都进展顺利：德国政府和德国能源公司支持北溪管线，意大利的埃尼集团则是南流项目的合作伙伴。相比之下，欧盟的替代管道纳布科项目却是步履蹒跚。

与此同时，在和法国总理的一次私人晚宴上，普京提到了一个造成更大轰动的话题——购买一艘法国制造的西北风级两栖攻击舰。这是法国海军舰队中第二大舰只，可装载直升机、坦克、登陆艇和750名突击队员。一年后，法国确定向俄罗斯出售两艘西北风级两栖攻击舰，北约过去从未转让过这样的海军技术，这在俄罗斯的东欧邻国中间引起了不小的焦虑。

普京总理当俄罗斯的国际推销员当得兴致正高，但他遇到了一次重大的失败——还是与汽车工业有关。2009年春，他和德国总理安格拉·默克尔联手支持拯救已破产的美国通用汽车公司在欧洲的子公司——德国欧宝公司，计划由国家控股的俄罗斯联邦储蓄银行和一家叫麦格纳的加拿大公司购买欧宝公司55%的股权，成功后可保全几万个工作机会，主要在德国。默克尔和普京经常会面讨论并力促交易成功。对9月面临大选的默克尔来说，这项交易的政治意义非同小可。对普京来说，这是俄罗斯获取西方技术的又一个机会：奥列格·德里帕斯卡拥有的高尔基汽车厂是俄罗斯联邦储蓄银行的竞标伙伴，它有望获得欧宝的最新技术，造出高质量的汽车，打破俄罗斯人只会生产劣质拉达牌汽车的印象。

9月10日，通用汽车公司同意了这个交易。普京兴高采烈。“我希望这是我们朝完全融入欧洲经济迈出的一步。”他在他的乡间别墅对瓦尔代俱乐部的成员们说。接下来的两个月中，俄罗斯联邦储蓄银行行长格尔曼·格列夫穿梭飞行于莫斯科和通用汽车公司的底特律总部之间，坐镇最后谈判。谈判达成了一份长达5 000页的合同。“然后，11月初的一个晚上，”格列夫回忆说，“我刚好在和普京开会，当天晚上就要飞到德国欧宝公司总部所在地吕瑟尔斯海姆，准备第二天早上签合同。我开完了会出来突然听说通用决定不卖欧宝了！”一开始格列夫以为是开玩笑。“整个交易的细节都已经完成。我们为得到所有欧洲政府的同意做了大量的工作！”

最终，通用汽车公司总裁弗雷德里克·亨德森打电话给格列夫向他道歉，解释说这是董事会的决定。格列夫对他说，他俩现在最好别说话，因为他可能会冲口说出一些日后他会后悔的话："电话很短。我震惊至极，过了好长时间才缓过来。我们一大群人夜以继日花了半年的工夫才完成这个交易。"

普京暴跳如雷。这不仅对他重振俄罗斯汽车工业的希望是沉重的打击，而且又一次证明了美国人的不守信誉："我们将来必须记住他们这种和合作者打交道的方式，虽然他们的卑鄙手段主要影响的是欧洲人，不是我们。通用公司没有警告任何人，没有告诉任何人……尽管达成了那么多协议，签了那么多文件。我觉得这是个好教训。"

改革的必要性

金融危机暴露了俄罗斯经济改革不充分留下的弱点。不能只靠一个精力充沛的总理跑来跑去追着工厂主签保证书，或者要外国人来投资。经济本身必须更能适应变化，更能吸引投资者。普京的改革团队明白这一点，他的总统也明白。梅德韦杰夫的顾问阿尔卡季 · 德沃尔科维奇说："我们必须自问，为什么俄罗斯的经济受的打击比别人更大？我们得出的主要结论是，俄罗斯经济的结构跟不上现代世界的要求，面临的风险太大。当然，2000 年我们在普京领导下进行改革的时候这一点就很明显。我们在那 8 年间取得了一些成果，但经济结构并没有改变。"[4]

石油价格的不断上涨提高了生活水平，但也造成了对经济改革的自满懈怠。德沃尔科维奇说："当 2008 年石油价格再次下跌时，我们认识到改革还不够，必须改变方向。梅德韦杰夫提出我们不能再沿着老路走下去了。"

改变方向的信号是梅德韦杰夫撰写的一篇题为"加油，俄罗斯！"的文章，这篇文章 2009 年 9 月 10 日发表于一家网上杂志（那是当然了）。在文章的第四行他就点到了主题，批评俄罗斯是"建立在原材料贸易和普遍腐败上的原始经济”。持怀疑论的俄罗斯事务评论家拒不承认梅普二人有任何区别，但事实是普京从未这样说过俄罗斯的经济。这篇文章使我想起20世纪80年代末米哈伊尔·戈尔巴乔夫关于改革的一些文章。他也被批评为只会分析，提不出解决办法，他的许多改革措施也遭到保守派的扼杀，或在苏联制度严酷的土壤中萎缩凋零。

梅德韦杰夫说：“20年的沧桑巨变仍未使我们的国家摆脱对原材料令人羞耻的依赖。我们现在的经济依然存在着苏联制度的主要缺点：漠视个人需求。除少数例外，国内企业没有发明创造人民需要的产品和技术。”他还说：“这一切证明前些年该做的事情没有都做，做了的也没有都做对。”这话似乎是指他前任进行的改革。他保证要在各方面都实现“现代化”。国家将从世界各地请来最好的专家，要对内投资，引进现代信息技术，甚至进行政治改革——议会各政党将“像大部分民主国家一样”，定期轮流执政。

这篇文章像是竞选宣言。若是有自由选举的话，他该在选举之前发表这篇文章，而不是当选一年后才发表。这是梅德韦杰夫任总统期间发表的一系列观点开明的文章中的第一篇，但他的主张很少得到实现。至于原因为何，分析家言人人殊。梅德韦杰夫会不会只是普京的傀儡，大跳开明舞蹈以娱西方，其实主人在幕后操纵着他的一举一动？还是说他是真正的改革者，但处处受他主人的掣肘？抑或是改革俄罗斯的任务过于艰巨，任何举措在现存制度和腐败的抵抗面前都毫无胜算？

和戈尔巴乔夫一样，梅德韦杰夫采取的第一批措施是自上而下发布指令，要实现西方市场无须政府插手而自行取得的成果。2010年3月，他选择莫斯科地区的斯科尔科沃为基地，要把它打造成俄罗斯的“硅谷”。然而，政府通过法令建立“发明中心”，这难道不是自相矛盾吗？按照克里姆林宫的理论家弗拉季斯拉夫·苏尔科夫的说法，这没什么矛盾。他大力倡导所谓的“专制现代化”，说经济改革不需要政治自由化。据苏尔科夫说，“自然的现代化”只在盎格鲁–撒克逊国家可行，而法国、日本和韩国（也引申到俄罗斯）则依靠“指导性方法”。

一个月后梅德韦杰夫宣布了另一项“自上而下的改革”：把莫斯科打造成为重要的全球金融中心。但怎么才能做到呢？它听起来像极了梅德韦杰夫以前要把卢布设为国际储备货币的企图（他是在格鲁吉亚战争后的埃维昂会议上呼吁缔结新安全条约那篇不识时务的讲话中宣布这一意图的）。他似乎完全不懂由赌博冒险、揣摩猜测、经验心得和深谋远虑混杂在一起构成的市场心理。为叶利钦和普京做过办公厅主任的亚历山大·沃洛申领命负责这个项目。他是出了名的精明强干，但就连他在如此巨大的任务面前也似乎束手无策。一年后，梅德韦杰夫宣布项目已“完成了一半”。照他这么说，如果进展顺利，到2012年年中莫斯科就将成为一个国际金融中心了。

俄罗斯无法融入世界经济，这成了梅德韦杰夫的心病。2009年，外国投资下降了41%。2010年2月，总统任命副总理伊戈尔·舒瓦洛夫亲自领导一个“部内特设机构来分析投资的障碍”，以期改善俄罗斯的投资形象。舒瓦洛夫是个精明的年轻政治家，脸刮得干干净净，理着平头，很受西方工商界的钦佩。为了推动俄罗斯走向世界，他身体力行，在伦敦租有一处400平方米的公寓，还在奥地利租了一栋面积为1 500平方米的别墅。舒瓦洛夫主导了俄罗斯加入世界贸易组织的努力（这对融入世界经济至关重要）——这个过程时断时续，既有来自美国的阻挠，也有普京不够热心的原因。比如，2009年6月，美国和欧盟的贸易代表成功地完成了和舒瓦洛夫的一轮会谈，使俄罗斯可以在“年底”成为世贸组织成员。但两天后，普京突如其来地宣布俄罗斯只会和白俄罗斯及哈萨克斯坦一起作为“单一海关联盟”加入世贸组织，尽管那两个国家入世谈判的进展比俄罗斯落后很远。这件事似乎梅德韦杰夫和舒瓦洛夫事先都不知情，结果俄罗斯加入世贸组织的进程被无限期地推迟了。

梅德韦杰夫总统2010年7月访问加利福尼亚州大开眼界。回来后，他召见俄罗斯驻外使节，对他们做了一次非公开讲话，对他们远远落后于时代的工作方法予以严词斥责。（这使我想起，当我们问及外交部官员为什么安排个副部长的采访要花那么长时间时，回答是："我们这里还是19世纪。"）梅德韦杰夫严厉地告诉他的外交官们，不准再给他送关于世界大事的毫无意义的报告。"我在互联网上都看得到，"他说，"而且比你们的报告快得多。"以后，俄罗斯的外交工作要全力以赴为梅德韦杰夫的宏图——现代化——服务，要帮助推进俄罗斯的大业需从外国，特别是关键国家吸引投资。他说的关键国家指的是德国、法国、意大利、整个欧盟和美国。当时在场的一位克里姆林宫官员把总统讲话的大意总结为"改观念，换脑筋，要不就离开外交这一行"。[5]

不过有一个问题仍然没有得到解答——这个问题自从苏联解体之后多年来一直困扰着我。为什么俄罗斯没有，或者无法像中国或许多其他发展中国家那样变成蓬勃兴旺的制造业国家？它有科技人才，有教育良好又相对廉价的劳动力，有取之不尽的自然资源，有广袤的土地可以修建新工厂，有对西方商品如饥似渴的市场……可是你什么时候在衣服上看到过"俄罗斯制造"的标签或买过从俄罗斯进口的电脑、照相机或家具？

解释有很多，不过对外国投资（或在俄罗斯建立国际金融中心）最大的障碍可以一言以蔽之：腐败。这个词的含义十分复杂，一位俄罗斯大企业家告诉我，我作为西方人永远不可能明白。他说："盗窃不是你所知道的盗窃，是整个制度——政治制度、工商业、警察、司法部门、政府——从上到下盘根错节纠缠在一起。"

我在第三章里描述了宜家是如何成为第一个在普京治下的俄罗斯开设分店的公司的。现在俄罗斯全国各地有12家宜家连锁店，它们深受欢迎，几百万老百姓周末去那里购买既便宜又时髦的家具。宜家在改善苏联时代建造的公寓的家居环境和舒适度方面立了大功。然而，俄罗斯的国家机器——地方的市长、官僚、法官、警察——不遗余力地百般阻挠。他们不是反对这家瑞典企业进驻，而是他们作为国家机器的一部分，不能想象自己不捞足了油水就准许它进驻——而宜家大义凛然地拒绝用行贿的手段打通关节。公司甚至因此解雇了两名高管。他们自己并没有行贿，但公司发现他们对宜家的一家次级承包商和一家供电公司之间的腐败交易知情不报。然而，宜家坚守道德的立场却引起了想象不到的麻烦，使得这家世界上最成功的公司之一差一点进不了俄罗斯市场。

贪官向企业勒索钱财经常使用的手法是编造一个问题（比如缺少某个许可证），然后向该企业要钱，给了钱他们就可以对这个“问题”不予追究。如不支付贿金，问题就解决不了，开发许可证就会被收回。更有甚者，他们会叫警察来以“违反”某些规定的罪名把企业家投入监狱。索贿金额的多少取决于公司的大小——所以俄罗斯官员自然把宜家看作一部庞大而友好的蓝黄两色提款机。

宜家的俄罗斯市场经理伦纳特 · 达尔格伦 1998 年来到莫斯科，一待就是 8 年，其间他为开办宜家在俄罗斯的首批连锁店和“美家购物中心”和政府官员争斗不息。后来他写了一本回忆录——《克服荒诞：我如何在被俄罗斯征服的同时征服了俄罗斯》。[6] 书中不失幽默地讲述了他在俄罗斯做生意不行贿这一几乎不可能的任务。当公司在莫斯科郊外的索尔涅奇诺戈尔斯克修建造价 4 000 万美元的第一家连锁店时，有一天警察忽然到来，关闭了整个工地，说是因为手续不全。“要建造像宜家或美家这样的大型购物中心，得需要 300 多种不同的许可证。”他说。当地的市长要宜家交出 1 000 万卢布，后来改成 3 000 万卢布，然后才准许重新开工。达尔格伦同意给钱，但不是给市长，而是给一个慈善基金，而且把这事公之于众。结果事情办成了。

一年后，宜家想在莫斯科郊外的希姆基开办大型商场，但遇到了困难，因为购物中心的供电要靠备用发电机，而且当地没有立交桥。为了克服这个困难，宜家不得不花 400 万美元建造两座立交桥，并认捐 100 万美元帮助发展儿童体育。宜家的创始人英格瓦尔 · 卡姆普拉德说俄罗斯的电力公司多收宜家的电费和燃气费，骗走了 1.9 亿美元。他说那就是因为宜家拒绝行贿。

每年世界银行都发布一项调查，列出世界上 183 个国家按“适宜经商程度”的排名。2011 年，俄罗斯名列 123——远远低于其他一些前苏联国家，如格鲁吉亚（第 19 名）和吉尔吉斯斯坦（第 44 名）。在“发放建筑许可证”项下，俄罗斯是第 182 名，仅高于厄立特里亚。[7]

达尔格伦想安排宜家的老板——世界上最富有的人之一，而且对在俄罗斯经商充满热情——和普京见一次面。俄罗斯方面先是用和一位副总理见面来搪塞他，后来达尔格伦有机会向普京团队中的一个人提出这一建议，但那人告诉他，他们觉得宜家并不真正想和普京见面。达尔格伦写道：“我不知道他们是认真的还是开玩笑，他们说：‘宜家一毛不拔，和普京的见面费是 500 万到 1 000 万美元，你们绝不肯出这个钱。’”

俄罗斯《新时代》周刊引用政府内部的消息来源说，和副总理伊戈尔 · 舒瓦洛夫的见面费是 15 万美元。一个市民在推特上给梅德韦杰夫总统留言说，2011 年 2 月他求见总统办公厅第一副主任弗拉季斯拉夫 · 苏尔科夫，却被要求支付 30 万美元。梅德韦杰夫居然回了信：“我把你的推特给苏尔科夫看了。你给他办公室打电话，告诉他谁在勒索你。”

自不待言，官方对所有关于出钱才能见到高级官员的传闻都一律否认。但对于俄罗斯猖獗的腐败现象，政府似乎听之任之——在俄罗斯现任领导下，腐败更是以惊人的速度蔓延。2010 年 10 月 29 日，克里姆林宫开会专门讨论腐败问题。梅德韦杰夫指出俄罗斯每年因为腐败要损失 330 亿美元。负责政府采购的官员从供应商那里收取巨额回扣。按照官方数字，它占了国家所有开支的 1/10。据军事总检察长说，军方采购预算的 20% 落入贪官的荷包。[8] 梅德韦杰夫说，总的来说“据最保守的估计，杜绝偷窃可以减少 1 万亿卢布的费用。也就是说，我们知道（在政府采购领域）官僚和在这个领域活动的无良商人贪污了巨额资金”。[9] 一份独立的报告说贪污的数字甚至更高——每年 3 000 亿美元，相当于俄罗斯国内生产总值的 1/4。[10]

金融危机对俄罗斯的腐败没有任何影响：据内务部的官方报告说，从2008年到2009年，俄罗斯一次行贿的平均金额增加了近3倍，达到2.3万卢布（776美元）。同一份报告还说，行贿的平均金额2010年7月达到4.4万卢布（1 500美元），2011年7月更是到了令人难以置信的30万卢布，或1万美元。内务部经济安全局局长杰尼斯·苏格罗波夫告诉记者说："负责采购以及为国家或市政所需物品下订单的官员特别容易受贿。"透明国际的莫斯科办公室主任说，1万美元只是做生意行贿的平均数，不代表"巨型项目"的贿金，"只是中型企业给官员的贿赂"。

奇怪的是，这些调查人员虽然知道贿金的平均数，但他们显然不知道受贿者是谁，至少很少采取行动。至于腐败猖獗对外国投资者的阻力有多大，看看透明国际的腐败指数即知，这一指数按人们心目中公共官员和政客的腐败程度给世界各国排名：自1996年以来，俄罗斯从世界排名第46名降至2000年普京上台时的第82名，到2010年更是大幅度滑落到第154名。换句话说，世界上只有十来个国家被认为在腐败程度上超过俄罗斯。

反腐斗争也取得过几个小小的胜利。2010年8月10日在克里姆林宫的一次会议上，总统办公厅监察局局长康斯坦丁·楚琴科向梅德韦杰夫总统报告对国家医院购买医疗设备进行审计的情况。他发现的问题包括买170台电脑断层（CT）扫描仪花了75亿卢布（2.5亿美元）——比出厂价高两三倍。楚琴科认为这说明公共资金使用效率低下。梅德韦杰夫却直言不讳："你知道，我认为这不只是腐败，而是丧尽天良、肆无忌惮地偷窃公共资金。参与舞弊的人无耻之极，毫无良知。"[11]此后，一批负责医疗采购的官员受到起诉，不只是低级官员，甚至有总统行政团队的成员。其中瓦迪姆·莫扎耶夫和安德烈·沃洛宁两人合伙对医疗设备制造商（比如东芝公司）进行敲诈勒索，谎称它们上了黑名单，说它们的产品不能参加公共采购招标，然后说如果这些公司付100万美元，他们就能帮助把它们的名字从黑名单上删掉。东芝公司向警方告发了他们，警方调查后逮捕了这两个官员。沃洛宁被判处三年徒刑。[12] 在另一起著名的案子中，国防部医务局局长亚历山大 · 别列维京因从一家电脑断层扫描仪的外国供应商那里收受 16 万美元的贿赂，于 2011 年 6 月 2 日被捕。[13]

可是，有时似乎美国的立法——《海外腐败行为法》——比俄罗斯人自己更有办法揭露在俄罗斯犯下的行贿受贿罪。2010 年，美国自动提款机制造商迪堡按照《海外腐败行为法》开除了它俄罗斯子公司的 5 名高管，因为发现他们为拉生意给官员提取回扣。根据《海外腐败行为法》，德国的戴姆勒汽车公司被指控为争取俄罗斯政府公车的购买合同行贿超过 300 万欧元。购车单位主要是内务部、国防部和为政治精英服务的“特别任务车队”，由戴姆勒把贿金打到海外账户上。经过长时间的拖延后，2010 年 11 月梅德韦杰夫总统下令对这起案件进行调查。[14]

腐败和缺乏独立司法性是孪生兄弟。尽管梅德韦杰夫呼吁结束他所谓的“法律虚无主义”，但情形依旧。最为臭名昭著的是年轻律师谢尔盖 · 马格尼茨基 2009 年 11 月死于监狱一案。他指控一些官员舞弊，而就是这些官员把他投入了监狱。马格尼茨基生前曾是英国赫米蒂奇资本管理公司的律师。赫米蒂奇是俄罗斯最大的外国证券投资公司，创始人比尔 · 布劳德为俄罗斯吸引投资者出了大力，并自诩为普京的支持者。他甚至赞扬逮捕米哈伊尔 · 霍多尔科夫斯基是清洁俄罗斯商界的举动。他在他投资的俄罗斯公司中推动良好的公司管理，打击腐败，以期提高这些公司股票的价格，增加赢利。2005 年 11 月，他试图迫使对公司内部情况讳莫如深的苏古特石油天然气股份公司（传说和普京有关系）披露其所有权结构，结果被作为“威胁国家安全分子”列入黑名单，禁止入境俄罗斯。第二年 6 月，据赫米蒂奇的人说，一些腐败的执法人员突击搜查了赫米蒂奇的莫斯科办事处。他们偷走了报税文件和公司印章，策划了一起惊天骗税案，造成国家预算收入的重大损失。马格尼茨基在调查中发现，有组织犯罪分子伙同腐败的官员使用偷来的文件进行欺诈，骗回了赫米蒂奇的三个附属公司上交的2.3亿美元的税款。马格尼茨基刚刚正式举报那些查抄赫米蒂奇办事处的警察进行欺诈，同一伙警察立即逮捕了他，把他关进布特尔卡监狱。未受审判的他在污秽不堪的牢房里被监禁了11个月，身患重病却得不到治疗，直到他2009年11月16日死去。他生命的最后几个小时没有医疗记录，家人发现他的手指被折断，身上有淤伤。梅德韦杰夫总统的人权委员会发布的报告称，在他生命的最后几小时紧急需要医护的时候，8个警察给他戴上手铐，把他带到一个小房间对他进行殴打，然后把他扔在那里长达一个小时无人理睬，而等在外面的急救车却因得不到许可无法进去。[15]

这个故事是一个卡夫卡式的噩梦——个人被残酷无情、无可理喻的制度消灭。本应捍卫法律的人却是不法之徒，被指控的罪犯反过来迫害指控他们的人。赫米蒂奇对此案进行了细致的调查，收集了大量证据，发现一个名叫弗拉德林·斯特潘诺夫的人在海外银行有巨额存款。此人的妻子奥尔加·斯特潘诺娃是莫斯科第28税务局的领导，是她批准给那些假公司"返还税款"的。斯特潘诺夫家的财产估计有3 900万美元（比他们夫妇共同申报的收入多1 000倍）。他们在波斯湾和亚得里亚海边拥有豪华别墅，在莫斯科的别墅价值2 000万美元。一个小小的税务官混成这样真是不错了。他们在税务局中的同犯和与此案有牵连的警察也都个个腰缠万贯。比如，赫米蒂奇发现（年薪10 200美元的）阿尔乔姆·库兹涅佐夫中校警官在逮捕马格尼茨基之后的那几年，家里增加了300万美元的资产。[16]

赫米蒂奇提出的指控在俄罗斯没有得到调查。梅德韦杰夫总统接到他的人权委员会的报告之后，称马格尼茨基的死是"犯罪"。几个高级监狱官员被解职，两名狱医最终被判渎职罪。报告也发现对马格尼茨基的起诉存在根本性的缺陷（包括对他进行调查的人正是他所举报的人），然而，那些被指控犯下巨大欺诈罪又嫁祸于马格尼茨基的人却逍遥法外。有些调查人员甚至还受了奖，提了职。受赫米蒂奇指控的税务官奥尔加·斯特潘诺娃现就职于联邦武器、军事、专业技术装备和物资供应署。它是国防部的采购单位，而国防部部长安纳托利·谢尔久科夫恰好曾经担任过联邦税务局局长。

2011 年 7 月，美国国务院宣布禁止向美国认为与马格尼茨基之死有关的俄罗斯官员发放赴美签证。克里姆林宫不去调查赫米蒂奇揭露的案情，反而宣布要把某些美国公民列入黑名单作为报复。

在俄罗斯中低级官员中，贪赃枉法已经到了明目张胆、无所顾忌的地步。这种情况上延到什么层次呢？对于最高层的腐败，没有经核查的事实，只有数不清的怀疑猜测、小道消息、责难指控和间接证据。事实是，普京戴的名贵手表说明他的收入应该远远多于他的工资，而且他毫不掩饰地公开佩戴名表。德米特里·梅德韦杰夫也是一样。好几个网站上都贴有他们二人戴着价值等于他们一年工资的手表的照片。

人称消息灵通的政论家斯坦尼斯拉夫·别尔科夫斯基曾语出惊人，宣称他有“证据”证明普京的资产达到 400 亿美元。据别尔科夫斯基说，普京握有苏古特石油天然气股份公司 37% 的股份、俄罗斯天然气工业股份公司 4.5% 的股份，还拥有他的朋友根纳季·季姆琴科设在瑞士的神秘石油贸易公司贡沃尔石油公司 75% 的股份。[17] 这样的指称完全没有办法核实，别尔科夫斯基又是自我宣传的能手。一位同普京和季姆琴科都相熟的著名俄罗斯企业家告诉我，说那些数字完全是胡说八道，普京根本不需要那么多钱，因为像黑手党头子一样，他想要什么尽管拿就是了。重要的不是据为己有，而是控制权和关系网。

不可否认的是，和普京关系密切的一小群生意人在普京任总统期间大发横财。[18] 如果他的朋友们不觉得欠他的情，那才令人吃惊呢。

根据俄罗斯《财经》杂志 2011 年 2 月公布的俄罗斯富豪名单，个人财产为 89 亿美元的根纳季·季姆琴科排在第 17 位。他的公司贡沃尔石油公司已成为世界上第三大石油贸易公司，掌握着俄罗斯石油出口的 1/3，包括俄罗斯国家石油公司和俄罗斯天然气工业股份公司的出口。季姆琴科和普京的关系要追溯到普京在圣彼得堡市长办公室工作的日子。据《金融时报》报道，公司记录表明，20 世纪 90 年代初期，他们二人加入了一个叫金门的公司，要在圣彼得堡港建造一个储油库，但因为同有组织犯罪团伙起了冲突，公司倒闭了。地方议会记录显示，“普京 1991 年任市政府对外经济关系委员会主任时，主持过一个丑闻缠身的石油换粮食方案，其中大笔的出口配额给了季姆琴科开的一家公司”。据说季姆琴科与效忠于克里姆林宫的苏古特石油天然气股份公司的关系也十分密切，那家公司的所有权在谁手里至今无人知晓。[19]

普京青年时代一起练柔道的伙伴阿尔卡季和鲍里斯 · 罗滕贝格兄弟各有资产 17.5 亿美元。阿尔卡季拥有的公司中，一家获得了筹备 2014 年索契冬奥会的大单合同，另一家则参与了经过波罗的海海底的北溪天然气管线的铺设。罗滕贝格兄弟和季姆琴科一起成立了亚瓦拉–涅瓦柔道俱乐部，而普京是名誉主席（还有，前第一副总理维克托 · 祖布科夫是俱乐部董事）。

20 世纪 90 年代，普京在湖畔别墅合作社的邻居尤里 · 科瓦里楚克是俄罗斯银行和国家传媒集团的大股东，估计个人资产有 9.7 亿美元。他的传媒集团拥有两家国家电视频道——RenTV 电视台和第五频道，另外，2011 年 2 月国家传媒集团又从罗曼 · 阿布拉莫维奇手中仅花 1.5 亿美元买下了俄罗斯最受欢迎的电视台第一频道 25% 的股份。根据反对派提出的一份关于俄罗斯腐败情况的报告，俄罗斯银行的资产从 2004 年初的 2.36 亿美元飙升到 2010 年 10 月的 82 亿美元，主要是因为它低价收购了俄罗斯天然气工业股份公司的关键资产。[20]

普京的另一位邻居尼古拉 · 沙马洛夫也是俄罗斯银行的股东，有 5.9 亿美元的身家。2010 年底，他卷入了一则耸人听闻的传言。据说在俄罗斯南部离索契不远的格连吉克有一座为普京修建的“行宫”。据网上刊出的照片，行宫是凡尔赛宫式的，空中照片显示它位于黑海之滨一条隐秘道路的尽头。后来这座“别墅”被发现在沙马洛夫名下。但他原来的生意合伙人谢尔盖 · 科列斯尼科夫声称，有证据表明这座行宫其实是 2005 年普京任总统时克里姆林宫委托建造，供普京个人使用的。后来，《新报》刊发了据说是经过认证的建筑合同的副本，上面签名的是克里姆林宫负责资产管理的官员弗拉基米尔 · 科真。记者想参观这座行宫，但被政府保安人员拦住，尽管那地方据说是沙马洛夫的私人财产。科列斯尼科夫写了一封公开信给梅德韦杰夫总统，把此事公之于众，并要求总统进行调查。他说他本来一直亲自参与此事，直到 2009 年他因对腐败问题的关注而被排除在外。他说建造行宫的是一家国有建筑公司，使用的资金是非法挪用的国家资金。克里姆林宫和普京的发言人对这些指控自然是一概否认。3 月，沙马洛夫显然是为了把丑闻压下去，把别墅卖给了另一个商人亚历山大 · 波诺马伦科。他是阿尔卡季 · 罗滕贝格的伙伴，但与普京关系并不密切。

吞噬了俄罗斯巨大国有财富的腐败网触及俄罗斯人生活的方方面面——司机向交通警行贿，小店主给公共卫生官员塞钱换一张徒有其表的卫生证书，克里姆林宫的官僚向外国贸易公司勒索上百万卢布。

何塞 · 格林达 · 冈萨雷斯是一位西班牙检察官，负责对俄罗斯在西班牙长期有组织犯罪的情况进行调查。他的努力使 60 名嫌犯落入法网。他的结论是，俄罗斯政府的行为和有组织犯罪团伙的活动别无二致。维基解密网站披露的一封电报显示，他对美国外交官说俄罗斯实际上已经成为“黑手党国家”，在“俄罗斯政党、有组织犯罪和武器走私之间，有着业已证明的联系”。他说当局利用有组织犯罪集团进行“政府不合适做”的活动，比如向库尔德人出售武器以破坏土耳其的稳定。任何敢于不听联邦安全局吩咐的犯罪集团头目都会被“消灭”——或是被杀死，或是被“投入监狱，使他们再也不能争夺势力范围”。[21]

腐败不仅阻碍投资、破坏经济，也是政治上的定时炸弹。反对派已成功地给普京的统一俄罗斯党贴上“骗子和窃贼党”的标签——我相信多数俄罗斯人都知道这个用语。统一俄罗斯党要告这个用语的发明者阿列克谢 · 纳瓦尔尼涉嫌诽谤，反而是替他做了宣传。

三十来岁的纳瓦尔尼是律师、商人，也是政治积极分子。他立志要清除俄罗斯工商界的层层污垢。他是俄罗斯互联网上最受欢迎的博主，以揭露腐败大案闻名。纳瓦尔尼购买了俄罗斯天然气工业股份公司、俄罗斯国家石油公司和（管理政府石油管线的）俄罗斯石油管道运输公司这类国有公司的股票，然后开始调查这些公司的财务状况。他的有些调查结果促成了刑事调查，也引起了当局的愤怒。一次，他发现俄罗斯天然气工业股份公司通过叫Transinvestgas的中介公司向一家小公司诺瓦泰克公司购买天然气，虽然它完全可以以低70%的价格直接向诺瓦泰克公司购买。中介公司至少把差价中的1 000万美元转到了一家伪造的咨询公司的账上。又一次，国有大型银行——俄罗斯外贸银行从中国购买了30套石油钻探设备——也是通过一家中介公司以极高的价钱买到的，1.5亿美元的差价全部落入那家中介公司的腰包。他最耸人听闻的指称是俄罗斯石油管道运输公司在铺设从西伯利亚到太平洋长达4 000公里的输油管道时，侵吞了“至少40亿美元”。[22]

纳瓦尔尼在俄罗斯一家叫作“实时日志”的网站写博客，发表他的调查结果。他的推特也有大量关注者。他最近建立了一个名为RosPil.info的新网站，专门“打击利用国家采购制度中饱私囊的官僚”。这个网站利用了梅德韦杰夫总统一项要求在网上公布政府所有招标信息的决定。纳瓦尔尼请读者们发来任何可疑的招标信息（“比如，500万卢布的合同，要设计一个政府网址，只给1周的申请时间”），以供专家们分析跟踪。在这样的曝光下，已经有几十起可疑的投标撤回了：2011年8月，这个网站号称阻止了价值70亿卢布的腐败合同的签订。[23]这方面的事例包括一个地区领导要购买30块镶钻金表（“作为给荣誉教师的礼物”），内务部要定制一张用稀有木材手工雕刻而成的镀金床，还有圣彼得堡当局要花200万卢布给一家精神病院里的700名病人定做貂皮大衣。[24]

THE STRONGMAN

第十三章

双人驾驶学

Vladimir Putin and the Struggle for Russia

双人自行车

自从梅德韦杰夫就任总统、普京转任总理之后，国内外的人们一直都在寻找这“双人驾驶”之间出现分歧的迹象。也许这只是没有任何根据的希望，因为他俩之间的不同之处与其说是实质上的，不如说是风格上的。这种寻找捕风捉影，毫无头绪，成了现代版的克里姆林宫学。人们仔细研究照片，逐字分析句子，以冀分辨出克里姆林宫幽暗角落（或普京和梅德韦杰夫内心深处）的动向。这或许可以称为“双人驾驶学”。

常有人说他们之间分歧不大，因为自从梅德韦杰夫担任总统以来没有发生真正的变化——当然，没有变化并不意味着不想变化。在我看来，在外交政策方面，正如我们看到的那样，他们二人之间的分歧几乎察觉不到，但事实表明，他们在经济和人权问题上的确意见相左——尽管这些领域中的进步微乎其微。到了梅德韦杰夫总统任期的后半部分，他们的分歧更加明显。两人之间出现了某种竞争，好像都要做 2012 年总统大选“正统”的候选人。可以肯定的是，支持他们的是不同的群体。如果两人意见相同，这种情况本是不会发生的。他们其实可以各自组建政党，为俄罗斯的未来指出不同的发展道路。这种情形之所以没有发生，是因为普京紧紧地把着车把，很少转过头来听梅德韦杰夫力争也许应该走另一条路，或换一辆更好的车。有证据表明，梅德韦杰夫在后座上越来越沮丧不满，决心竞选连任总统。然而他们两人早就说好不做竞选对手。梅德韦杰夫知道，如果普京决意返回克里姆林宫，他一定会说到做到。况且这次竞选获胜好处更大，因为 2008 年底，梅德韦杰夫把总统任期从 4 年延长到了 6 年。

开始时，梅德韦杰夫最有象征意义的反抗举动是在 2009 年 1 月接见反对派报纸《新报》的编辑。那是在《新报》的一位记者被职业杀手开枪打死的 10 天后。要想明白此举的意义，就得像我一样亲耳听听普京团队的人对《新报》的谩骂。在他们看来，这家报纸实在太出格了。它曾刊登过安娜 · 波利特科夫斯卡娅对普京政权的猛烈抨击。我听见总理手下的人用污言秽语咒骂它，还说普京也有同感。《新报》的老板是前苏联总统米哈伊尔 · 戈尔巴乔夫和伦敦《标准晚报》及《独立报》的老板亚历山大 · 列别捷夫。它规模不大，却是反对腐败和专制统治的急先锋。它的一位年轻记者安娜斯塔西娅 · 巴布洛娃和人权律师斯坦尼斯拉夫 · 马科洛夫在莫斯科街头被枪杀。马科洛夫为俄罗斯在车臣残暴行为的受害者以及反法西斯积极分子做过辩护律师，和《新报》联系非常密切。人们认为他是枪手的主要目标，而巴布洛娃被杀是因为她目击了这起谋杀。

枪杀发生后，梅德韦杰夫总统打电话给《新报》总编辑德米特里 · 穆拉托夫。这与普京对波利特科夫斯卡娅之死的满不在乎形成鲜明对比。穆拉托夫回忆说："他请戈尔巴乔夫和我去克里姆林宫讨论这件事，这是我没有料到的。他向我们表示了对死者的哀悼，没看笔记就说出了安娜斯塔西娅父母的名字。"穆拉托夫说他觉得梅德韦杰夫非常真诚，并提醒我别忘了："安娜 · 波利特科夫斯卡娅被害的时候，普京却说她的死对国家的伤害比对她本人更大。"穆拉托夫还指出，杀害波利特科夫斯卡娅的凶手还在逍遥法外，而杀死巴布洛娃和马科洛夫的凶手——一个新纳粹集团的成员——已被缉捕归案，被判了无期徒刑。[1]

和梅德韦杰夫谈话时穆拉托夫说，自2000年以来已有4名《新报》记者被杀。他承认，为此曾想过把报纸关门停刊算了。梅德韦杰夫的回答是："谢天谢地报纸没有停刊。"他甚至同意把他就任总统后第一次接受采访的机会留给《新报》，并对穆托拉夫说："你知道为什么吗？因为你们从来不对任何人卑躬屈膝。"对总统的第一次采访发生在三个月后，采访中梅德韦杰夫公开与普京的"社会契约"理念拉开距离。根据普京的这一理念，国家为公民提供稳定和一定程度的繁荣，公民则在政治上顺从国家。梅德韦杰夫说不能把民主和福祉对立起来。他要让俄罗斯既有自由，也有繁荣。

4月14日，采访刊出的同一天，梅德韦杰夫召开总统人权委员会特别会议。会议开了好几个小时，梅德韦杰夫破天荒地命令工作人员从会议开始起把会上讨论的情况分批发表在他的网站上，公众因此得以知晓他和人权积极分子在会上说的每一句话。

他批评干涉民众示威或迫害非政府组织的官员，承认"我们的政府机器深陷腐败的泥淖之中"。会议讨论了对俄罗斯历史的官方说法。一位发言人是曾任米哈伊尔·霍多尔科夫斯基的"开放俄罗斯基金会"副主席的伊琳娜·亚西娜。她毫不留情地说："整个20世纪期间，人的生命价值被否定，人权被践踏，这还是说轻了。作为经历了那个世纪的人们的后代，我们必须努力改变这种状况。"

梅德韦杰夫答道："我同意亚西娜女士的话，整个20世纪是否认人的生命价值的世纪。"

6个月后，在政治迫害受害者纪念日那天发表的视频博客中，梅德韦杰夫总统把矛头指向新教科书的作者，因为新教科书企图为历史开脱。他说："让我们想一想：恐怖和不实的指控造成了几百万人的死亡——几百万人哪。他们被剥夺了一切权利，甚至连像样的葬礼都没有。多少年来，他们的名字就这么从历史上抹去了。然而，即使在今天，仍然有人说无数受害者受苦受难是为了什么更高的国家目标。我认为，国家的任何进步、成功或雄心都不能建立在人的痛苦和生命的损失之上。没有什么能比人的生命价值更重要，没有任何理由可以为镇压辩解。”

相比之下，普京任总统时重新起用了苏联时期的旧国歌，呼吁在学校恢复苏联时期的基本军训。

梅德韦杰夫不只是“口头自由派”，他也采取了一些不大但实实在在的步骤，使民主派振奋鼓舞。比如，2009 年 1 月，他不声不响地阻止了一项得到普京支持的法案的通过。那项法案原本要扩大叛国罪的定义，使其涵盖几乎一切对政府的批评和同外国人的接触。梅德韦杰夫说，促使他反对那项法案的是来自媒体和社会的强烈反对。

他还采取了措施保护公民示威的权利。从 7 月开始，反对派的积极分子开始在任何有第 31 天的月份的最后一天举行未经批准的集会，以此象征宪法关于保障公民集会权利的第 31 条。每一次集会都是刚开始几分钟就被防暴警察冲散，参加集会的抗议者被逮捕。国家杜马还通过了一项法案，进一步加紧对街头抗议的限制，但梅德韦杰夫 11 月否决了这项法案。反观普京对抗议者的看法则是，“示威者要是待在他们不该在的地方，警察用警棍敲他们的脑袋是正常的”。

2010 年 6 月，国家杜马提出法案，为“打击极端主义”扩大了安全部门的职能。法案允许联邦安全局向它认为“即将”犯罪的人发出警告，他们如果置之不理即可对他们进行威胁、罚款，甚至处以长达 15 天的拘留。梅德韦杰夫总统听到人权委员会抱怨说这项法案“复辟了极权国家最恶劣的做法”后，把它的规定大大减弱，还强调说：“我要你们知道，这是我亲自下的命令。”

在此期间，普京和梅德韦杰夫从未公开唱过反调，但他们各自代理人之间的思想战却打得不亦乐乎。一家自由派智库“现代发展研究所”在梅德韦杰夫当选总统后不久成立，由总统任董事会主席。该研究所所长伊戈尔 · 尤尔根斯说总统对他的观点“有些赞成，也有些不同意”，但几年下来，梅德韦杰夫确实是越来越向“现代发展研究所”的观点靠拢。2010 年 2 月，研究所发表了一份长篇报告——《21 世纪的俄罗斯：理想的明天》，里面建议取消普京的多项政治改革。它设想建立西方式的两党制，媒体不受国家干涉，法院独立，直接选举地区领导人，削减安全部门的权力。普京的宣传家弗拉季斯拉夫 · 苏尔科夫立即对此报告予以谴责，宣称：“不可能三天内建成民主，不可能一下子把一个孩子变成大人。”

到 11 月，梅德韦杰夫对普京津津乐道的“稳定”亲自发起了攻击，遣词用字酷似戈尔巴乔夫。戈尔巴乔夫把他自己上台前政府管理的时期称为“停滞”的年代。梅德韦杰夫在一段视频博客里似是谴责了普京的统一俄罗斯党事实上的一党专政：“众所周知，一段时期以来，我们的政治生活出现了停滞的迹象，稳定有可能会变为停滞。这种停滞对执政党和反对派同样有害。如果反对派完全没有机会赢得公平的选战，它就会堕落，变得可有可无。如果执政党从未输过一次选举，它就会不思进取。最终它也会堕落，像任何静止不动的生物一样。为了这些原因，必须加强政治竞争。”

尽管梅德韦杰夫似乎是鼓励媒体敢于冒险，但克里姆林宫仍然牢牢控制着中央电视台的各个频道。11 月底，观众喜爱的主持人弗拉基米尔 · 波兹纳在他的每周节目结束时提到谢尔盖 · 马格尼茨基死在监狱里的事，结果他这段话被剪掉了。另一位受人尊敬的电视记者列奥尼德 · 帕尔菲奥诺夫在一次授奖仪式上尖锐抨击对电视新闻的管制——负责管制的人大多数当时就坐在主席台上。他说新闻简报越来越像苏联时期的宣传，不允许对总理或总统表示任何批评、怀疑或嘲讽。“记者……不再是记者，而是唯唯诺诺的官僚。”他这样说道。

具有讽刺意味的是，就在 9 月，梅德韦杰夫本人还利用他对国家电视台的控制，败坏莫斯科的腐败市长尤里 · 卢日科夫的名声，然后又撤了他的职。从这件事上可看不出一点儿梅德韦杰夫有民主倾向的影子。因为普京废除了市长选举，所以无法通过投票赶走卢日科夫，只能用总统令这一招。没有充足的理由又不能这么干，特别是对像卢日科夫这么威权赫赫的市长。他的腐败也同样猖狂到无以复加的地步，所有人都知道莫斯科绝大多数利润最丰厚的建筑合同都给了他妻子的公司，他妻子也因此而成为俄罗斯女首富。可卢日科夫在克里姆林宫根基深厚，他从叶利钦时代起即任莫斯科市长，现在仍然颇受群众拥护。他把莫斯科建成了一个展示俄罗斯在苏联解体后重新崛起的流光溢彩的橱窗，并且他有普京的支持。但是梅德韦杰夫想开掉他，让梅德韦杰夫忍无可忍的最后一根稻草是卢日科夫公开批评总统停建一条高速公路的决定。那条高速公路要经过莫斯科北面的原始森林，因而引起了不少争议。在圣彼得堡和报纸编辑的一次会见中，梅德韦杰夫用了一个很不文雅的俄罗斯俗语说卢日科夫满口胡言，这倒像普京的说话风格。

梅德韦杰夫上紧了旧式宣传机器的发条，命令帕尔菲奥诺夫所谓的记者“官僚”听从主人的吩咐。三大电视台都播出了给卢日科夫抹黑的纪录片，批评卢日科夫“重建”莫斯科建筑遗产的政策，说 18 世纪的建筑物只是保留了表面，里面全被拆毁；把莫斯科的交通拥挤归咎于他；揭露他妻子神话般的财富；讽刺他在 2010 年酷暑难当的夏天，当莫斯科笼罩在泥炭起火造成的有毒烟霾之下时，不是帮助莫斯科人渡过难关，却去国外度假或照看他的蜂巢。

9 月 17 日，卢日科夫被召到克里姆林宫。梅德韦杰夫的办公厅主任要他“悄悄地走人”，但他没有悄悄走人。他先去奥地利休了一个星期的假，然后在 9 月 27 日给梅德韦杰夫写了一封信，指责他发动了一场“空前的污蔑运动”，想要赶走一位“太独立、太难管”的市长。卢日科夫要求恢复市长选举，还说梅德韦杰夫要把他赶下台的唯一目的就是要把他自己的亲信安插在市长的位子上，使他自己在将来的总统选举中胜算更大。“你有两个选择，”卢日科夫写道，“如果你有足够理由的话就开除我，要不就公开疏远那些帮了你这个忙（策划抹黑宣传战）的人。”第二天早上，梅德韦杰夫解除了他的职务，说他“失去了总统的信任”。

任命新市长花了整整两个星期的时间——这说明普京和梅德韦杰夫在人选问题上难以达成协议——最后选中了普京的得力助手谢尔盖·索比亚宁。他是普京的办公厅主任，是普京一手提拔起来的。（顺便要说的是，他在首都才住了5年，对这个他即将掌管的城市一无所知。至于莫斯科臭名昭著的交通拥堵，他只是在乘坐政府配发的轿车沿高官专用道飞驰而过的时候透过黑色的车窗玻璃扫过一眼。）如果卢日科夫怀疑得不错，梅德韦杰夫确实想安插他自己亲信的话，那么这场重要的战役他败给了普京。以后他还有更多次失败。

梅德韦杰夫就任总统以来力图建立自由开明的形象。但石油大亨米哈伊尔·霍多尔科夫斯基仍然身陷囹圄，这使得梅德韦杰夫的努力效果大打折扣。霍多尔科夫斯基到2011年底服刑期满，但他的敌人（霍多尔科夫斯基特别点名副总理伊戈尔·谢钦）坚决要多关他几年，无论如何也不想让他在议会选举和总统大选之前获释，于是2009年2月对他进行了第二次审判，对他提出的新指控完全不合情理。第一次审判已经判他犯了诈骗罪和逃税罪。这次检方想证明他和另一个被告人普拉东·列别捷夫侵吞了尤科斯从1998年到2003年生产的全部石油——可是过去检方说尤科斯出售了那些石油，却没有上缴应缴的税款。如果已经确认石油是霍多尔科夫斯基“出售”了，那么怎么可能又被他“偷窃”了呢？

工业部长维克托·赫里斯捷恩科和前经济部长格尔曼·格列夫都出庭做证，对检方的指控提出怀疑。这似乎给辩方打了一剂强心针。格列夫说：“如果发现有侵吞的事情，应该会向我报告。”赫里斯捷恩科则表示，他不知道几百万桶石油消失的事。

不幸，霍多尔科夫斯基的辩护律师们没有高兴多久。法官本应于12月15日做出判决，但那天一早来到法院的记者们却看到门上贴了一张通知，说宣判推迟到27日，却没有任何解释。也许有一个解释：第二天，也就是16日，总理要出席一年一度的电视连线节目，一定会有人问他有关这场审判的问题。那就尴尬了，普京要想影响判决肯定也太晚了。现在判决推迟，他就可以利用回答民众打电话问问题的机会公然干涉司法进程。当有人问到这个案子的时候，普京说，“小偷就得进监狱”。这听上去像是向当时正在斟酌各种选择的丹尼尔金法官发出的直接命令。就连梅德韦杰夫总统都不认同这么公开的干涉。他在电视采访中说：“任何官员都没有权力在法院宣判前发表对案子的立场。”这是梅德韦杰夫第一次超越了仅仅发表与普京稍有不同意见的界限，实际上是公开的申斥。

可是这对审判的结果没有丝毫影响。丹尼尔金法官按照强人的意志宣判霍多尔科夫斯基有罪，并判处他 14 年徒刑，与对他的第一次判决合并执行，时间追溯到他被捕的 2003 年。他要等到 2017 年才能重获自由。

2009 年和 2010 年间，梅德韦杰夫总统对民主和人权讲了很多，偶尔也采取点儿实际行动，可他总理的反应却越来越怪异。也就是在这个时期，普京开始在百忙之中抽出越来越多的时间宣传作秀，通过异乎寻常的方式显示他的阳刚活力，以表明尽管他比梅德韦杰夫大 13 岁，但他更加强健。

2009 年 8 月，普京赤裸着胸膛在西伯利亚冰冷的河水里以蝶泳的姿势畅游。克里姆林宫的相机快门咔嚓咔嚓响成一片，记录下他钓鱼和骑马的镜头。2010 年间，他几乎每个月都有这么一次照相的机会：他给一头北极熊套上追踪的项圈，他骑着哈雷 · 戴维森摩托车参加摩托车拉力赛，他驾驶飞机向熊熊燃烧的野火洒水救火，他在海上的狂风巨浪中用十字弓向一头鲸发射飞镖，他驾驶着一级方程式赛车以每小时 240 公里的速度飞驰。10 月，媒体纷纷猜测他可能为显得年轻采取了非常手段。在基辅的一次露面中，他的脸看上去浮肿淤青，化妆痕迹明显。“没有淤青，”他的发言人说，“他只是飞行和开会太多，非常疲倦而已。另外，光线的角度也可能不对。”但是媒体猜想他可能和他的朋友、永远年轻的前意大利总理西尔维奥 · 贝卢斯科尼一样，做了面部拉皮手术，或注射了肉毒杆菌。

梅德韦杰夫没有试图和普京比试硬汉的身手——虽然他走路时也开始摆出

雄赳赳的姿态，说话时像是在咬牙切齿，这都是跟普京学的。不过总体上他的道具不是赛车和野兽，而是平板电脑和推特。

形象对他们二人都至关重要，他们是在向不同的群体争取人心。到 2010 年年底，离议会选举和总统大选还剩一年的时候，情况已经十分明朗了：两人都想做下任俄罗斯总统，而决定谁上的人是普京。说到底，他们共驾的双人自行车是前轮大后轮小的那一种。

2011 年大选

从某种意义上说，梅德韦杰夫在他整个总统任期期间都在为下一次选举进行小火慢工的竞选。然而随着最后一年的开始，总统的克里姆林宫和总理的“白宫”再一次陷入瘫痪——和上次大选之前的情况一样。一致的口径是他们二人将“共同决定”谁将成为 2012 年总统大选的候选人，会在时机成熟后宣布。两个阵营的官员们猜不准最后结局如何，纷纷开始私下活动。在最高层，梅德韦杰夫和普京的发言人惜字如金，生怕哪句话说得不对会造成天平的倾斜。在较低层次，官僚们随时准备一俟形势明朗就另选靠山。每个级别的官员都害怕因说错话影响前程。

米哈伊尔 · 德沃尔科维奇（总统的经济顾问阿尔卡季 · 德沃尔科维奇的弟弟）在博客中写道：“部长们不知道真正的老板是谁，茫然失措，努力执行着经常是互相矛盾的指示。这两人其中一个会在 2012 年成为总统，在他们中间做选择可不是闹着玩的事。一着棋错，一年后就会成为‘政治上的死人’。”

2 月底，佩斯科夫告诉我几个月后世界会陷入“歇斯底里”。我以为他指的是普京将宣布参选总统。但没有任何动静，仍然是一片人心浮动，惶惶不安。

两位“候选人”虽未公开宣布，但已经开始了选战，第一枪是关于索契冬奥会吉祥物的闹剧式的争论。普京要昭显他只要说一句话就能影响国家的任何决定。正如他发话“小偷就得进监狱”，使审理霍多尔科夫斯基案件的法官大伤脑筋一样，这次——在就冬奥会吉祥物举行全国电视投票的几小时前，他似乎不经意地表示雪豹做冬奥会的吉祥物就挺合适。雪豹果然中选了。梅德韦杰夫可是很不高兴。两天后，在谈到新的电子身份证的设计方案应放到网上让大家讨论这件完全无关的事情时，他尖刻地说：“我希望能比对奥运会吉祥物的讨论更公平一些。”

更为对立的交锋还在后面。3 月，在世界对卡扎菲镇压利比亚反对派该如何回应这个问题上，两位“候选人”的分歧公开化了。俄罗斯就授权对卡扎菲的部队进行空袭的联合国 1973 号决议投了弃权票。这个立场是一个妥协——梅德韦杰夫想支持西方的立场，但外交部不同意。普京则愤怒不已并公开开炮。在参观乌德穆尔特共和国的一家弹道导弹工厂时，他把联合国决议比做“中世纪十字军东征的号召”。他说他对于“在国际事务中如此轻易决定使用武力”感到担忧。他把这看作美国政策中这种倾向的延续：“克林顿时期他们轰炸了贝尔格莱德，布什派兵进入阿富汗，然后又使用莫须有的借口入侵伊拉克。现在轮到利比亚了，借口是保护和平的人民，但空袭炸死的正是平民。逻辑何在，良知何在？”

普京此言是直接批评梅德韦杰夫允许西方进行空袭的决定，梅德韦杰夫得知以后大为光火。外交政策是他的地盘，不归总理管。不到两小时后，他就召集了一群俄罗斯记者到他的别墅，在花园里对总理的话做了严厉的长篇反驳。他紧张地吞咽着口水，抽动着肩膀，说普京的评论是“不可接受的”。他说：“提到十字军东征”这样的字眼可能导致文明的冲突。他还说：“我们不要忘记是什么促使安理会通过决议的。这些决议是对利比亚当局行为的反应，所以我们才作了这样的决定。我认为我们的决定是平衡的，是经过了深思熟虑的。我们赞成了第一项安理会决议，对第二项投了弃权票。我们是有意这样决定的，目的是防止暴力的升级……如果现在又纠缠于这件事，说我们不知道我们当时在做什么，那么这种说法是错误的。这是我们清醒地做出的决定。这是我给外交部的指示，他们执行了我的指示。”

这是梅德韦杰夫总统第二次（第一次是霍多尔科夫斯基事件）杀普京总理的气焰。在这样的情况下，大约一周后，梅德韦杰夫的新闻秘书季玛科娃紧急电告所有电视台不准播放普京带着梅德韦杰夫驾驶新款试验车的镜头也就不奇怪了。选战至此已全面开打，不能再有普京在驾驶座上的镜头。

这是一场荒诞而不真实的选战。唯一真需要说服的人是普京和梅德韦杰夫本人——是他们拍板他俩之间谁当选。（如一位评论家所说，唯一的选举是普京脑袋里的选举。）但梅德韦杰夫决定向人民喊话，可能他希望获得媒体的支持，使普京迫于压力允许他留任总统。3 月 3 日，他利用纪念亚历山大二世沙皇废除农奴制 150 周年的讲话提出他的思想理论，说“自由是不能推迟的”。普京自是不肯让他独出风头，几个月后找出了历史上可与自己相比拟的人物——不是“解放者沙皇”，而是俄国最后的沙皇尼古拉二世的首相，既是改革家又是镇压者的斯托雷平。斯托雷平推行了开明的土地改革但杀人如麻，大批反对他的人被处决，人们甚至因此把绞索称为“斯托雷平的领带”。普京使用可以用在他自己身上的词语赞美斯托雷平，还呼吁在政府“白宫”前为斯托雷平立纪念碑。

梅德韦杰夫呼吁自由后又提出了自己的经济主张。他在马格尼托格尔斯克的一篇讲话中列举出改善投资环境需要做的 10 件大事。他要求兼任国有公司领导的政府部长放弃公司的职务，引起一片哗然。此事涉及的人中包括普京最紧密的盟友、俄罗斯国家石油公司董事长伊戈尔 · 谢钦。梅德韦杰夫（他自己就曾在任副总理时兼任俄罗斯天然气工业股份公司董事长）说不能再让“为产业制定规章制度的政府领导同时担任互相竞争的公司的董事会成员”。《生意人报》把这个用独立董事取代国家官员的建议称为革命性的：“德米特里 · 梅德韦杰夫实质上是要求废除国家资本主义。”

阿尔卡季·德沃尔科维奇说政府（也就是普京）“难以同意这项举措”。[2]专门研究精英阶层构成的社会学家奥尔加·克里什塔诺夫斯卡娅却说，自从梅德韦杰夫担任总统之后，强人在国家机构中的势力日益减弱，而这个步骤只是大趋势的一部分。在强人势力的鼎盛时期，安全部门和军方的官员占政府精英的 47%，而到了 2007 年夏天，这个数字降到 22%。然而这并不意味着普京把重要职务的任命权让给了新总统。克里什塔诺夫斯卡娅说在 75 位“关键人物”中，除两人之外，其余仍然全是“普京的人”。[3]

意义重大的是，不受政府部长必须退出公司董事会这一新要求约束的例外是最大的国家控股公司，有着密集的政治、商业和媒体关系网的俄罗斯天然气工业股份公司（正如 10 年前改革派试图打破它的垄断而它却毫发无损一样）。8 月底，政府宣布第一副总理维克托·祖布科夫将留任俄罗斯天然气工业股份公司董事长（虽然他退出了其他公司的董事会）。祖布科夫是普京过去打击金融犯罪的得力干将，也是他在圣彼得堡时的朋友，他的柔道俱乐部的董事。德沃尔科维奇解释说，俄罗斯天然气工业股份公司的董事会成员能接触到大量的“机密情报”，因此任命独立董事“比较难办”。[4]这似乎印证了俄罗斯天然气工业股份公司在普京体制中心不可动摇的位置。普京用它来控制媒体，对外国施加压力，给他关系网中的密友们充实私囊。

对梅德韦杰夫在马格尼托格尔斯克的“宣言”，普京的回应是 4 月 20 日在国家杜马的长篇演讲。讲话中，他警告不要对经济作“剧烈变动或自由主义的鲁莽实验”。看起来好像普京已不再完全信任他的门生会坚持正确道路了。

那年春天，似乎普京——可能梅德韦杰夫也一样——一度想寻找另外的政治解决办法。官方曾企图扶植，当然也想拉拢一个立场中间偏右、叫作“正义事业党”的小党，可能想把它立为官方许可的自由派“反对党”。开始曾争取让第一副总理伊戈尔·舒瓦洛夫和财政部长阿列克谢·库德林做这个党的领导人，但经过大约一周的密谋策划后，两人都拒绝了。后来，俄罗斯首富之一，

寡头米哈伊尔 · 普罗霍罗夫成为党魁。他发誓要把这个党变成“统一俄罗斯党”真正的竞争对手，并开始激烈批评克里姆林宫。这可不是原来设想的“忠实的”反对党，于是在 9 月份一次闹剧式的党内大会上，普罗霍罗夫被推翻了。他指控克里姆林宫的“傀儡主人”弗拉基米尔 · 苏尔科夫把“政治制度变为私有财产”。

最后，普京在 5 月 6 日撕去了所有民主的伪装，宣布了一个苏联色彩十分鲜明的决定。在没有任何公众协商或事先讨论的情况下，普京在伏尔加格勒讲话时宣布他将成立一个名为全俄人民阵线的新组织。核心是他的统一俄罗斯党，但欢迎“非党支持者”参加，组织或个人都可以。第二天，全俄人民阵线就成立了协调委员会，在普京的别墅开会计划竞选事宜。后来几周，加入的个人和组织数以千计。整条街道、整座工厂、整个机构、青年团体、退伍军人、音乐制作人协会和驯鹿饲养人组织都来参加。各个工会也竞相报名，许多甚至事先未征求过成员的意见。有些人拒绝被如此裹挟。建筑师协会后来投票推翻了代它作出的决定。音乐家协会的一些成员大声抗议，说他们不会帮助普京上演“假选举”。[5]

表面上，全俄人民阵线是为了在 12 月的议会选举中助统一俄罗斯党一臂之力。这个党在民意调查中支持度直线下跌，可能非此不能确保它胜选。但普京的发言人德米特里 · 佩斯科夫透露了真正的目的。他对记者说：“全俄人民阵线是超乎党之上的，不是以党为基础的。因为是普京提出的想法，所以更多是围绕着他的。”

普京此举使俄罗斯已经软弱无力的政党制度更加成了笑话。正常情况下，不同的政党代表的是政治光谱的不同部分，普京却想把统一俄罗斯党建成一个代表所有群体的界限不明的群众组织。不要忘了，苏联共产党当时“打选战”也不是单枪匹马，而是作为“共产党员和非党人民组成的坚不可摧的阵营”的一部分。

普京在伏尔加格勒的演讲中是这样介绍他的主意的：

我有些建议想向大家说明。我想指出国家杜马候选人的甄选在8月前就得完成了。然后需要对候选人进行讨论，以便在9月的党代会上确定候选人名单。参加甄选工作的不仅应当有统一俄罗斯党党员，而且也应包括非党员支持者、工会成员、妇女组织和青年组织成员、公共协会、公民中的积极分子。简言之，所有愿意通过统一俄罗斯党在国家杜马中的成员直接影响政府政策的人。

我的建议是什么呢？我认为我们该怎么做呢？基本上，我建议成立一个政治实践中所谓的广泛的民众阵线。（掌声）

谢谢大家，谢谢你们的支持。

在重大政治活动之前整合广泛的政治力量的做法过去就有，现在各国的各种政治力量在不同时期仍然在这么做：左派、我们所说的右翼自由派、民族主义者和爱国力量都在这么做。

它叫什么名字不是问题，问题是我们的构想和我们想要达到的目标。这是一个把有志一统的政治力量团结在一起的工具。

我非常希望统一俄罗斯党和其他政党、工会、妇女组织、青年组织还有退伍军人组织，包括“二战”退伍军人和阿富汗战争的退伍军人——每一个希望我们的国家更加强大，希望找到解决我们面临的挑战的最佳办法的人都能利用这个共同的平台，让我们称它为“全俄人民阵线”，因为在5月9日之前在斯大林格勒就有这样的意见。“全俄人民阵线”似乎是个相当合适的名字……（掌声）

谢谢大家。

我猜想这就是佩斯科夫预言将引起“歇斯底里”的事件，因为它看起来明显是为了进一步排挤梅德韦杰夫总统，把普京推上国家领导人的地位——不仅是一个力量渐衰的政党的党魁，还是一个无处不在的人民阵线的首脑。未来的国家杜马大选中，人民阵线的海报和普京的照片将占据首要位置。

梅德韦杰夫的反应先是冷静——只说这个想法是“合理的”——后来激烈起来。总理做出宣布一周后，他对来自各个政党的“年轻议员”说：“企图改变政治制度去适应某个个人是危险的……权力过分集中肯定是一件危险的事情，这在我们国家曾多次发生过……它一般都会导致停滞或内战。”

到夏天，梅德韦杰夫已经有些无奈认命的意思了。他在接受《金融时报》的采访时第一次承认他想竞选连任：“我想任何担任总统这个职务的人一定都想竞选连任。另外的问题是他是否会决定参选，决定参选和愿意参选不完全是一回事。”[6] 这是任何一个名副其实的总统都羞于承认的：我想要竞选连任，但这不是我自己决定得了的事。

梅德韦杰夫的“竞选”活动仍然在继续着。在一次普京式的大规模记者招待会上，他显示了他自由派的一面。他说霍多尔科夫斯基如果获释，“绝对不会对社会构成威胁”。在纪念对格鲁吉亚战争 3 周年的采访中，他表现出他可以和普京一样强硬，坚持说是他自己决定出兵格鲁吉亚的。在圣彼得堡经济论坛上，他宣布普京的改革是必要的，但已经寿终正寝：“是的，在我们发展的一个阶段中需要加强国家在经济中的作用。20 世纪 90 年代的混乱过后必须稳住局势。但现在这条路的潜力已经发掘殆尽……这样的经济模式对国家的未来是危险的。”据报道，在同工商界领袖的闭门会上，他呼吁他们支持他的经济政策，而不是他前任的政策。他还对各政党领导人说他打算扭转普京的几项政治改革：把进入国家杜马的门槛从 7%降到 5%、“下放”权力，还保证要进行其他的改变，但未具体说明是什么样的改变。

有些评论家说梅德韦杰夫和普京实际上仍然在联手行动，一个在前面推动改革，另一个则呼吁谨慎以防改革进程失去控制。[7] 但这种意见忽视了一个不容置辩的事实：大选在即，他们二人当中只有一个能够成为执政精英的候选人。两人对候选人花落谁家都十分在意。

看起来梅德韦杰夫很快会灰溜溜地，用克里姆林宫的资深顾问格列布·帕夫洛夫斯基的话说是，“蹑手蹑脚地退出克里姆林宫”，因而向全世界证实他从来都是普京的替补。他的4年总统任期就像是一场闹剧，目的是为了在形式上保持宪法不变，实际上却是要加强普京的专制统治。

8月，普京去黑海一处古老的考古场址潜水，出水时竟然捞上来两个希腊古陶罐。几世纪以来，数以千计的潜水员居然都没看到这两个躺在海底的罐子。普京仿佛是无所不能，回归总统宝座对他来说肯定也不是难事。

因此，9月24日普京在统一俄罗斯党的代表大会上宣布他要竞选总统，并说他如果当选将任命梅德韦杰夫做总理，这并不是件完全出人意料的事。然而由于此事的含意，它仍然是一个重大的冲击。梅德韦杰夫对于政治经济停滞以及需要改革大谈特谈之后，俄罗斯却将迎来12年的普京统治。梅德韦杰夫在他题为“加油，俄罗斯！”的文章中畅谈的梦想灰飞烟灭。他的强颜欢笑难掩他遭受的羞辱。最令人寒心的是，这两个人的所作所为表明，过去一年来所说的“时机成熟再作决定”的那些话全是在演戏——他们俩交换职位早在几年前普京和梅德韦杰夫办移交的时候就讨论过了。

电视和大选进程全部掌握在克里姆林宫手中，2012年3月普京当选总统已毫无悬念，俄罗斯的未来是由两个人在密室中决定的。

本书展现的俄罗斯不是我本来希望描述的样子，也不是20年前苏联刚解体时我想象它将发展成为的样子。[1]

弗拉基米尔·普京开始时向西方示好，采取措施刺激经济，给人们带来了希望。但后来他却压制媒体自由，扼杀民主，并利用一切现代通信手段发展个人崇拜。俄罗斯经济依然几乎全部依赖原材料出口，没有现代化的制造业基础可言。政府自己都承认腐败猖獗并且还在不断恶化——腐败是维持这个黑手党式的国家的黏合剂。统治国家的是普京来自克格勃、圣彼得堡，甚至他别墅合作社的一小撮朋友和同事。德米特里·梅德韦杰夫若是真的想改变这一切的话，他已一败涂地。普京发誓要镇压寡头，但矛头所指只是在政治上反对他的人。与此同时，国家财富大量集中于巨富的大亨和官僚手中。这块土地地大物博，人才济济，却至今未能繁荣昌盛。一项民调显示，约40%的年轻人宁肯移居海外。[2]

因此，人们不禁要问：为什么普京这么受欢迎？事实上，他的支持度在稳步下降。据俄罗斯最大的独立民调中心列瓦达中心统计，2011年8月，只有39%的受访者说他们肯定会投票支持普京。而三年前在格鲁吉亚战争期间，普京的支持度高达58%。同期他的“满意度”从83%降为68%。（梅德韦杰夫的满意度从73%降到63%，只有20%的受访者说“肯定”会投他的票。）还应当记住，专制统治的气氛（以及对克格勃残存的恐惧）意味着许多俄罗斯人在回答民意调查人（哪怕是独立民意调查人）的问题时，只肯说他们认为政府喜欢听的话。

不过，尽管普京有这样那样的缺点和失败，他仍然是俄罗斯最受欢迎的政治家。要寻求对这个令人困惑的问题的答案，请再读一遍我在第十一章结尾处翻译的他最喜欢的那首歌的歌词。西方人可能觉得它矫情伤感，那些风雅世故、愤世嫉俗、痛恨普京和他所代表的一切的俄罗斯知识分子，可能对它嗤之以鼻。然而，如果你到过几百万俄罗斯百姓家中，你会看到人们听到苏联时代的经典歌曲就会热泪盈眶。这并不意味着他们都是共产党员！普京扣动的是几百万俄罗斯人怀旧的心弦——他们怀念过去简单的日子，怀念“平等”，怀念同志的情谊，怀念团结，怀念在俄罗斯比在任何地方都持续得更久的战时精神。这些是实实在在的。可能大多数西方人难以理解，但这是真的。

俄罗斯共和国的群众总的来说和“一般”西方人不一样。2008年举行过一次电视选拔活动，要选出“俄罗斯第一伟人”。结果斯大林得票第三——人们觉得若不是当局为避免尴尬难堪而对投票结果做了手脚，他本应稳居第一。

我在第一章中指出，西方（尤其是美国）以为俄罗斯是一个等待解放的西方国家是大错特错。普京就是利用了民众心中对此的本能反抗。他代表着那些想建立西方式经济并享受其种种好处，但想找到自己的未来之路，对西方的失败和不足避之唯恐不及的人。他代表着渴望俄罗斯受到世界尊重的人——不幸的是，这也包括几百万错把恐惧当成尊重的人。他还代表着全身心地热爱俄罗斯，沉醉于它独一无二的特点的人——这些人使像我这样真心努力“弄懂”俄罗斯的西方人气沮至极。他们对我们冷笑着说：“你们永远也不懂俄罗斯的灵魂。”

如果普京的直觉能伴以民主的本能和对人民选择的信任，他本来可以成为一位伟大的领导人。

但普京并不真正懂得民主。我们看到，他相信美国总统可以开除讨厌的新闻主播。他相信阴谋论（认为格鲁吉亚战争打响是为了帮助麦凯恩参议员），也相信他的情报机构向他报告的无稽之谈（说美国有单独的禽类加工厂，专门生产不达标的肉鸡卖给俄罗斯）。他建立了一个（他认为）需要他事必躬亲的制度。2010 年夏天的野火肆虐时，他甚至命令在被烧毁的村庄里安装闭路电视以供他从办公室监督重建的进度。

他的领导方式包括在电视上公开申斥官员，有时逼着他们在摄影机前当场改变政策。下面是一个例子：

> 我想弄清楚俄罗斯航空公司要买多少俄罗斯制造的飞机。否则你们想占据国内市场，又不想买国内的设备，那可不好。
>
> 可是我们买了俄制飞机呀……
>
> 买得不够。
>
> 好吧，我们去作计划，作好以后我会向您报告。
>
> 好。

普京建立了一个传统（梅德韦杰夫把它保持了下来），每次内阁会议开始时都会录像，在电视新闻节目中转播。显然他认为这显示了开放和民主。事实上，它意味着议政会议成了作秀。本来应该是不受打扰，在内阁的闭门会议上无所顾忌地讨论棘手的问题，现在却成了听普京讲话，至多是他和部长们装腔作势的对话。没有哪个西方国家在电视上播出内阁会议的情形，谁也不期望有这样的转播，因为困难的决定只能在非公开的场合做出。所以，普京抓住“民主”的皮毛——把决策者搬上电视——把它变成了独裁的工具。

2011 年 2 月普京参观第一频道的演播室时暴露了自己对媒体自由的粗陋理

解。他对记者们说："我想所有部门的代表都必须上联邦电视节目，介绍他们部门的工作，解释那里的情形，使人民能听那些官员亲口说明他们的意图和计划。"乍看之下这个想法很开明。但俄罗斯电视缺少的不是对政府"意图"和已然确定的"计划"的"说明"，而是在计划确定之前对政策进行有理有据的自由辩论。

然而，普京的制度尽管存在着这样那样的不平等，它却不像人们经常肤浅地说的"和苏联一样"。2009 年 1 月，普京在达沃斯对如何改革资本主义经济发表议论后，前美国总统克林顿嘲讽的评论给我的印象极深："我很高兴听普京总理鼓吹自由企业，我希望在他那儿能行得通。"2011 年，《巴尔的摩太阳报》刊载了一篇关于俄罗斯人喜欢快餐店的文章，标题是："同志，我们就是喜欢。"（取自麦当劳的广告）同志！俄罗斯人彼此不称同志已有 20 年了，但似乎过去的印记依然存在。

只要看看在莫斯科机场排队准备举家出国度假的兴奋的人群，或参观一下展出斯大林时代劳改营物品的古拉格博物馆， 或去剧院观赏根据索尔仁尼琴的作品《伊凡 · 杰尼索维奇的一天》改编的话剧，或浏览一下俄罗斯的网站和博客，或哪怕只是在今天的莫斯科下饭馆，逛商店，你就会知道俄罗斯已经完全变了。

本书即将完成时，我想引用曾任英国驻苏联大使的罗德里克 · 布雷斯韦特爵士的话。他对这个国家的感情和对它的人民的理解使他对俄罗斯的观察别具慧眼。"普京的办法有许多缺陷，"他写道，"但它使俄罗斯恢复了自尊，为将来的繁荣和改革奠定了基础。在它发展的过程中，我们外人最好闭嘴，不要乱提建议。那些建议有时是傲慢的、侮辱性的，经常是不得要领或毫无帮助的。"[3]

克林顿政府和布什政府恰恰没有这样做。正如本书所述事件表明的那样，对于新冷战的爆发，可能美国和普京都有责任。前者麻木迟钝，后者为追求恢复俄罗斯的自尊和地位这一合理目标不惜采取强硬蛮横的手段。我们在本书中已经看到，双方都落入了固定思考模式的窠臼，这种思考模式是植根于两种意识形态争夺世界统治地位的那个时代的。那个时代已经一去不复返了。没有什么“俄罗斯意识形态”，而且争取在世界事务中的发言权完全不同于苏联理念向全球扩张的野心。然而双方都停留在冷战思维中，仍然时有冷战式的摩擦，结果是彼此剑拔弩张，而不是试着理解对方的忧惧。

俄罗斯的人民在戈尔巴乔夫和叶利钦时期表示出对民主和自由的向往，但他们痛恨随之而来的混乱。普京带来了稳定，却限制了民主。俄罗斯人尚未找到一位能让他们二者兼得的领导人。

注释

第一章　一位秘密警察的舞会

1. Strobe Talbott, *The Russia Hand* (New York: Random House, 2002), p 416.

2. Interview with Konstantin Kosachev, 16 December 2009.

3. Talbott, p 397.

4. Stephen F. Cohen, *Failed Crusade: America and the Tragedy of Post-Communist Russia* (New York: W. W. Norton & Co, 2000), p xii.

5. Interview with Toby Gati, RIA Novosti, 22 March 2011.

6. Vladimir Putin, *Ot pervogo litsa* (http://archive.kremlin.ru/ articles/bookchapter3.shtml – last accessed 7 September 2011).

7. For a good account of this part of Putin's career, see Peter Baker and Susan

Glasser, *Kremlin Rising*: *Vladimir Putin's Russia and the End of Revolution* (New York: Lisa Drew, 2005), pp 47ff.

8. *Ibid.*, p 53.

第二章　向西方“求爱”

1. Interview with George Robertson, 9 March 2011.
2. Interview with Jonathan Powell, 9 March 2011.
3. *Guardian*, 18 April 2000.
4. Interview with Mikhail Margelov, 29 April 2010.
5. Interview with Condoleezza Rice, 14 April 2011.
6. Interview with Stephen Hadley, 24 January 2011.
7. Interview with Colin Powell, 3 March 2011.
8. Interview with Igor Ivanov, 11 December 2010.
9. Interview with Sergei Ivanov, 29 October 2010.
10. Yelena Tregubova, *Bayki kremlevskogo diggera* (Moscow: Ad Marginem, 2003), pp 160ff.
11. Bob Woodward, *Bush at War* (New York: Simon & Schuster, 2002), p 119.
12. Interview with Colin Powell, 3 March 2011.
13. Interview with Condoleezza Rice, 20 June 2011.
14. Bolton interview with Peter Baker and Susan Glasser, quoted in *Kremlin Rising*, p 131.
15. Interview with Sergei Ivanov, 29 October 2010.
16. White House translation, quoted in Woodward, *Bush at War*, p118.
17. In 2009 the Russians finally tried to force the Kyrgyz government to eject the Americans from Manas by offering loans worth $2 billion. The price paid by the

US to be allowed to stay was a quadrupling in the rent and the renaming of the air base into a less permanent-sounding 'Transit Centre'.

18. John Bolton, *Surrender is not an Option* (New York: Threshold Editions, 2007), p 71.
19. Interview with Gerhard Schöder, 8 June 2011.
20. Interview with George Robertson, 9 March 2011.
21. Interview with Sergei Prikhodko, 30 June 2011.
22. Interview with George Robertson, 9 March 2011.
23. Interview with Colin Powell, 17 May 2011.
24. Interview with Stephen Hadley, 24 January 2011.
25. Interview with Igor Ivanov, 11 December 2010.
26. Interview with Colin Powell, 17 May 2011.
27. Interview with Sergei Ivanov, 29 October 2010.
28. Interview with Condoleezza Rice, 20 June 2011.

第三章 经济改革之战

1. Interview with Alexei Kudrin, 14 December 2010.
2. Interview with German Gref, 7 December 2010.
3. Interview with Andrei Illarionov, 27 January 2011.
4. Interview with German Gref, 7 December 2010.
5. Mikhail Kasyanov, *Bez Putina* (Moscow: Novaya gazeta, 2009), p 216.
6. Interview with Mikhail Kasyanov, 16 February 2011.
7. See Marshall Goldman, *Petrostate* (New York: OUP, 2008), chapter 5.
8. Interview with Vladimir Milov, 16 February 2011.

第四章 阴暗面

1. Interview with Viktor Shenderovich, 14 December 2010.
2. *Komsomolskaya Pravda*, 11 February 2000.
3. *Novaya gazeta*, 27 March 2000, reprinted in Anna Politkovskaya, *Nothing but the Truth* (London: Harvill Secker, 2010).
4. Mikhail Kasyanov, *Bez Putina* (Moscow: Novaya gazeta, 2009), p 217.
5. Interview with German Gref, 7 December 2010.
6. David E. Hoffman, *The Oligarchs* (Oxford, Public Affairs Ltd, 2002), p 449.
7. John Browne, *Beyond Business* (London: Weidenfeld & Nicolson, 2010), p 145.
8. Interview with German Gref, 7 December 2010.
9. Martin Sixsmith, *Putin's Oil* (London: Continuum, 2010), p 52.
10. Interview with Mikhail Kasyanov, 16 February 2011.
11. My account of this meeting is based on interviews with those present, on (edited) video of the event and on the versions given by Sixsmith, *Putin's Oil*, and Andrei Kolesnikov in *Kommersant*, 20 February 2003.
12. Interview with Leonid Nevzlin, 14 May 2011.
13. Interview with Andrei Illarionov, 27 January 2011.
14. Interview with Mikhail Kasyanov, 16 February 2011.
15. Kasyanov, *Bez Putina*, pp 199ff.
16. Quoted in Sixsmith, *Putin's Oil*, p 153.
17. *Observer*, 2 November 2003.

第五章 老欧洲，新欧洲

1. Interview with George Robertson, 9 March 2011.

2. Interview with Jonathan Powell, 9 March 2011.

3. Interview with Nicholas Burns, 15 July 2010.

4. Interview with Nicholas Burns, 21 January 2011.

5. Interview with Maurice Gourdault-Montagne, 20 June 2011.

6. *Die Zeit*, 5 April 2001.

7. Interview with Gerhard Schöder, 8 June 2011.

8. Interview with Alexander Kwśniewski, 24 November 2010.

9. Interview with Igor Ivanov, 11 December 2010.

10. Interview with Nicholas Burns, 21 January 2011.

11. Interview with Sergei Ivanov, 29 October 2010.

12. Interview with Maurice Gourdault-Montagne, 20 June 2011.

13. Interview with Condoleezza Rice, 14 April 2011.

第六章 第二任期

1. Interview with Igor Ivanov, 11 December 2010.

2. Interview with Nino Burjanadze, 29 March 2011.

3. Interview with Mikheil Saakashvili, 9 May 2005.

4. See Thomas de Waal, *The Caucasus: An Introduction* (Oxford: Oxford University Press, 2010), pp 194–5.

5. Interview with Colin Powell, 3 March 2011.

6. de Waal, *The Caucasus*, p 197.

7. Interview with Mikheil Saakashvili, 31 March 2011.

8. *Wall Street Journal*, 30 August 2008, *Daily Telegraph*, 23 August 2008.

9. de Waal, *The Caucasus*, p 199.

10. Interview with Eduard Kokoity, 4 April 2011.

11. The cause of the fire, which left only the outer walls intact, has never been fully established. The destruction of the historic building (erected after the Napoleonic fire of 1812) provided an excuse for its total reconstruction, which was criticised by conservationists for distorting the original architectural vision.
12. *Komsomolskaya Pravda*, 28 September 2004.
13. Surkov on Chechen television, 8 July 2011, quoted by Interfax and Reuters.
14. Dmitry Trenin, *'Moscow the Muscular': The Loneliness of an Aspiring Power Center* (Moscow: Carnegie Moscow Center Briefing, volume 11, issue 1, January 2009).

第七章　四面树敌

1. Interview with Leonid Kuchma, 22 March 2011.
2. Interview with John E. Herbst, 16 May 2011.
3. Interview with Gleb Pavlovsky, 18 February 2011.
4. Interview with Sergei Markov, 30 June 2011.
5. Interview with Oleh Rybachuk, 28 November 2010.
6. Interview with Viktor Yushchenko, 29 November 2010.
7. Interview with Alexander Kwśniewski, 24 November 2010.
8. Interview with Leonid Kuchma, 22 March 2011.
9. Interview with Alexander Kwśniewski, 24 November 2010.
10. Gleb Pavlovsky, *Nezavisimaya gazeta*, 7 December 2004.
11. *Nezavisimaya gazeta*, 7 December 2004.
12. Interview with Tony Brenton, 5 April 2011.
13. *ICNL (The International Journal of Not-for-Profit Law)*, volume 9, issue 1, December 2006.

14. Interview with Lyudmila Alexeyeva, 23 February 2011.
15. Interview with Jonathan Powell, 9 March 2011.
16. Interview with Mikhail Kasyanov, 16 February 2011.
17. Interview with Viktor Yushchenko, 29 November 2010.
18. Interview with Damon Wilson, 2 March 2011.
19. Interview with Oleh Rybachuk, 28 November 2010.
20. Interview with John E. Herbst, 16 May 2011.

第八章 新的冷战

1. Interview with Stephen Hadley, 24 January 2011.
2. Rather was at the centre of a controversy after publicising documents critical of President Bush's military service during the 2004 presidential campaign. The documents' authenticity was later disputed, and in November Rather announced he would retire the following March, but there was never any suggestion that Bush had put pressure on CBS to fire him.
3. Interview with Damon Wilson, 2 March 2011.
4. Interviews with Nicholas Burns, 21 January 2011, and Condoleezza Rice, 20 June 2011.
5. Wikileaks cable in the *Guardian*, 1 December 2010.
6. Interview with Oleg Mitvol, 14 April 2010.
7. These events are reconstructed from interviews with Condoleezza Rice, Bill Burns, Sergei Ivanov, Igor Ivanov, Sergei Lavrov and others.
8. Some of Litvinenko's colleagues later 'returned' to the FSB fold and accused him of having tricked them into making this appearance. For an excellent account of all the conspiracy theories and intrigues surrounding the case, see Martin Sixsmith,

The Litvinenko File (London: Macmillan, 2007).

9. Yelena Tregubova, http://viperson.ru/wind.php?ID=413357& soch=1 (last accessed 7 September 2011).
10. Interview with David Miliband, 7 July 2011.
11. Interview with Sergei Lavrov, 25 October 2010.
12. Sixsmith, *The Litvinenko File*, pp 303ff.

第九章　媒体、导弹、梅德韦杰夫

1. Dmitry Peskov, interviewed on Dozhd television, 4 October 2011.
2. US companies are obliged to declare fees received from foreign principals for ‘political activities’. For the period January to June 2008, the fee declared by Ketchum and its partner The Washington Group for work done in North America and Japan on behalf of the Russian Federation was $2,436,600. GPlus received a similar sum for its work in Europe, making a total of almost $5 million for that six-month period. The initial contract for the G8 year has been rolled over year by year, with the fees for each new contract varying somewhat.
3. Dmitry Peskov, interviewed on Dozhd television, 4 October 2011.
4. See, for example, *The New Times*, 16 March 2009.
5. See Luke Harding, *Mafia State* (London: Guardian Books, 2011).
6. Lilia Shevtsova, *Lonely Power* (Moscow: Carnegie Endowment, 2010), pp 98ff.
7. Interviews with Dan Fata, 1 March 2011, and Eric Edelman, 4 March 2011.
8. Dmitri Trenin, *‘Moscow the Muscular’: The Loneliness of an Aspiring Power Center* (Moscow: Carnegie Moscow Center Briefing, volume 11, issue 1, January 2009).
9. Interview with Sergei Prikhodko, 30 June 2011.

10. Off-the-record interview with senior Russian official.

11. Interview with Condoleezza Rice, 30 June 2011.

12. Interview with Stephen Hadley, 24 January 2011.

13. Interview with Eric Edelman, 4 March 2011.

14. Interview with Robert Gates, 16 May 2011.

15. Interview with Sergei Lavrov, 25 October 2010.

16. Interview with Anatoly Antonov, 2 April 2011.

17. Boris Nemtsov and Vladimir Milov, *Putin: Itogi* (Moscow: Novaya gazeta, 2008).

18. Michael McFaul and Kathryn Stoner-Weiss, 'The Myth of the Authoritarian Model', *Foreign Affairs*, volume 87, number 1, January/February 2008.

第十章 走向战争

1. Interview with Damon Wilson, 2 March 2011.

2. Interview with Mikheil Saakashvili, 31 March 2011.

3. Interview with Jean-David Levitte, 12 March 2011.

4. Interview with Robert Gates, 16 May 2011.

5. Interview with Stephen Hadley, 24 January 2011.

6. Interview with Radoslaw Sikorski, 25 November 2010.

7. Interview with Condoleezza Rice, 20 June 2011.

8. Interview with Frank-Walter Steinmeier, 20 June 2011.

9. Angus Roxburgh, 'Georgia Fights for Nationhood', *National Geographic*, volume 181, number 5, May 1992.

10. Quoted in Thomas de Waal, *The Caucasus: An Introduction* (New York: Oxford University Press, 2010), p 208.

11. Interview with Damon Wilson, 2 March 2011.

12. http://www.rferl.org/content/Did_Russia_Plan_Its_War_In_ Georgia __/1191460.html (last accessed 7 September 2011).
13. Interview with Giorgi Bokeria, 30 March 2011.
14. Interview with Batu Kutelia, 29 March 2011.
15. Interview with Nino Burjanadze, 29 March 2011.
16. Interview with Mikheil Saakashvili, 31 March 2011.
17. Interview with Sergei Prikhodko, 30 June 2011.
18. I do not regard Saakashvili as a particularly reliable witness. His interview for the TV series contained at least two 'memories' that are verifiably false. He has a clear tendency to embellish stories to his own advantage.
19. Interview on Ekho Moskvy, published 7 August 2011.
20. Medvedev interview with Russia Today, PIK-TV and Ekho Moskvy, published 5 August 2011.
21. Interview with Condoleezza Rice, 20 June 2011.
22. Interview with Radoslaw Sikorski, 25 November 2010.
23. I accept that this is an oversimplification. The ethnic balance of Abkhazia changed hugely over the decades: the Abkhaz were once the majority ethnic group, and huge numbers of Georgians and Russians were brought into the region during the Soviet period – a deliberate Georgian policy, the Abkhaz say, to turn them into a minority.
24. Interview with Jean-David Levitte, 12 March 2011.
25. Medvedev interview with Russia Today, etc, 5 August 2011.
26. Interview with Condoleezza Rice, 14 April 2011.
27. Interview with Sergei Lavrov, 25 October 2010.
28. Interview with Mikheil Saakashvili, 31 March 2011.

29. Interview with Robert Gates, 16 May 2011.
30. Interview with Stephen Hadley, 24 January 2011.
31. In a live television phone-in programme on 4 December 2008 Putin was asked by a viewer, 'Is it true that you promised to hang Saakashvili by "one place"?' Putin paused for a moment, smiled, and replied: 'Why by "one"?'

第十一章 重新设定与西方的关系

1. Interview with Michael McFaul, 15 April 2011.
2. Interview with Sergei Ryabkov, 27 October 2010.
3. Interview with Sergei Prikhodko, 30 June 2011.
4. Interview with James Jones, 4 March 2011.

第十二章 强人和他的朋友

1. Interview with Alexei Kudrin, 14 December 2010.
2. Interview with German Gref, 7 December 2010.
3. Sergei Guriev and Aleh Tsyvinski, 'Challenges Facing the Russian Economy after the Crisis', in Sergei Guriev, Anders Aslund and Andrew Kuchins (eds), *Russia After the Global Economic Crisis* (The Peterson Institute for International Economics, 2010), p 21.
4. Interview with Arkady Dvorkovich, 29 June 2011.
5. *Kommersant*, No. 124, 13 July 2010.
6. Currently available only in Russian and Swedish.
7. http://www.doingbusiness.org/rankings (last accessed 7 September 2011). The top ten countries for ease of doing business are, in order: Singapore, Hong Kong, New Zealand, UK, USA, Denmark, Canada, Norway, Ireland, Australia.

8. http://www.gazeta.ru/politics/2011/05/24_a_3627341.shtml (last accessed 7 September 2011).
9. http://news.kremlin.ru/transcripts/9368 (last accessed 7 September 2011).
10. Report by INDEM foundation, quoted in V. Milov, B. Nemtsov, V. Ryzhkov and O. Shorina (eds), *Putin. Korruptsiya. Nezavisimyy ekspertnyy doklad* (Moscow, 2011).
11. http:// eng.kremlin.ru/news/752 (last accessed 7 September 2011).
12. http://www.vedomosti.ru/politics/news/1247042/skandal_s_ zakupkami_ tomografov (last accessed 7 September 2011).
13. http:// ria.ru/trend/belevitin_case_02062011/ (last accessed 7 September 2011).
14. *Financial Times*, 12 November 2010.
15. http://en.rian.ru/russia/20110706/165063309.html (last accessed 8 September 2011).
16. See http://russian-untouchables.com/eng/ (last accessed 7 September 2011).
17. *Guardian*, 21 December 2007. In a different interview, with Die Welt, Belkovsky put Putin's stake in Gunvor at 50 rather than 7 per cent.
18. Putin's own website reprints an article from the opposition newspaper *Novaya gazeta* about the prime minister's network of business friends and interests: http://premier.gov.ru/pda/eng/ premier/press/ru/4558/ (last accessed 7 September 2011).
19. *Financial Times*, 15 May 2008.
20. Milov, Nemtsov, Ryzhkov and Shorina (eds), *Putin. Korruptsiya. Nezavisimyy ekspertnyy doklad*.
21. *Guardian*, 1 December 2010.
22. http:// navalny.livejournal.com/526563.html.
23. http:// rospil.info/results.

24. See Julia Joffe's excellent account of Navalny's work in *The New Yorker*, 4 April 2011.

第十三章 双人驾驶学

1. Interview with Dimitry Muratov, 14 December 2010.
2. Interview with Arkady Dvorkovich, 29 June 2011.
3. Interview with Olga Kryshtanovskaya in *Svobodnaya pressa*, 8 February 2011, svpressa.ru/politic/article/38451 (last accessed 7 September 2011).
4. http://www.bfm.ru/news/2011/08/29/dvorkovich-zubkov-ne-ujdet-iz-gazproma-do-1-oktjabrja.html (last accessed 7 September 2011).
5. Guardian, 1 July 2011.
6. *Financial Times*, 20 June 2011.
7. http://www.rferl.org/content/medvedev_talks_reform_in_st_ petersburg/24238558.html (last accessed 7 September 2011).

结束语

1. I notice that my book about the Gorbachev years ended very hopefully. See Angus Roxburgh, *The Second Russian Revolution* (London: BBC Books, 1991).
2. *Sunday Times*, 14 August 2011.
3. http://valdaiclub.com/history/29960.html – 18 August 2011 (last accessed 7 September 2011).